U0913714

为国家利益谈判

——从合作共赢理念到经济外交实践

须同凯 / 著

WEI GUOJIA LIYI TANPAN

CONG HEZUO GONGYING LINIAN

DAO

JINGJI WAIJIAO SHIJIAN

人民出版社

序

改革开放以来，中国经济快速发展。自2010年起，中国已成为世界第二大经济体，中国的经济外交战略也成为新一轮外交转型的强劲动力。

伴随着我国经济的蓬勃发展，各种层次、各种类型的对外谈判频繁开展，人们从大量的实践中逐步领悟到国际谈判和国际商务谈判的重要性及复杂性。谈判作为一门重理论研究、规律探索、理论与实践并重的新型学科，集政策性、知识性和艺术性于一体，越来越得到各个层面的重视。培养和造就更多研究中国式谈判理论、全面掌握国际通行的谈判规则、灵活运用谈判策略、驾驭谈判进程的谈判人才，对于加大我国在国际社会的话语权、推动我国的经济外交战略、维护我国延伸的可持续发展利益很有必要。我们应根据我国的历史、文化、经济发展现状和国情等背景，总结对外谈判的历史经验教训，梳理谈判的内在规律和特点，提出适合我国国情和文化特色的、代表发展中国家利益的谈判学，为中国参与世界政治经济秩序的维护做好充分的准备。

须同凯同志是我于1998—2002年任外经贸部副部长时主管和结识的一位同事，他在外经贸战线的国内外多个岗位工作逾40年，并长期主管苏联、东欧地区的经贸关系，被誉为“国别通”。在吴仪同志的直接领导下，我作为主管副部长，须同凯同志作为主管司长，共同参与了中俄总理会晤委员会、中俄油气开发、中俄森林资源开发、中俄军民品均衡发展、上海合作组织区域经济合作、北约轰炸南斯拉夫后的战后重建、中国—中东欧发展基金及多、双边经贸发展中一些重要事项的谈判。须同凯同志是我工作中结识和结交的善于学习思考、从实践中总结提高、具有丰富实战经验、能解决难题的“干将”，他的实际工作能力和主持的若干重要谈判所取得的良好结果得到有关领导的认可和表扬。我曾多次希望他把工作中获得的重要谈判经历和感悟写下来，留给同行与后人参考。

在涉外经历越来越成为一种共同财富和公共资源的今天，欣闻须同凯同志应我撰写《文化软实力与国际谈判》一书提供对外谈判案例之邀起步，结合自己的工作体会，花 4 年光阴撰写了这本书。该书既有作者对亲历 40 年外经贸谈判工作的思考与感悟，也有他对西方谈判文化的扬弃，并从“为祖国利益谈好判”的焦点，提出了在和平与发展时代构建符合世界发展潮流、有中国特色的、代表发展中国家合作共赢理念的“中国谈判学”的观点。该书立论清晰、观点鲜明、案例生动，有相当的学术水准和实用借鉴价值，不失为关心祖国可持续发展利益的经济外交工作同仁们、广大青少年的参考和学习读物，故欣然作序。

中国国际经济交流中心常务理事
上海交通大学管理学院名誉院长
张　祥

自　序

作为“老三届”下乡知青中的首届“工农兵学员”的我，自 1975 年大学毕业后，分配到对外经济部门工作，有幸从我国改革开放伊始亲身经历了国家对外开放前沿的对外经济工作。在长达 40 年（包括在国外使馆常驻 14 年）的工作过程中，一直从事对苏联、（中）东欧、独联体国家和上海合作组织的经贸工作。由于工作需要，对外谈判成为经常性的工作。本人以翻译（曾经担任中国领导人与外国政要的翻译）、经办、处长、副司长、巡视员和参赞的身份，亲身参与了我国与苏联、东欧国家经贸关系发展的一些重要工作。尤其是 1997—2009 年的 13 年间，由于工作需要，本人在较长时期里担任了中国与捷克、阿尔巴尼亚、格鲁吉亚、立陶宛、斯洛文尼亚、马其顿和摩尔多瓦等 14 个双边经贸混合委员会的中方主席，作为中国与俄罗斯、哈萨克斯坦、乌兹别克斯坦、吉尔吉斯斯坦、塔吉克斯坦、波兰、匈牙利、乌克兰、白俄罗斯双边经贸混合委员会、中俄边境贸易分委会、中俄森林合作工作组中方秘书长，负责中俄总理会晤委员会（吴仪副总理为中方主席）秘书处（设在原外经贸部暨商务部欧洲司）的相关工作，并从上海合作组织成立之初至 2009 年年底担任上海合作组织（每个成员国各设一位）的中方经贸高官。

此间，本人有幸参加了我国党和国家领导人对苏联、东欧国家的逾百次出访、会谈；参与了数以千次的对外会谈、会见，以及双边混合委员会例会、特别会议；参加了有关会议的筹备、议题确定、纪要文件商谈等多项工作，参与并主持了一些涉及对外经济的重大问题、重大项目的谈判和交涉；亲身经历了东欧、罗马尼亚剧变，苏联、南斯拉夫解体、捷克斯洛伐克解体，中国与上述新独立国家建交、签署经贸关系协定，中国与马其顿“建交－断交－复交”、恢复双边经贸重要项目建设，中东欧国家私有化和加入北约、欧盟进程，我国驻南斯拉夫大使馆被炸，中俄建立战略伙伴关系、建立总理会晤机制大力推进中俄双边经贸关系，中俄投资、森林采伐、能源合作，上海合作组织的成立、推动安全合作与区域经贸合作，中国与中亚能源合作等多双边历史性事件。亲眼近距离目睹了欧洲、欧亚地区各国的国运兴衰，切身感受到地缘政治关系中双边经济关系的起起伏伏、双边重大项目的上上下下、处理相关问题过程中的内因外果。

在当年主管外经贸的领导们的充分信任与直接指导下，本人参与并主持了对俄罗斯、独联体、上海合作组织、中亚与中东欧国家经贸关系有关的工作和谈判：关于罗马尼亚偿还中国援助贷款的谈判，清偿中国与苏联、东欧国家政府协议贸易和商品贷款差额的谈判，中国与马其顿科佳水电站恢复建设的谈判，核对中国与阿尔巴尼亚经援额、清理政府协议贸易差额、商谈阿尔巴尼亚布沙特水电站建设与否的谈判，南联盟战后重建工作的谈判，中俄间民营贸易（包机包税、俄大市场查抄华商货物）问题的专题谈判、中俄森林资源采伐与利用谈判、中俄边境贸易谈判，上海合作组织高官工作组历次谈判、向上合组织成员国提供优惠买方信贷建设多双边项目，筹备、建设中国与哈萨克斯坦霍尔果斯国际边境合作中心等事项的谈判。在相关谈判中，笔者力求准确领会领导意图、明晰地表达中方的关切和诚意，牢牢地把握我方底线，通过用心的博弈，坚定地维护了国家安全利益和我方的经济利益。其间成功主持的数十次艰苦谈判，解决了双边关系中积累多年的难题，打破了持续的僵局，甚至超出了我方内定的预案，切实维护了祖国利益，达到了可能争取到的更好结果。有关谈判得到了外经贸部领导与国务院领导的多次肯定、表扬、表彰和嘉奖。

作为新中国成立后出生的人，我们有幸从祖国实施“改革开放”基本国策之初就置身于祖国的外交、经济工作并参与相关的谈判，并亲身经历苏联解体、东欧剧变等世界性历史事件，参与我国和上述国家外交、经济关系的发展历程，亲眼目睹相关国家命运的兴衰、经济的起落、执政团队的上下求索、轮番登台的各类精英们在本国选择发展道路历程中的功过是非，普通百姓的心理落差与生活的艰辛，乃至相关国家发展的成败荣辱对其公职人员、谈判人员精神面貌的影响与变化，切身体会到“发展才是硬道理”“弱国无外交”的深刻现实意义和历史规律。国际风云的变幻使我更深切地领悟到国家参与国际政治、经济体系治理的内在动因，发展国家间关系、国际经贸关系对本国的发展、地缘乃至双边政治、经济关系的影响，更加理解国家外交、经济外交战略转型的急迫性和重要性。在亲身经历开放前沿对外经济工作的 40 年中，我最深的体会是，我国的改革开放政策是近现代上百年来前辈们苦苦上下求索、经过历史血与火的洗礼后确定的国策，抓住稍纵即逝的历史性机遇，和平崛起、加快发展是我们这一代人的历史责任。开弓没有回头箭，国家业已形成的和平发展大好局面与和平崛起的战略机遇期，需要我们放眼世界，从国内、国外两个大局来谋划、布局、推动和实施，既需要战略上高屋建瓴的“顶层设计”，也需要我们这些做具体工作的人员在战术上的锐意进取和孜孜以求。

在开展经济外交的系统工程中，对外谈判是维护国家各个领域发展利益的利器，应充分加以运用。对外谈判是国家和平发展时期对外交往、展现国家软实力、体现国家意志、实现国家意图和维护国家利益的综合过程与重要途径；在国际政治、军事、经济、大国与各国关系时时刻刻发生令人目不暇接的变化的今天，经过几十年的和平发展，我国的外交、政治、军事、经济和文化利益大大延伸，更需要运筹帷幄、纵横捭阖，通过与各国沟通、谈判等文明方式来更好地维护国家方方面面的发展利益。中国作为具有五千年文明历史、近年来快速和平崛起、发展中的大国，需要有结合自己国情、历史特点、体现传统文化积淀、符合发展中国家属性的“谈判学”。

改革开放初期，我初涉外事工作与谈判，深感对外工作和谈判方面知识及理论的欠缺，苦苦寻找关于国际法、国际关系、国际政治、经济和谈判基本知识与理论研究的书籍、资料，希望予以系统学习，但由于当时国内外条件所限，以及国内学术界、业界尚未开展“谈判学”的研究而未能如愿。只能在对外工作的实践中，按照传统“师傅带徒弟”的“传、帮、带”模式，凭着捍卫祖国利益的朴素感情和勤能补拙的决心，下功夫从干中学、学中干，跌打滚爬、在摸索中学，向老同志学、向前辈学，沿着从旁听、翻译、参与到主持小、中、大型谈判的路径，走过了几十年的谈判历程。身处谈判活动之中，我们时常因国内没有自己的谈判理论系统教育、培训，以及对我国的实战案例感性认知有限而底气不足，也为曾在摸索过程中交了不少学费而倍感遗憾，但这更加促使笔者用心体验并记录下对外谈判中不同的心理感受和感悟，积累了一定的实践经验并有了深刻的体会。

2014年年底，我已退休，有时间和精力来回顾、总结个人在改革开放40年从事外经贸工作的经历。在总结人生、扪心自问为国家做过什么时，唯一能令自己欣慰的回答也许就是有幸投身于祖国的改革开放进程、参与了对外经贸谈判、维护国家利益的具体工作。谨将这些微不足道经历中的感悟、体会和案例作为自己的“收官之作”写下来，与有志朋辈共同借鉴、分享。

须同凯

目　录

第一章　和平崛起的中国需要经济外交新战略

第一节　民族复兴、和平崛起需要外交新战略

一、中国的核心战略利益是保持开放、发展的势头

在20世纪，人类历史上发生了很多世界性重大事件。从第二次世界大战到冷战时代的结束，从苏联解体、东欧剧变到中国的改革开放、实行社会主义市场经济，直到进入21世纪中国加入世贸组织的这几十年，是人类历史上世界政治、经济格局和关系，地缘政治、国与国之间的关系发生激烈而迅猛变化的历史时期。在这个以变革、变化为最大特征的时代，各种力量此消彼长、各种思潮此起彼伏，各国人民生存发展的内、外部环境发生了人类历史上日新月异、翻天覆地的变化。

进入21世纪以来，世界范围内的政治和经济的大变革、大调整加速展开，多极化进程明显加快，大国竞争和区域协调同步强化；由于扁平化的发展、互联网高速信息化的推进，各国之间的联系越来越紧密，世界已真正成为“鸡犬之声相闻”的地球村；经济全球化快速而令人目不暇接的进程引发了一系列挑战，全球性问题进一步突出，频发的金融危机有将世界经济拖向衰退的危险；当今世界，列强林立，以强凌弱，以富欺穷的霸权主义仍在横行，“树欲静而风不止”；国际反恐形势依然严峻，全球信息网络安全面临更大挑战……世界政治、经济格局出现了前所未有的深度变革和调整。与此同时，中国和世界的互动空前紧密，中国的发展利益在延伸，中国自身的发展

越来越与世界其他国家紧紧相连、息息相关。

中国抓住了和平发展的战略机遇期，成功地实施改革开放政策，使一个由盛到衰的古老文明型国家重新走向振兴，取得了超出任何最大胆的预测与想象的历史性发展成果。我国的经济总量已经上升到世界第二位，社会生产力、经济实力和科技实力迈上了一个新的台阶，人民生活水平、居民收入水平和社会保障水平迈上了一个新的台阶，综合国力、国际竞争力和国际影响力迈上了一个新的台阶，国家面貌发生了新的历史性变化。中国迄今为止的快速发展与和平崛起为国家复兴、屹立于世界民族之林奠定了坚实的基础，中国已成功地站在新的历史起点上。

在这样一个全新的国内、国际时代背景下，对于“中国如何发展”的问题，国人议论纷纷，国际上也有多种猜测，有寄予厚望的，有疑虑观望的，有捧杀中国的，有唱衰中国的，有希望搭乘中国发展快车和便车的，也有力主防范、围堵中国的。面对错综复杂的国际、国内大势，如何全面把握战略机遇、沉着应对挑战的大课题实实在在地摆在了每个中国人的面前。

历史从来不怜悯弱者。民族的解放、国家的统一与强盛是民族自强、外交独立的先决条件。锁国就要落后、落后就会挨打，这是历史与时代留给中国和世界各国生存及发展的经验教训。对于我国而言，自鸦片战争以来，中国第一次真正抓住了国家稳定、经济发展的良好机遇。近代史上西方对中国的冲击激发了国人的反思与变革，中国人民得出了合乎国情的认识，做出了符合国情的历史抉择，走上了经济现代化、政治民主化、思想文明化和社会生活科技化的历史逻辑之路。要维护中华民族的独立主权、民族尊严和发展权益，必须坚持党的领导，以经济建设为中心，振奋民族精神，集13亿人民之力，发奋图强，发展自己；必须坚持改革开放的强国之路，勇于借鉴适合国情的国外先进思想、技术和经验等人类共同的精神文化瑰宝；必须坚持和平崛起之路，通过积极参与国际经济合作和国际政治经济秩序的治理赢得国家的可持续发展。中华民族在历经劫难后奋起，经过无数先哲志士的上下求索、英雄烈士的浴血奋战，和平、稳定、发展的大好局面来之不易，必须倍加珍惜。中国决不能丧失渐渐形成、初成气候的发展大势，否则，代价太大。

我们必须准确地认识时代发展的主题和世界发展的大势，我们需要对我国的发展及其在世界的地位有一个比较清晰的认识，我们必须自觉认识、准确把握中国的基本国情和发展阶段，定准位，谋好局，抓住历史性机遇，对内心无旁骛地加快发展，对外力求务实与稳重，实施深谋远虑的合作共赢经济外交新战略，实现中华民族的伟大复兴。

综合国力是一个国家所拥有的生存、发展以及对外施加影响的多种力量和条件的总和，它包括经济、政治、科学、军事、外交、文化和精神等实力以及其赖以生存的地理环境、自然资源、人力等基础实力。外交是一个国家国力的体现，加强对外交流有利于国家的发展和民族的振兴。

中国是一个大国，在世界各个国家的领土面积中排行第三，仅次于俄罗斯和加拿大，在世界各国的人口中位居第一，占世界总人口的五分之一。中国物产资源多种多样、丰富多彩，经济已有很大发展，具有较完整的工业体系，工业门类及工业产品齐全，农业在经济中占有重要地位，粮食产量位居世界前列，交通运输发达，已建成铁路、公路、水运、航运为主的交通运输网。在看到我国取得重大成就的同时，我们必须清醒地认识到："中国特色社会主义进入新时代，我国社会主要矛盾已经转化为人民日益增长的美好生活需要和不平衡不充分的发展之间的矛盾。"中国无论从经济实力、军事实力，还是从科技实力、文化软实力的角度来看，与发达国家和世界强国相比，还有较大的差距。中国仍然是一个发展中的大国，实现民族伟大复兴仍然任重道远。尽管中国已成为世界第二大经济体，但我国经济的底子薄，发展起点低，发展质量不高，人口众多、消耗大，负担重，人均 GDP 在 2017 年排世界第 71 位；中国在发展过程中，还存在很多问题和"内忧外患"，发展及改革面临诸多困难和挑战：发展中不平衡、不协调、不可持续问题突出，防止贫富分化、缓解社会矛盾、清除环境污染，以及经济结构调整的进程异常艰难；科技创新能力不强，我国的制造业在全球制造业已形成四级梯队的发展格局中，处于中低端制造领域的第三梯队，远在以美国为主导的全球科技创新中心的第一梯队和以欧盟、日本为代表的高端制造领域第二梯队之后。在一些工业领域，我们还没有掌握核心、关键技术，中国要成为制造强国至少需要一、两代人扎扎实实的奋斗和努力，我们的科技水平与发达国家相比整体差距还较大；我国的产业结构不合理，工业化进程正在路上，农业基础薄弱、资源环境约束加剧，制约科学发展的体制机制障碍较多，"牵一发而动全身"，深化改革开放和转变经济发展方式任务艰巨；教育、就业、社会保障、医疗住房、生态环境、食品药品安全、社会治安、严格执法，以及司法公正等关系群众切身利益的问题较多，这些困难和问题都说明国内问题始终是中国必须予以重点关注、全力解决的重心所在。人民朴实的愿望就是有更加和谐的社会、更加公正的秩序，更加幸福的生活，积极回应并携手实现这些愿望是决定我们内政外交的基础和前提。

世界性大国，不仅拥有庞大的经济和市场规模，也需要拥有强大的科技创新和知识生产能力，拥有相当的全球军事存在和文化影响力，以及在重大国际体系中拥有显著的话语权。作为一个世界性大国，需要在解决全球经济发展、全球金融治理和全球环境治理等重大全球性问题，包括全球和地区反恐进程等热点、难点问题上拥有重要的影响力并作出特殊的、其他方难以替代的贡献，在推动形成世界广泛共识乃至引领世界共同发展方向上提出解决方案并发挥独特的作用。随着国力的增强，中国在国际舞台上，正具有越来越多的大国“存在”，并对世界经济增长作出了特别的贡献，但在提出解决全球性热点问题实施方案、推动世界形成共识和引领世界发展方向方面，尚缺乏全面意义上的国际影响力和国际话语权，还有待于发挥与自身能力相适应的独特作用。

在中国走向世界大国的进程中，我们需要保持战略定力和历史耐心，要培育自信、成熟、稳健的大国心态和大国胸怀。我们一定要不断地提醒自己，需要集聚实力；我们需要尽量避开世界主要矛盾的矛头，避免成为世界矛盾的焦点；我们需要始终谦虚谨慎，努力解决好自身问题并集聚国家发展的核心竞争力，同时积极运筹好与外部世界的关系。我们要清醒地认识到，历史上，没有一个国家的崛起是一帆风顺的，都必然伴随着各相关利益方国力的此消彼长、实力的较量乃至冲突。中国的崛起也不会例外，必然会经过风雨的洗礼。在中国和平发展与崛起的历史进程中，个别守成大国必然会千方百计地加以阻挠，不会轻易让中国顺利崛起。中国延伸的发展利益也必然会引发与相关国家的纠纷、矛盾和冲突，对此，我们一定要丢掉幻想，做好两手准备。我们要扎扎实实做好自己的事，不断发展，增强自己的整体综合实力、核心竞争力和对外交涉、谈判的能力。加强外交和经济外交工作的预判性研究，减少误判和应对式的被动反应模式，夯实对外工作基础，多交挚友、广交朋友，化解分歧，减少冲突，寻求共同的发展利益，结成最广泛的利益共同体。与此同时，最大限度地通过政治手段、外交谈判去解决纠纷、矛盾与冲突，积极运筹好与外部世界的关系，保持战略实力，尽最大可能维护和延长我国的战略发展机遇期。

当前，我们的内政外交要求国人始终谦虚谨慎、戒骄戒躁，努力通过以经济建设为中心、靠发展来解决好自身问题并集聚国家的核心竞争力。经济建设、政治建设、文化建设、社会建设和经济外交等领域都要围绕经济发展这个中心来进行。发展是硬道理，发展才是解决所有问题的关键，只有不断增强自身实力，才能获得可持续发展的主动权，才能实现中华民族的伟大复兴。要把中国建设成为世界上大而强的国家，必须下大力气强化中国的经济、军事、科技硬实力、文化软实力，并培养和提升国民素质。为保持国家正常发展、祖国的实际生存安全和发展安全，我国必须使国防和军队现代化建设有较大的发展，保持足够维护和捍卫祖国核心利益的能力和威慑力；在构建法制治理、营造社会和谐氛围，增育国民的强国、成熟心志，以及国家软实力等方面，还将经历一个较长的培育、升华过程，需要大力培养国民良好的心理素质、道德情操、文化修养，逐步形成全民的民主、自由、公正、法制意识，锤炼创新进取精神。

中国改革开放 40 逾年业已形成的重要经验之一就是：必须坚定不移地实施改革开放的基本国策，必须倍加珍惜来之不易的和平、稳定、发展的大好局面，必须敢于、善于维护和拓展中国的核心发展利益。我们深知，世界的发展离不开中国，中国的发展离不开世界。中国经济长期稳定增长的重要原因之一是抓住了稳定发展的战略机遇期，搭上了经济全球化的快车，获取了市场开放和要素流动的实在利益。在中国快速发展、和平崛起的过程中，中国的内政外交利益延伸到世界各地，与世界各国的联系越来越密不可分，与各利益方的政治、外交、历史、文化和经济利益等交织在一起，你中有我、我中有你。由于中国的快速发展，我们的国家政治、地缘政治、国家安全、经济安全与经济发展的利益边界也得到了越来越多的扩展和延伸。中国在国际能源市场需求、大宗农产品和工业品等货物与服务贸易进出口市场、高科技和制造业市场、国际金融市场、外汇市场等诸多领域，与发达国家、新兴国家、发展中国家和最不发达国家的发展利益与关系已经产生了或正在发生着渐进却深刻的变化。各国政界和经济界的心态、媒体视角和公众心理等也随时发生着只有身临其境才能感受到的微妙却悬殊的变化。这不仅引发个别西方发达国家的政策、战略的调整，也引发了部分昔日的挚友和一些发展中国家的困惑、猜忌、竞争、要价、矛盾乃至纠纷。可以说，多、双边关系中出现的每个障碍、焦点以及不同的声音，实质上就是一个需要解决的问题。对于双边及多边出现的各种问题和矛盾，必须以正常的心态，通过有针对性的交往、交流、交谈，抑或理性交锋来积极予以应对和化解。历史与现实都告诉我们，和平发展时期，大部分纠纷乃至局部争端或战争，最终也要通过谈判解决。谈判是和平时期解决利益纷争、捍卫本方利益及权益的有效和主要手段。解决矛盾、冲突或争端的最佳方法就是引导所有利益方、当事者朝着共赢的方向进行建设性的努力。现阶段，中国与外部世界合作的当务之急和最大的核心战略任务就是保持发展势头，保持对外开放与合作的势头，最大限度地延长和平发展战略机遇期，抓住历史性机遇加快发展自己、改善人民生活，做大做强自己、实现中华民族的伟大复兴与和平崛起。

二、高质量发展的中国需要实施新的经济战略

我们在努力做好自己事情的同时，要制定深谋远虑的经济外交战略，积极处理好中国与外部世界的关系，顺应时代发展潮流、创造环境，最大限度地维护和延长中国发展的战略机遇期。

新中国成立后，西方发达国家开始对我国实行封锁、孤立政策。1951年5月，美国等西方国家纠集部分国家，操纵联合国，开始长期对中国实行全面的“封锁、禁运”。在此后较长一段时期内，中国处于被大多数国际组织排除在外的孤立状态，安全环境恶劣，经济实力有限。中国外交在毛泽东、周恩来、邓小平等老一辈国家领导人的亲自率领和指导下，经过三十多年的实践，经受住了严峻考验，顶住了超级大国的压力，维护了国家的独立、主权的完整和民族的尊严，取得了伟大的成就。中国通过有效地运用有限实力，在政治外交和经济外交方面打出了一系列好牌，取得了国内经济的恢复与发展，逐步赢得了国际社会的话语权、国际经济活动的参与权和国际政治、经济秩序的治理权。20世纪50年代，中国提出的“和平共处五项原则”成为当代国际关系的基本准则，同世界上绝大多数国家建立了日益密切、频繁的友好合作关系；经济外交方面，中国在自力更生的基础上，广泛地开展对外交流。毛泽东同志提出“我们必须尽可能地首先同社会主义国家和人民民主国家做生意，同时也要同资本主义国家做生意”，蓄力冲破西方的封锁与禁运。20世纪60年代，中国在政治外交上提出了“三个世界”划分理论，至今仍被国际社会引用，为世界人民反对殖民主义、帝国主义和霸

权主义，争取和维护民族独立、捍卫世界和平、加速经济发展，促进人类的进步事业作出了自己的贡献；经济外交上，我国积极发展同亚非拉民族独立国家关系的同时，努力拓展渠道、扩大与西方国家的贸易，同世界上绝大多数国家开展了经济、贸易、文化往来，为建立新型的国际关系树立了光辉的范例。20 世纪 70 年代，中国的外交战略进行了重大调整，确立了在中、美、苏三个大国关系中的独特地位。对内，周恩来同志作出了“外贸要促生产、促内贸、促科研”的重要指示，努力恢复国内经济和外贸的发展；1972 年，第三世界国家把中国“抬进”联合国；1978 年 12 月召开的党的十一届三中全会，确定了把工作重点转移到社会主义建设上来，并作出了对外开放的重大决策，铸造了中国的现代化建设和经济外交历史性丰碑。我国实行了对外开放，创办经济特区，推动外贸体制改革，实行进口替代、市场多元化、科技兴贸等多项举措，吸收国外直接投资、引进先进技术和管理经验，既坚持了社会主义，正确处理了对外开放与独立自主、自力更生的关系，又逐步深化了对利用国际、国内两个市场、两种资源的认识，提高了通过发展对外经济关系推动国内经济建设的能力，为祖国的改革开放和现代化建设开创了崭新的局面。

我国的对外贸易经济合作事业走过了不平凡的历程。在 1949 年，新中国成立之初，我国在建立新的对外贸易制度方面采取了“摧毁帝国主义在华对外贸易的控制权和没收对外贸易中的官僚资本、建立国家统一管理的、以国营贸易为经营主体的对外贸易体系，对私营进出口商进行社会主义改造”的重大步骤，确立了新中国对外贸易“实行国家统制对外贸易政策，坚持平等互利原则，贯彻自力更生为主的建设方针，立足于生产发展对外贸易，对内外销统筹兼顾、适当安排”的基本方针政策；在国民经济恢复和开始进行社会主义建设时期（1950—1957 年），中国对外贸易实行了“着重发展对苏联和东欧等社会主义国家的经济合作和贸易，逐步打开同亚非民族独立国家建立贸易合作关系的局面，大力开展内地同香港、澳门地区贸易，努力开拓对西方资本主义国家的民间和政府贸易渠道”的方针，不断突破西方国家的“封锁、禁运”；在“大跃进”和国民经济调整时期（1958—1965 年），对外贸易也经历了一些反复和曲折，中央及时纠正“大进大出”的错误，并进一步明确了“对外贸易统一对外”的原则和制度，进一步强调“自力更生为主，争取外援为辅”等方针与平等互利原则，采取紧急措施大抓外贸，以克服经济困难并偿还外债（在中苏关系破裂，中国对苏联、东欧国家贸易急剧缩减的情况下），中国国家对外贸易的主要对象向资本主义国家和地区转移，（1963年起）中国对外贸易重新走上健康发展道路；“文化大革命”期间（1966—1976年），对外贸易遭受严重干扰破坏，再次出现较大曲折（1967—1969年对外贸易连续停滞下降，1969年进出口总额只有40.29亿美元，比1966年46.14亿美元下降12.7%）；周恩来、邓小平同志先后领导反干扰斗争，使对外贸易一度迅速扩大（1975年进出口贸易额达到147.51亿美元，比1969年增加2.7倍，平均每年递增24.1%）；1976年10月，粉碎“四人帮”的胜利开启了改革开放历史新时期，对外开放的基本国策为对外贸易的发展开辟了广阔空间，外贸体制的逐步改革增添了对外贸易的生机和活力，对外贸易同对外经济合作日益密切结合、互相促进，进出口贸易和对外经济合作全面迅速发展。①

改革开放极大地解放和发展了生产力。我国实现了人类历史上最大规模的城市化，城市人口从1978年的18%提升至2014年年底的54.77%。我国用世界7.9%的耕地和6.5%的淡水养活着世界近1/5的人口；2014年，我国粮食产量达60 710万吨，人均达到444千克，比1978年的30 477万吨增长近一倍。中国的国力得到了空前的加强：经济持续快速发展，成为世界经济大国，2010年起中国成为世界第二大经济体；2011年，我国的制造业产值占世界比重达19.8%，超过美国（19.4%）居世界第一位；2012年，我国已形成完备的产业体系，拥有联合国产业分类中所列的全部工业门类。目前，中国已成为世界第一大货物贸易国、第二大对外投资国、第一大外汇储备国。2014年，我国对外贸易额达到43 032亿美元，连续多年货物出口贸易稳居世界第一，成为世界上120多个国家的第一大贸易伙伴，进而成为全球第一大货物贸易国。1978年，我国的外汇储备只有1.67亿美元，人均0.17美元；2014年，国家外汇储备达38 430亿美元，人均近3 000美元。我国1979—2015年GDP年均增长9.7%；中国的经济总量占世界经济总量的比例由1978年的1.8%上升至2015年的15%，国内生产总值由1978年的3 645亿元人民币上升至2015年的676 708亿元人民币。2008年国际金融危

① 注：参照《当代中国对外贸易》，当代中国出版社1992年版，第一章 中国社会主义对外贸易的建立和发展，第3—59页。

机后，中国经济的增长对世界经济增长拉动超过 30%；而 2015 年以来，中国经济进入新常态、2016—2020 年即使实现年均 6.5%的增长，也意味着对世界经济增长的贡献为 1 个百分点，而现在全世界经济的年均增长为 3 个百分点，中国对世界经济增长的贡献仍达 30%。巨大的经济总量使中国成为关键的国际力量，中国的国际地位大大提升，中国以负责任的大国姿态参与地区和世界事务，以及参与全球性治理的事项和领域越来越多，中国在国际事务中的话语权大大提升，中国的发展经验及模式已成为国家重要的外交和经济外交资源。

在我国经济进入新常态的背景下，我们的首要任务仍然是通过全方位对外开放的大战略维护国家安全、通过和世界各国的广泛而有效的合作与积极参与世界政治经济秩序的治理，拓展我国未来发展的内在需求、维护自身发展的利益、保持我国经济可持续发展。

全球金融危机后，国际政治外交局势和中国周边安全形势发生了重要和复杂的深刻变化。如何通过全方位对外开放大战略维护并拓展自身利益、巩固我国在全球的经济发展利益，成为我国未来发展和经济外交面临的迫切任务。

（一）确立我国在世界政治、经济和安全新格局中的定位

自金融危机爆发以来，世界经济陷入低迷。发达国家一直受到由金融危机导致的财政危机困扰，在全球经济增长中日渐式微，但又绝不甘心大权旁落。新兴经济体参与全球治理的作用不断增强，积极谋求在全球事务中拥有更大的话语权和主导权，但由于新兴市场和发展中国家经济的不稳定性及脆弱性（2010 年俄罗斯、印度、巴西的经济增长分别为 4.5%、10.3%和 7.5%，而2015年则分别为-3.7%、7.6%和-3.8%），各国都在经历艰难的结构调整。发达国家与新兴市场和发展中国家在世界经济中的地位与作用正处在由量变到质变的节点，包括体系构建和规则制定在内的全球经济治理已进入了全新的变革时代。所谓全球治理，简单地讲，就是协调强者，抚慰弱者，维持某种程度上的再平衡，其核心是全球责任和义务的再分配。第二次世界大战结束后至今的 60 多年中，国际治理基本上是按照“规则治理”的道路进行的。该治理现在和今后的一个阶段主要体现在对原有全球治理机制的改革与新的治理机制的构建和塑造。

中国国力的迅速上升，成为世界大国关系中的最大变量。中国与新兴经济体的崛起改变了世界政治经济格局，触动和引发了国际政治、经济秩序的深度调整。经过改革开放几十年的发展，在2015年我国的GDP总量已突破10万亿美元，占全球GDP总量的15%，经济增长对世界经济的贡献率在25%以上。2015年，中国经济增长速度尽管是1990年以来的最低年份，但仍为6.9%。相对于欧盟经济增长1.3%、日本经济增长0.5%、美国经济增长2.4%的速度，中国仍保持了中高速经济增长。国际经济大环境与中国国内消费需求、投资、贸易出口和经济增长的关联度与日俱增。中国实现了巨大的进步和初步的崛起，开始努力从全球的视角审视和推进外交政策，中国大力推动全球治理和国际体系变革，主张合作共赢。伴随着中国国力的上升，我国的政治安全、经济利益已延伸到世界各个领域，中国在世界经济范围内资源保障、人才资源、货物、服务、技术、资金(货币、外汇储备政策、利率利息等）市场的利益边界递增，我国在全球经济和贸易中分量不断提升，客观上要求中国更加主动地参与全球事务，在世界政治、经济和安全格局中确认自己的新定位，并在多边经济贸易体制和金融体系中争取更大的发展利益和发挥更大的建设性作用，采取有效策略和措施，推动与发展中国家的经济合作，提升发展中国家在世界经济贸易体系中的话语权和影响力，为各国经济发展创造良好的整体环境。与此同时，国际社会对中国更多地参与国际事务、承担更多的责任抱有良好的期待。

（二）积极应对中美关系变化与挑战

美国历届总统在其就职演说中，关于执政目标有两项始终不变的内容是“在世界范围内推动民主进程”和“确保美国在全球的领导地位”。

特朗普成为美国总统后，中美关系正在经历最深刻层次的转型。中美关系进入一种合作与竞争同时加强的“新常态”。中美在各自的内政外交政策、中美关系所面临的全球环境和亚太地区的战略态势出现了显著变化。

首先，美国的内政外交出现了重大变化：美国面临“让美国重新伟大”的挑战，面临对如何实现这一目标存在的巨大分歧。美国正致力于推进国内经济社会发展的变革，包括重塑制造业优势，减少财政赤字、调整移民政策、扩大医疗保险覆盖面、提高能源效率，加大对教育和基础设施投入等。在对外政策上，美国坚持“全球领导地位”的孜孜追求，通过维系同盟体系，重塑国际规则，主导国际机制，但寻求合作伙伴与其分担国际责任。

其次，中美关系在所面临的全球环境出现了显著变化，双方围绕国际秩序问题存在较大分歧，中美关系中两种理念截然不同的“规则之争”有所加剧。在政治领域，中国大力推动全球治理和国际体系变革，主张“国际关系民主化”。美国则继续鼓吹自由主义的国际秩序，推动世界民主化，实则坚持具有排他性、“你输我赢”色彩的规则。中美在国际海洋法、网络安全等方面也存在分歧，缺乏在规则上的共识。在经济领域，美国希望全面调整国际贸易规则，强调“买美国货、雇美国人”，针对国有企业、提高劳工标准、信息自由流通等制定新的国际规则，对中国加大施压。虽然特朗普政府已经决定退出 TPP，但美国将通过双边条约的方式将“新的”国际规则付诸实施。

再者，亚太地区战略态势的重塑对中美关系也产生了重要影响。近年来，美国实施“亚太再平衡”的战略调整，增加在中国周边的军事存在和活动，巩固亚太安全同盟体系，高调介入南海争端，部署“萨德”系统；在我国西部毗邻地区加大了角逐和压力，实施“新丝绸之路计划”，试图以地缘政治经济战略削弱我国在中亚、南亚的影响力，对我国防安全构成重大挑战。美国的这些举动加深了中国对美国实施对华“遏制”战略的疑虑。中国在亚太地区的外交更加积极主动，在坚定捍卫领土主权权益的同时，通过“一带一路”等倡议强化影响力，采取有效策略消除“中国威胁论”，树立“负责任大国”的形象，拉近与周边国家和发展中国家的距离，使各国从中国的经济发展中受益，实现共同发展，最大限度地维护中国自身经济利益并确立和巩固中国在世界经济新格局中的地位，为自己的和平发展争取广阔的战略空间，中国正在努力立足亚太、走向全球。

未来数年，世界仍将处于既有秩序受到冲击、新秩序尚待建立的阶段，中美关系的走向已成为塑造未来世界的关键因素，而管理中美关系已成为两国最艰难的挑战。

（三）在多边经济贸易体系中争取发展利益与战略空间

当前，世界经济增长速度放缓，全球化仍在前行，但势头受挫，特朗普和欧洲的一些政治人士对全球化似乎持消极态度。各国民族主义、保护主义、民粹主义普遍上升，社会分配不公带来贫富差距加大，技术创新增加了失业率，教派种族矛盾突出，难民问题严重，社交媒体发达的同时，也加速了社会的撕裂，带来了对政治精英不满的放大效果。宗教极端主义和暴力恐怖主义的威胁增大，西方国家和伊斯兰世界关系存在很大风险。影响全球安全稳定的“失序”现象越来越多，迫切需要大国之间协调合作，国际秩序建设，促进全球范围的经济繁荣和社会公正。

美国和欧洲等地区的发达国家大力推动构建高水平的区域贸易安排网络，客观上削弱了世界贸易组织多边贸易体系的效率和作用，多边贸易体系面临严峻挑战。我们需要积极谋求在全球事务和多边经济贸易体系中争取合理的发展利益与更大的发展战略空间，谋求更大的话语权和主导权，大力推动全球治理和国际体系变革，维护以联合国为核心、以联合国宪章的宗旨和原则为基础的国际秩序和体系，不能放弃我国的区域性经济贸易体系的构建，巩固并发展我国在周边及世界各地的经济和政治存在。加快实施自由贸易区战略是我国适应经济全球化新趋势的客观要求，也是全面深化改革、构建开放型经济新体制的必然选择。

国际上的政治、军事、经济、文化交流日益频繁，竞争加剧，国际社会生活、生存、发展也越来越强调合作。这需要各方在互相开放的同时，超越社会制度、意识形态、文化认同等方面的差异，用开放的心态将潜在利益转化为务实合作，最大限度地谋求共同利益。如何把握自身的核心利益，做大各相关方的共同利益，弥合分歧，解决纷争，加快自身发展是目前世界各国关注的重点之一。一个国家的外交成功与否，最终取决于相关政策与举措能否达到既可以促进自身发展、又可以使其他国家真正共同受益的结果。

世界经济格局深度调整，各国外交均面临新一轮深度转型。在世界政治经济格局变化、经济治理中，作为和平崛起的新兴大国的“中国因素”日益突出。中国与世界的互动空前紧密，中国外交也面临着新一轮的深度转型，经济外交正在助力中国外交转型。无论是向大国外交转型还是向积极外交转型，经济外交已成为外交转型的强劲动力，并已展现出中国作为大国的凝聚力和影响力。经济外交兼具国家经济战略和国家对外战略的二重性，可以将营造国际环境作为手段，以获取经贸利益、促进国内发展为目的，也可以将国内快速增强的经济实力作为手段，以营造国际和平环境、实现国家对外战略为目的。

中国对外战略方针是走和平发展道路，这是中国根据历史与时代潮流和自身根本利益作出的战略抉择，其基本要义是通过争取和平的国际环境发展自己，同时以自身的发展维护和促进世界和平与共同发展。中国坚持走和平发展道路的底线是坚决维护中国的国家主权、安全、发展利益，决不把走和平发展道路与维护国家利益割裂开来，在国家核心利益和重大原则问题上决不能退让，该合作的合作、该争取的争取、该斗争的斗争，一切以国家利益为根本。与此同时，我国将把自身的发展与人类共同进步联系在一起，促进世界各国的共同发展。这是中国主张互利共赢开放战略的基本内涵，也表达了中国以积极心态迎接经济全球化挑战、在开放中求发展的务实立场。

中国根据所处的世情和国情，提出要发展、走和平发展道路，必须始终不渝奉行互利共赢的开放战略。这就决定了我们只有充分利用好国际、国内的两个市场、两种资源和两类规则，才能在国际竞争中占据有利地位、顺利实现经济转型和可持续发展。中国必须实行有利于生产要素跨境流动及优化配置的体制和政策，积极发展同发达国家、周边国家及广大发展中国家的经济合作，实现互利共赢。我们将继续按国际通行的经贸规则，扩大市场准入，保护各合作方的权益；支持国际社会帮助发展中国家增强自主发展能力，改善民生，缩小南北差距；支持完善国际贸易及金融体制，推进贸易便利化和投资自由化，通过磋商协助处理经贸摩擦。

中国倡导的合作共赢是新时期国际关系健康、平稳发展的根本途径。只有推动实现和谐相处、共同发展，才能增进人类共同利益，有效应对各种重大危机和挑战。唯有建立以合作共赢为核心的新型国家关系，才能实现国际社会的公平正义，维护世界命运共同体，避免一些国家片面追求自身利益最大化，确保世界和平、稳定、发展。

习近平总书记在 2014 年 11 月召开的中央外事工作会议上强调，“要高举和平、发展、合作、共赢的旗帜，统筹国内国际两个大局，统筹发展安全两件大事，牢牢把握坚持和平发展、促进民族复兴这条主线，维护国家主权、安全、发展利益，为和平发展营造更加有利的国际环境，维护和延长我国发展的重要战略机遇期，为实现‘两个一百年’奋斗目标、实现中华民族伟大复兴的中国梦提供有力保障”。在新的历史时期，中国外交最重要且唯一的使命，就是全力服务于实现中华民族伟大复兴的中国梦。中国经济外交肩负着的三大战略目标是提升经贸合作利益、保障资源要素供给和塑造公正合理的国际经济新秩序。中国经济外交已初步形成了“以合作与发展为核心，集开放与包容为一体，全力服务于中华民族伟大复兴”的新理念，中国已进入了“经济服务于外交”“外交服务于经济”两种理念有机结合、良性互动的新阶段。

在国际多、双边关系领域，我们应重视经济外交“战略”研究和“谋略”的运用，运筹帷幄、主动实现我方意图，注重双边关系中主动引领和灵活应对交替使用，锦上添花与雪中送炭虚实结合。应以全新的视角来看待世界政治格局演变、经济关系的延伸与发展，将瞬息万变的、经济全球化进展、双边、多边关系尽收眼底，学会在全球政治、经济背景下来看待和处理自身面对的问题。

经济外交要服务于中华民族的伟大复兴，即服务于我国的可持续发展。中国经济已经进入到中等收入国家行列，必须通过国内要素和力量的充分发挥，以及与世界的良性互动才能摆脱所谓的“中等收入国家陷阱”。这一方面要通过贸易投资等经济纽带的互动来形成产业重构，满足各种要素的需求，另一方面，经济外交进行的过程也是促进国内深化改革的过程。经济外交与国内改革、经济转型的良性互动是实现中华民族伟大复兴的正确道路。

第二节　维护国家安全和发展利益是我国经济外交战略的首要考量

我国改革开放前30年的外交战略主要以促进国内经济发展为目标，党的十八大以后，为适应新的国际形势，我国迫切需要制定以维护国家综合安全为目标的新型外交战略，改变以往国际经济合作与政治外交脱节的现象，将地缘政治与地缘经济融为一体，形成新的外交理念。

2014年4月15日，习近平主席在中央国家安全委员会第一次会议上，首次提出了国家总体安全观，概括为“11种安全”，即构建集政治安全、国土安全、军事安全、经济安全、文化安全、社会安全、科技安全、信息安全、生态安全、资源安全和核安全于一体的国家安全体系。维护国家安全要求将我国的国内发展与国家安全战略有效地协调起来。习近平主席指出，“当前和今后一个时期，我国对外工作要贯彻落实总体国家安全观”。

经济作为社会生活的基础决定着政治格局，政治又反过来推动或者抑制经济的发展。自古以来，两者之间的这种辩证关系持续不断地在世界各国发展进程及国际政治、经济生活的历史和现实中得到印证。18 世纪 70 年代，英国加强对北美经济的掠夺，最终导致了持续七年的美国独立战争。20 世纪以来，由于经济利益冲突导致的地区战争此起彼伏，两次世界大战、四次中东战争、三次海湾战争就是例证。进入 21 世纪以来，为了争夺对世界的领导权、世界市场的控制权、能源与金融市场的主导权，局部、地区战争持续不断；出于政治、经济原因对“友邦”或“利益攸关者”实行经济援助、经济贸易同盟，对“对手”或上“黑名单”国家实行经济封锁、金融制裁、贸易禁运等做法更是屡见不鲜。例如，第二次世界大战后，20 世纪 50 年代西方国家对新中国的经济封锁、冷战时期美国对西欧国家的“马歇尔计划”、苏联东欧国家成立的“经济互助会”（1949 年）、西欧国家建立的“欧洲煤钢共同体（ECSC）”（1952 年 7 月）—欧洲经济共同体（1958 年 1 月 1 日）—欧洲联盟(EU)(1993 年 11 月 1 日)，以及北美自由贸易区(1994 年 1 月 1 日)、美国“重返亚洲”政策、《跨太平洋伙伴关系协定（TPP)》和《跨大西洋贸易与投资伙伴关系协定（TTIP)》等的建立，欧美国家对伊朗、俄罗斯的制裁等都是国际地缘政治和经济密不可分的典型案例。

纵观世界大国的兴衰史，在大国的发展、崛起的过程中，适时制定应运而生的大国经济战略是不可或缺的必要条件，其中包括周边经济战略的支撑。

一、美国推行“两洋战略”

美国属于海洋国家，两洋战略构成了美国的大周边。美国在大国崛起的道路上曾体现出淡定和从容。美国经济总量在 1900 年就超过了英国，但直到半个世纪之后才全面接管世界领袖的接力棒。在 20 世纪美国遇到的几次大危机中，包括 1930 年的经济大萧条、1960 年的越南战争，美国都通过战略调整和收缩重振了国家实力。在经济战略方面，美国在 1992 年 12 月就与加拿大、墨西哥建立了北美自贸区，形成了稳定的经济合作空间；在其推行、主导的经济全球化进程中，美国的实力相对全世界而言是上升的（2015 年美国的 GDP 总量为 179 470 亿美元，占世界比重为 23.16%，稳居世界第一）。

美国控制着价值中枢，美国制造业外移符合生产力原则。在新世纪爆发全球金融危机后，美国大力推行“两洋战略”，即“《跨太平洋伙伴关系协定》(TPP)”和“《跨大西洋贸易与投资伙伴关系协定》(TTIP)”，为确保其全球大国地位提供重要支撑。特朗普总统上台伊始，民粹主义、保守思想抬头，美国主张“内向”“收缩”的精英们认为全球化造成了收入分配利益不均衡，现行的经济全球化分配关系伤害了美国的利益。在美国经济低迷、财政赤字、贸易逆差和失业率居高不下的形势下，特朗普总统宣布废除前总统奥巴马力推的“TPP”和“TTIP”，呈现出从区域化、全球化主义转向双边谈判的趋势，试图迫使其他主要经济体和贸易伙伴让步，寻求美国自身的更大的利益。美国的战略调整和内向、收缩趋势，表明美国在面临一系列难题之后又一次进行战略调整，美国更加关注国内发展并着力打造硬实力，这在给其他经济体和贸易伙伴出难题、造成全球经济不确定性的同时，也给各国留下了稳步发展和全球治理的空间。

二、欧盟内部一体化战略

欧洲各国结束了包括两次世界大战在内的长达数百年持续不断的战争之后，从第二次世界大战废墟上重新站立起来的欧洲满目疮痍。1946 年 9 月，时任英国首相丘吉尔提议，法国和德国应组成一个“欧洲合众国”。当时的法国外长罗贝尔·舒曼采纳了经济学家和外交家让·莫内提出的意见，于 1950 年 5 月 9 日提出成立煤钢共同体（ECSC）的建议，将这些曾经交战国家的煤炭和钢铁生产集中到一起，由一个共同的机构管理，将战争的原料变成和平的工具。1951 年，欧洲煤钢共同体正式成立，法国、联邦德国、意大利、荷兰、比利时和卢森堡 6 国同时加入。这一务实又充满象征意义的创意获得成功，由此拉开了欧洲国家之间半个多世纪的和平与合作、共同发展的序幕。随着 1992 年《马斯特里赫特条约》的签订，欧洲联盟应运而生。经过 60 多年的发展、多轮谈判和扩展，到 2017 年年初，欧盟已成为拥有 28 个成员国、5 亿人口、世界上规模最大、一体化程度最高的地区性合作组织。欧洲一体化是一个渐进的过程。与世界上其他经济区域相比，其起步高，从开始就跨越了自由贸易区阶段，直接以关税同盟为起点。欧盟的发展进程可以分为 4 个阶段：关税同盟、单一市场、经济与货币联盟、政治联盟。

该进程不仅是学术理论上的创新，更是欧盟成员国让渡主权、欧盟机构权力集中的过程和决策模式发展的里程碑。尽管英国 2017 年启动“脱欧”的进程反映出欧洲经济发展的不确定性，但欧盟仍是国际政治和经济舞台上的一支重要力量，欧盟继续通过内部一体化加双边谈判控制和发展自身利益的战略方向未变。

三、重塑欧亚格局是俄罗斯强国梦的战略支点

俄罗斯作为一个大陆国家，在苏联解体，经济互助委员会（1949 年 1 月—1991 年 6 月）、华沙条约组织（1955 年 5 月—1991 年 7 月）宣布解散后，一直在大力推动后苏联空间的区域集体安全组织和经济一体化，其中包括推动独联体自由贸易区（1992 年）和由俄罗斯、白俄罗斯与哈萨克斯坦组成的欧亚经济联盟（2014 年 5 月），来构筑以俄罗斯为核心的周边经济网络，作为俄罗斯实现其强国梦的重要周边经济支撑，并试图通过重塑欧亚格局来重构世界治理格局。俄罗斯甚至不顾欧美国家的强烈反对和制裁，于 2014 年 3 月 16 日克里米亚举行全民公决后，一举将克里米亚这一扼守黑海航行咽喉的战略要地并入俄罗斯。此举引发了欧洲，尤其是被看作新欧洲的东欧国家的恐俄情绪，欧美对俄罗斯的长期制裁加深了独联体国家的戒心和离心倾向。受世界经济危机和油价下跌影响，俄罗斯经济发展缓慢，经济转型困难，2014—2016 年，俄罗斯经济占世界经济的比重从 2.9%降至 1.7%，国家可支配收入下降 13%，俄罗斯整体实力下降，除军事、安全领域尚能构成对美国的威慑外，经济发展领域对美国构成挑战的能力下降。

四、“一带一路”是我国经济外交新倡议

中国是海陆兼备国家，有漫长的海岸线和广袤的陆地，现有 14 个国家与我国接壤：俄罗斯、蒙古、朝鲜、哈萨克斯坦、吉尔吉斯斯坦、塔吉克斯坦、阿富汗、巴基斯坦、印度、不丹、尼泊尔、缅甸、老挝和越南；另有韩国、日本、菲律宾、文莱、印度尼西亚和马来西亚 6 个国家与中国海上为邻。中国是世界上除俄罗斯以外邻国最多的国家，而且和俄罗斯一样是欧亚大陆上的重要国家。中华五千年的发展历史证明了中国的兴衰荣辱与海洋

密切相关：唐朝的繁荣、宋代的经济兴盛、明朝以后的“海禁”、清朝末期的挨打、近代海防危机和现代的海洋权益之争等无一不折射出海洋对我国历史进程的重大影响。中国的比较优势是经贸加地缘优势，必须大力加以推进。过去几十年中国对外开放的地区主要是沿海省市，内陆和沿边地区对外开放相对滞后。中国扩大开放的最大潜力和回旋余地在中西部地区。中国需要制定本国的经济战略并务实、稳健地推进对外战略布局，政府引导、企业、社会组织和民间力量为主体，通过市场的力量和各种经济合作手段，建立稳定、可持续的经济联系，循序渐进、审慎稳妥地推进与各相关国家的合作关系；充分利用临海的海权和拥有欧亚大陆国家陆权的双重优势，形成东西部并重、陆海联动的开放新格局，构筑自己的周边经济网络，形成自己的周边经济战略支撑；通过重塑欧亚政治、经济格局来重构世界治理秩序，实现我国的政治、外交、国防等综合利益，促进本地区和世界的稳定与发展。

2013 年 9 月和 10 月，习近平主席访问哈萨克斯坦与印度尼西亚时，提出了共建“丝绸之路经济带”和“21 世纪海上丝绸之路”的倡议。“一带一路”倡议既对我国开放空间进行了统筹谋划，又对中国与世界实现开放共赢的路径进行了设计，是中国实施既有助于推动中国复兴、又有利于世界发展的新一轮开放的重要举措，是中方为促进全球共同繁荣、打造人类命运共同体所提出的重大倡议，堪称当前中国特色大国外交最具代表性的理论和实践创新。“一带一路”通过基础设施建设加强经济合作与发展，是过去几十年中国经济成功发展的重要经验之一，也是中国政府在国际经济政策领域的贡献。“一带一路”中的“21 世纪海上丝绸之路”充分利用中国的领海优势构建海洋周边经济圈；而“丝绸之路经济带”则利用中国陆地边境线（陆疆）长达 2.28 万公里的陆路优势，在国际上发挥比较优势，促进向西发展，构建陆地周边经济圈，实施全方位对外开放。“一带一路”贯穿欧亚大陆，“一带”着眼加快（中西部地区）向西开放，“一路”着眼于建设海洋强国，宛如中国周边的两翼，为中国经济的腾飞和中国的崛起提供重要的经济支撑；“一带”与“一路”构成我国的周边经济战略，形成了我国周边外交战略的经济基础和依托，对于我国构建开放型经济新体制、打造不同文明和谐共融的利益共同体、责任共同体、命运共同体，推动现有国际秩序、国际规则增量改革，为完善全球治理体系提供了新的思路和方案。我们有理由将“一带一路”视为中国对外开放的一次全面升级，意在通过互联互通、产能合作、人文交流来推动中国发展的转型升级和中国全面走出去，谋求中国与沿线国家的互利共赢和共同发展。

第三节 合作共赢是开展经济外交的重要理念

习近平主席多次强调，“我们要坚持合作共赢，推动建立以合作共赢为核心的新型国际关系，坚持互利共赢的开放战略，把合作共赢理念体现到政治、经济、安全、文化等对外合作的方方面面”。合作共赢是中国发展对大国、周边、发展中国家等各个类别国家关系的重要外交理念。发展始终是发展中国家面临的最重要的命题，而共同发展的理念是中国团结广大发展中国家的智慧选择与全新背景下世界发展观的必然趋势。合作共赢、共同发展是我国领导人在总结人类社会发展历史经验的基础上，在当代国际关系和国家关系发展中，提出的符合和平发展时代潮流与人类共同发展愿望的经济外交战略理念。中国经济外交将重点放在与各国增强经济合作、实现共同发展上，通过增加与他国利益融合点来实现外交的目标。中国经济外交既为中国利益而来，也为中国和世界的共同利益而来。在国际关系中，与政治、安全领域相比，在经济领域的理性交往、合作共赢理念的接受度更高，能够带来新的经济增长点和利益契合点，是能够带来双赢和多赢局面的最佳选择。

在经济全球化的今天，各国国情千差万别，在资源禀赋、经济发展水平与结构等方面存在巨大差异，而正是这种差异为各国带来了资源和优势互补的潜在需求，同时也带来了利益诉求融合的难度。全球发展需求同质化的特点，给看待和维护本国发展利益提供了不同的视角，也给处于不同发展阶段的各利益相关国提供了维护自身利益的空间。正是因为多元化的人类社会充满缤纷五彩的多样性差异，才产生了人类生活和社会发展的无穷魅力。人类社会需要采取与技术、知识和信息革命相适应的协商、合作及谈判精神来解决自身生存和发展中共同、但有差别的挑战。运用人类社会进步进程中积累的智慧，通过平等协商、谈判，而非武力、强制来满足各国的需求、解决纷争，已成为现代国际社会的共识和优先选择。这需要各方在互相开放的同时，超越社会制度、意识形态、文化认同等方面的差异，用包容的心态将潜在需求转化为务实合作，最大限度地谋求各方利益诉求的融合和增量，从而实现各方的共同利益。

由于我国已成为世界贸易大国，国内经济进入了中高速增长的新常态，外贸对经济增长起着重要的支撑作用。按支出法核算，2014 年，货物和服务净出口对国内生产总值增长的贡献率分别达到 10.5%与 10%。中国加入世界贸易组织以来，中国经济在更广的范围内和更深的程度上融入世界经济发展的同时，中国在世界贸易组织框架内和双边范畴应对经贸领域贸易争端和摩擦的博弈此起彼伏，中国的发展需要公平的国际经济贸易体系和世界各国的货物与服务贸易的准入市场。由于中国人口众多、人均资源占有率远低于世界人均水平，2015 年，中国石油对外依存度达到 60.6%，天然气对外依存度攀升至 32.7%，中国在互利合作、多元发展、协同保障的新能源安全观指导下，保障能源和资源安全方面任重道远。我们只有充分利用好国际、国内两个市场、两种资源和两类规则，才能在国际竞争中占据有利地位、顺利实现经济发展和经济转型。以世界银行、国际货币基金组织和世界贸易组织为三大支柱的国际经济体系已远不能满足时代的需要，世界需要更多的新兴力量来提供包括金融稳定、开放贸易，以及发展援助等公共产品，但西方发达国家绝不会甘心并轻易拱手相让其在国际体系中业已形成的中心地位和话语权，且战且不退，还在试图利用已有的战略优势及制定规则的主导权固化其在世界政治及经济中的绝对主导和支配权。中国必须在塑造国际经济新秩序方面有所作为，我们要认真贯彻国家经济外交的新战略，在制定国际规则中发出更多的中国声音、提出更多的中国方案，注入更多的中国元素，维护和拓展中国及广大发展中国家和新兴国家的发展利益。只要我方持之以恒坚持合作共赢的理念，中国必将在维护和捍卫自身核心发展利益、确保本国可持续发展进程和权利的同时，对现代国际政治、经济关系，乃至国际治理领域作出重要而积极的贡献和影响。

中国经济的可持续发展和对外开放的全面升级需要中国企业走出去。如何使国家“走出去”战略实现双边政治合作和我国与合作国家经济发展利益的共赢、实现可持续发展是必须重视的重大课题。在中国企业大规模“走出去”的过程中，必须充分吸取国内外、历史上的经验和教训。

在我国国家发展利益延伸的趋势下，中国与世界其他各国，包括发达的资本主义国家、新兴发展国家，以及广大的发展中国家、国家集团和跨国集团的利益、经济利益、市场占有率等诸多领域不可避免地产生了变化和碰撞，各方都必然要采取相应的措施加以应对。但是，并非国与国、组织与组织之间涉及的所有事项、合作均是零和或你赢我输、你荣我辱的博弈，合作共赢可通过做大利益蛋糕、扩大共同利益来达到满足各方诉求的结果。在国际政治、军事、经济、人文等领域诸多的争端，通过各方的博弈、调解，有可能得到相关方或大多数利益方接受的共赢结果。如何向世界和相关方说明中国，使他们了解中国的国策，认可中国的发展有利于世界和相关国家的发展，并有利于化解矛盾与分歧，建立公正的国际政治、经济秩序，从而争取更多的理解与认同，赢得更广泛的合作与支持，为祖国的和平发展与崛起创造良好的外部环境，是我们今后非常重要和艰巨的任务。

“走出去”战略是中国面向世界积极进取的发展战略，是全方位、多国别、互利共赢的深度对外合作，也是中国经济转型升级和对外合作互利共赢的重要方式。从形式上讲，“走出去”主要指货物、服务、资本、技术、管理等商品和要素的输出，包括对外直接投资、对外承包工程、对外劳务合作、跨国并购、境外经贸合作区建设、基础设施合作建设、运营一体化等。“走出去”战略的实施事关我国开辟新的经济通道，拓展新的发展空间，保障海外市场、资源安全，捍卫国家可持续发展利益，事关实现国民经济可持续发展、中华民族的伟大复兴，也事关作为新兴发展中大国为促进多、双边共同发展与繁荣，维护世界和平与稳定所作的中国贡献。

近年来“走出去”战略的实施，加快了中国融入经济全球化的步伐，中国对外投资合作保持了快速发展。2015 年，中国对外投资流量首次位列全球第二位，达到 1 456.7 亿美元，“十二五”期间，中国对外直接投资流量累计达到 5 390.9 亿美元，年均增长 18.2%。

在“走出去”的过程中，我国企业面临一系列问题和挑战：海外业务盈利水平有待提高（13%的企业盈利，39%的企业基本盈利，而基本持平和亏损的企业各占 24%）；兄弟企业间竞争待弱化（中国企业普遍认为海外经营的主要对手依次为中国企业、其他跨国公司和当地企业），减少内耗，抱团出海、共同发展，应成为国家意志；本地化采购待提升，以有利于中国企业更好地融入当地经济；中国企业海外投资资金需求量大，融资渠道有待拓宽。在与金融机构紧密合作的企业中，57%的企业选择国内金融机构，如中国进出口银行、国家开发银行等；只有 25%的企业选择境外机构，如世界银行、非洲开发银行等等。①

我们在实施“走出去”战略的过程中，应坚持“讲发展、求互利、促多元、重效益”的原则，即着眼于维护国家的根本利益和经济安全，重视资源的国际化配置，着眼于促进国内产业结构的调整，促进产业结构升级；促进经济全球化朝着有利于实现共同繁荣的方向发展，使各国，尤其是发展中国家从中受益；多元化体现在市场区域的多元化和跨国经营方式的多元化，重视新老市场的开拓，积极开展第一、第二产业的投资合作，大力推动第三产业的兼并收购与跨国经营；“走出去”要量力而行，把握投资机遇，将我国有限的可输出资本发挥最大的效应，带回技术管理的升级、国际化经营的经验及对外投资的回报和利润。从经济层面来讲，中国企业“走出去”是看点，但真正的难点在于“走回来”，即增进自身利益并兼顾各方关切，实现真正经济意义上的互利共赢；重点在于从体制、机制上使各种经济成分“走出去”的中国企业成功地“走回来”，不“赔本赚吆喝”，即“走进去”的国家经济发展进程加快、人民受益的合作成果显著和“走出去”的中国企业国际化经营能力提高，技术管理水平、经济效益提升，投出去的资产增值，中国国家综合实力和影响力增强的双赢、多赢局面。我国企业大规模走出去，必然会遇到风险控制、国际化管理、环境治理、企业文化与当地风俗文化相结合方面经验不足等问题，需要通过不断提高处理各种复杂问题的能力和企业自身国际化水平，以及时间与实践来加以解决。从国家战略层面来说，在“走出去”战略制定和实施方面，我们必须力求务实和稳步推进。在操作层面上，必须“一国一策”，根据不同国别的国情、合作伙伴国的法律法规和投资合作环境以及合作事项的具体情况，专业地进行综合利弊与经济可行性定量分析，合理抉择。如何充分吸取历史和“走出去”政策实施以来的经验与教训，正视“走出去”中的问题，从制度上、机制上引导企业按国家的对外战略正规“走出去”，力戒思维行为鄙陋，采取制度性管理和协调措施，不把国内已严加整治纠正的不良做法带出去，增强中国企业间自觉合作、共同发展的意识，按国际规则和市场规律办事，在增进自身利益的同时，兼顾各方利益关切，最终成为可持续发展的成功对外经济战略，也是实施“走出去”战略的重大课题。

---

① 中国国际经济合作学会：国际经济合作 2015 年论文集，《中国企业走出去面临四大挑战》，154 页。

第四节　新时期的中国需要更多的朋友

在积极争取国际认同、友好合作方面，习近平主席提出了“真、实、亲、诚”的对非合作理念、“睦邻、友邻、惠邻”周边外交方针和“一带一路”倡议、与“一带一路”沿线国家形成利益共同体、命运共同体和发展共同体的战略目标，高屋建瓴地提出了我国对外交往中的平等友好交往及互利合作共赢的真诚理念。

和平发展、和平崛起的中国，比任何时候都更需要具有共同理念与共同利益的朋友。无论是在建国初期、冷战时期，还是在和平发展、崛起、构建新型高水平的开放型经济体、实施经济外交新战略的过程中，无论是在进入联合国、加入世界贸易组织等重要时刻，还是在引领和塑造国际政治、经济新秩序的长期历史进程中，无论是在国际政治，经济，金融组织，地区性组织，双边、多边各种机构内，还是在涉及主权、领土完整等核心利益，以及诸如各种贸易争端、反倾销反补贴贸易纠纷等经济利益问题上，中国作为一个崛起的新兴大国，面临越来越多地涉及方方面面、形形色色的问题和挑战，需要通过多边或双边的协商、交涉、交锋、洽谈、应诉、仲裁、抗辩、表决等方式来沟通、谈判加以解决。我们需要在不同的历史渊源与传统习俗的基础上，根据我国的外交和政治基本原则与发展、变化的现状和利益组合，不断夯实基础，巩固老朋友，结交新朋友，形成最广泛的知华、友华阵线；直面矛盾和问题，增信释疑，表达善意、化解敌意与亮明底线，化解矛盾和尽可能避免冲突，在多边、国际组织和世界各地捍卫中方的核心利益、延伸发展利益，维护地区和各方的共同利益暨全球利益。

在对外工作中，很重要的一项工作就是在平常工作中交友，结成最广泛的知华、友华阵线。

中国在任何时候都需要更多、更铁的朋友。开放的中国发展了、强大了，发展利益延伸了，中国比任何时候都更需要通过与友国的合作来维护中方合理的延伸发展利益。我们需要结成由全天候铁杆朋友、共同战线盟友、战略协作挚友、某些问题立场一致、对等互利（利益互换）的利友和不损害我国利益的战术伙伴构成的最广泛友好战线。我们只有通过合作共赢的理念，在加快发展本国的过程中，在世界范围内寻找共同的发展利益契合点来结交更多的朋友。在来之不易的和平发展战略机遇期，更要重视结交新朋友、不忘老朋友。此时的朋友可能更难交了，因为除了社会制度、意识形态等造成的政治猜疑、安全防范等固有的藩篱外，各方的政治、经济利益诉求和利益延伸都不同了，各方的朋友对我国的心理预期也不一样了。正因为如此，也需要我国更加积极、主动、有针对性地加强了解、增信释疑、化解矛盾，平等互利地解决纠纷。朋友要交自平常，基础打在日常，不能事到临头才恨朋友少，临时抱佛脚交不了真心的朋友，敷衍作秀、表面文章更解决不了问题的实质。关键问题需要支持时，需要铁杆朋友之间的彼此力挺，需要维护核心利益的“拔刀相助”；朋友交自难处，交自互相认同战略理念、认同国情、相互理解、彼此帮衬扶持共同利益。朋友交自点滴积累，交自平等相待、互相尊重与支持，在关键问题、关键时刻的理解与支持方显平常功夫。而直面出现的问题，以各方都满意的方式协商解决互相关注的难题是不容忽视的重要环节。中国只有更好地走出国门，与世界各国共同努力解决彼此休戚相关的问题，才能更好地理解外部世界、被世界所理解；通过和平协商解决纷争、理解各方关注、捍卫自身利益，才能赢得发展、壮大自己的时间与空间。

广交朋友、善交朋友需要有真情实意、深谋远虑的长期战略支出，国家关系中只盯着自己的一亩三分地、老婆孩子热炕头的小农意识，以及只进不出或“用人朝前，不用人朝后”、唯利是图、一毛不拔的“铁公鸡”做派，是难以拥有真正的、长远朋友的。“来而不往非礼也”是国际关系中，国与国、人与人交往中不言而喻的规则。我国无论在联合国各级机构的议案投票、申请职位人选选举，还是在国际贸易组织反倾销议案的表决过程中，需要有投票权的大小国家支持或者弃权的宝贵一票就是最好的例证。每个国家代表涉及对象国议案或表决投出的那一票很可能就是关键性的一票，而各国代表投出庄严一票的关键时刻，都是各种综合因素长期作用和具体工作的结果，都有着各方内政外交的明显痕迹，也从另一个侧面反映出多双边日常工作的积累与效果。

常言虽道“朋友交在难处，患难才知真情”，但在风平浪静的平常岁月，朋友之间也需要“走亲访友”，沟通交流、礼尚往来、对等支持。笔者在以往的工作经历中就不止一次地被问及：“中方希望我们支持（某个议案或人选)，我们必须向本国议会和政府回答“为什么要支持中国？我方（除了得到友好的评价和赞赏以外）能得到哪些实际好处或利益作为回报或交换?”等问题。此时，我方必须向外方相关人员作出有说服力的解释。在国与国的交往中，我们应雍容大度、放眼长远，有战略眼光和策略，注意有意识地使与中国进行友好交往及在重大问题上鼎力支持中国的合作伙伴比一般关系国家得到更多的政治、道义、感情和实际利益的好处，出让实在的利益，重点突出，内容实际，光明正大，将好处让在明处。这样，我们就会有越来越多的志同道合的铁杆密友、利害相同的真心朋友和某时某事互相配合的战略利友，更好地改善国际环境，加快发展自己。在我国和平外交与经济外交确定的原则之下，各个工作层面的当务之急是加强执行力，将国家确定的战略支出实施到位，有原则、有智慧、有计划、有成效、有战术地做好每项工作、每件事，使中方经过深思熟虑的战略支出落到实处，取得效果，发挥出应有的作用。

在国与国、机构与机构、人与人的对外交往过程中，患难时才显真交，逆境和需要帮助时的共同努力、有针对性地施以援手往往可以起到恰到好处的四两拨千斤的作用，危难时的雪中送炭比顺风顺水时的锦上添花更能结交知心朋友，关键问题上得当的部署可以起到“特使”作用。我们要尽力避免出现朋友到“用时”方恨少，需要表决、表态时才知平常功夫浅、可动用的资源少、交往不够深、不到位的状况。工作要做在平常、功夫要下在日常交往中。平常工作做到位了，关键时候才会有朋友，才会有心照不宣、不谋而合的默契支持，赞成或弃权的关键一票。在与朋友交往中要真诚对待，平等交心，真诚互助，以平等互利、谦虚谨慎的心态，实事求是地介绍、说明中国情况；注意主动做工作、真心交往，真诚互动。“凡事莫贵于务实”，对于双多边遗留、积累、出现的问题，要主动面对、迎难而上，根据具体情况，本着积极、互谅互让的精神，逐个加以处理、解决，而不是被动、忙于、疲于应付，做表面文章。切实解决双方关注的焦点问题是推进双方关系的关键。虚与委蛇、推诿扯皮不能增进彼此的友谊，只会淡化、弱化业已形成的友好关系，损害互信互利成果；一定要戒骄戒躁、尊重对方，注重平等相待、心平气和，礼遇各方人士；在对外经济交往中，要多干实事，多做当事人的工作，少搞花架式，少许诺，重落实，切忌“轻诺寡信”，切忌把对内交往和国内经济活动中的陋习带到对外活动中去。“人际”关系中，可悲的是人富了却被看成“土豪暴发户”“除了有钱没有别的”了，人变了、亲情没了、人情淡了；国家关系中，可悲的是经济上去了，民族精神丢了，形象口碑差了，友情淡了，朋友少了，老朋友没留住，新朋友交不上，隔阂多了，猜疑多了、提防多了；钱也花了，形象差了，对方不“买账”了……应尽可能避免过多消耗、滥用我方资源，将多年的积累消耗在“接待规格”“隆重程度”等非实质性利益和“表面文章”上，力求将我方数十年、几代领导人和外交工作者一点一滴积累起来的国别政治、经济、人脉等宝贵核心的资源用在类似“联合国争常议案”“争办奥运”“加入国际货币基金特别提款权”等重大问题或涉及我国核心利益的争取和支持上。综合运用我方资源、集中我方优势，逐个解决难题，分化、击破、清除障碍和阻挠，逐步形成“破竹”之势，达到事半功倍、水到渠成的好结果。

第五节　谈判是实施经济外交的重要方式

现实国际关系、国家关系中，任何一国的国门一旦打开，再难关闭，必然和世界其他国家继续发生、发展联系、交往、合作。在任何一个国家的发展过程中，每个国家的内政外交都不可避免地会出现各种各样的问题和矛盾，各国、各个民族都有自己生存、交往、结盟、发展的核心利益与需求，都有理由并需要坚决捍卫及善加维护。由于政治、经济、文化的历史与现实原因，每个不同方面的需求和利益都具有很大的差异，交往及合作的过程中必然会产生问题、矛盾与纠葛，甚至存在不小的对立性乃至对抗性的矛盾和争端。这些都需要在现代国际社会认同的准则和规则框架内，通过平等的交流、充分的沟通、密切的合作来加以协调、化解，创造性地予以合情合理的解决。正因为各个国家、民族、人民休戚与共的相互依存度空前提高，当今国际社会生活、生存、发展也越来越强调合作，和平发展成为时代的主流。

谈判作为一种协调利益、竞争合作的有效手段，已越来越广泛地运用到国际政治、经济、社会生活等诸多领域，涉及地缘政治、经济、疆土变更、核试验、战与和、事关政治经济集团利益、国与国关系、国家利益延伸、政党组织等国内外政治、军事、外交、文化的重大问题。国际通过谈判形成的一系列法律、规则、制度、公约乃至谈判的结果也越来越与相关国家的发展利益、战略目标的实现密切相关。通过各方交往、交流乃至交锋，谈判达成的共识和成果更容易得到多方的认同，也更容易得到实施，因而也更具生命力。谈判在现代国际关系中逐步成为防止战争、减少冲突、化解纠纷与争端、调节改善关系、争取和平与发展机遇、维护国家安全与经济发展利益的重要而有效的手段，谈判也因而成为维护本方、本国利益的利器。谈判在国际交往、化解纠纷、改善关系、和平发展与合作共赢中的作用越来越受到重视和关注。我国可以也应该更好地加以利用。

我们需要很好地运用谈判这个捍卫国家利益的利器，通过与各有关方的合作，扩大与各方谈判的领域和空间，探讨多种构想、方案。在确保中方核心及重大利益的前提下，探寻与各相关方多领域的共同点和共同利益，寻找最大公约数，尽最大的诚意满足各方的利益诉求是不可或缺的路径与手段。当代国际谈判的特点之一就是不同利益主体之间就各方感兴趣的问题进行协商的一种社会活动，它不是单纯追求自身利益需要的过程，而是双方不断调整各自需要而互相接近、最终达成一致的过程。我们不可能满足所有人的所有需求，更不要说损害我方核心重大利益的无理要求，但我们可以使部分地区、部分国家、部分组织和部分人的部分需求成为双方或多方的共同需求而加以满足，形成我方的利益共同体和各相关方相对满意的多赢局面。

世界历史和国际关系发展的现实告诉我们，在国际交往和国家关系中，任何忽视、威胁、妨碍对方或其他国家基本利益的做法或要求都是难以得到满足或最终实现的。

历史上，美国与墨西哥就天然气进口事宜进行谈判时，美国希望以便宜的价格进口墨西哥的天然气。美国主持此次谈判的能源部长认定，墨西哥的天然气除了以低价卖给美国之外没有其他买主，因此坚持拒绝承认美国石油工会和墨西哥经过谈判达成的涨价协议，逼迫墨西哥降低价格。然而，墨西哥不仅渴望以更高的价格出售天然气，而且期望得到美国的尊重，并强烈希望受到平等的对待。因此，美国的高压政策引起墨西哥的强烈愤怒。于是，墨西哥政府决定宁愿把天然气白白烧掉，也不卖给美国，使美国以低价进口墨西哥天然气的谈判胎死腹中。

同样的实例也出现在土库曼斯坦向俄罗斯出口天然气的过程中。苏联解体后，土库曼斯坦除了苏联时期确定的向俄罗斯输送天然气的管道外，没有出口其他国家的天然气管道。面对俄罗斯以苏联时期确定的低价进口、进而用原有管网加价向欧洲转口的要求和压力，土库曼斯坦时任总统萨帕尔穆拉特·尼亚佐夫下令关闭向俄罗斯出口的天然气管道，转而谋求向中国、伊朗等“非传统出口国家”长期供应天然气，从而开启了土库曼斯坦通过修建中亚—中国天然气输送管线向中国出口天然气的历史新篇章。

诚然，有关方之间的交涉、谈判、较量的决定性制胜的首要和关键性因素是各自的实力。常言道“平等对话的前提，是自身要足够强大”“战场上得不到的东西，谈判桌上也不可能得到”。但与此同时，我们也应清醒地认识到，谈判方的实力不仅包括政治、军事、经济和科技等硬实力，也越来越多地包括各自文化、舆论、制度、规则等方面的“软实力”。谈判各方主动权的强弱与实力密切相关，也与谈判方所采取的策略有关。谈判场所是一个没有硝烟的战场，掌握谈判的主动权、取得相对有利的结果，需要巧用软实力。谈判桌上表现出的“软硬”策略，除了有谈判方自身“硬实力”的差别之外，更多地取决于谈判方对自身“软实力”的判断、把握与运用。如何准确评估谈判各有关方的“软硬实力”、各自优劣势，确定本方的谈判策略、扬长避短，实现本方核心目标是谈判人员进行成功谈判必须要解决的首要课题。

《孙子兵法》中说，“不战而屈人之兵，善之善者也”。在双边或多边争端、冲突解决的众多方案中，谈判始终是代价较小的上策，同样可以争取得到一个甚至不亚于金戈铁甲、浴血奋战的好结果。对外谈判过程是双方乃至多方人才的思维、心理、语言、知识和能力等人类高级活动艺术的集中体现；谈判结果往往是谈判各方力量对比、长期较量、此消彼长的客观体现与写照；每一场谈判均是本方战略运筹于千里之外，实现利益和需求于谈判桌前的具体战术实践。对于重大的谈判来说，一个好的谈判者可以抵得上指挥千军万马的将帅，他必须要能很好地运筹帷幄，善于驾驭双方对垒、交流、交锋的谈判进程，创造性地开展谈判、找到双方（乃至多方）认同的路径，打破僵局、有效地解决各方诉求，适时妥协、平衡各方的利益和诉求，最终取得谈判各方认同、满意、共赢的结果。谈判是一门需要学习和实践的艺术，值得每个有志为捍卫祖国利益工作、期望成功发展的人员潜心学习、掌握、实践、体验与升华。

在世界政治、外交、经济、金融格局已发生巨大变化，在以一日千里、瞬息万变的速度发生着令人目不暇接变幻的全新局面下，如何以新的、与时俱进的思维和视角看待、研究、分析，重视多双边问题、从战略上做好准确判断“大势”，从战术上做好相关准备工作的“细节”，事关我国政治外交和经济外交战略中具体事项的实施，也是进行成功谈判的基础性工作。应充分运用谈判这一利器，服务于国家的经济外交，并对谈判学的研究、谈判艺术和技巧的学习和谈判实践的总结等相关工作给予越来越多的关注与重视。我们要在做好自己事情的同时，以文明、开放、自信、负责任的胸怀，探索并开拓来自外部世界的合作机遇，选择以合作共赢为理念的谈判方式，应对各种生存发展的挑战，更好地维护中国的国家利益，扩大和世界各友好国家的共同发展利益，最大限度地延长中国和平发展、和平崛起的战略机遇期。

无论从哪个角度诠释，可以肯定的是，今天的中国比以往任何时候，更需要在做好自己事情的同时，更好地了解外部世界，更频繁、主动、及时有效地与其他国家沟通、交流、理解和被理解，更需要加强与各国、各个集团之间的友好合作，减少误解和避免误判；更需要站在国际政治经济秩序治理的高度、中国和发展中国家的视角去争取更多的话语权，用其他国家易于接受和理解的方式向世界说明中国，“走出去”“引进来”、融入开放的世界，构建和谐的社会。在和平发展成为主流的时代，捍卫本方政治经济利益、解决国与国之间争端、纠纷、冲突的优先选择是谈判。谈判是我们能够通过日常工作交往来表达诉求、争取权利和话语权、捍卫利益的有效方式之一，必须善加利用。我们的国家需要、也将会有来自各行各业、更多的热爱祖国、忠于祖国、了解国情、有国际战略思维、世界眼光、知己知彼、敢于并善于捍卫祖国利益的专家、学者、管理者等人员参与到与外方打交道、沟通、交流、谈判乃至交锋的对外工作中来，通过我们这一代人的具体、有效的对外谈判工作，捍卫祖国的可持续发展利益，拓展、延伸我国的和平发展战略机遇期。从这个意义上来说，我国对外工作者谈判技术的运用和水平的提高属于国家综合实力，尤其是软实力的增强，也越来越影响到经济外交战略的实施，因此需要从国家经济外交整体战略和具体工作层面给予更多的重视。这不仅是我国经济外交发展的需要，也是中国提升国际规则话语权的需要。

第六节　经济外交需要会谈判的人才

在国家积极实施经济外交、推动企业“走出去”战略的过程中，一个非常重要的环节就是建立相应的经济外交支撑和服务体系。该体系应包括政府为企业跨国经营提供更加完善的体制和政策环境，加强海外直接投资的法律保障制度建设，参与国际多边投资谈判和与有关国家签订双边投资保护协定；加快建立企业“走出去”服务、保障、管理体系，发挥我国海外投资保险制度防范政治风险的应有功能，为“走出去”的企业提供非商业性风险保障，利用政府优势和外交渠道，帮助企业准确了解海外经营实际环境，提供经验、教训指导，依靠外交资源和手段促进、保护境外投资并减少及排除非商业壁垒、避免性竞争等一系列配套措施和实施细则，还应更加重视做“人”的工作和培养“会做工作的人”。我国经济外交急需一大批会做工作的专门人才。

一名合格的经济外交人员应具备强烈的爱国主义情怀；具有敏锐的政治洞察力、渊博的中外知识体系；懂世界、知国情、通晓古今，纵观世界之变；会交流，具备娴熟的跨文化交流能力。

英国学者费尔萨姆在《外交学手册》（1979 年版）中认为“外交人才”既是一个思想家，又是一个实干家；既是一个活动家，又是一个学问家；既开朗，又诚恳；既勤奋好学、深思熟虑，又不明哲保身。

在持久和平、共同繁荣成为各国人民的共同愿望，和平发展成为时代发展的主旋律、经济全球化势头方兴未艾的今天，我国积极实施经济外交战略正当其时。国与国、民族与民族之间的交往越来越频繁和密切，而一切对外活动、交往，说到底都是人与人之间的行为，都是通过“人”来实现的。在世界一切物质和因素中，人的因素是最宝贵的因素，做人的工作是我们对外交往中需要关注的重要问题。我们的经济外交需要多做“人”的工作，潜心做好有针对性的外国“人”的工作，具体说来，就是加强与各国，尤其是主要贸易、投资合作伙伴的人文交流、沟通合作与和谐发展，力争使相关国家对中国经济的依存度转化为对中国的政治和人文的信任，避免因日益加剧的经济领域竞争引发由民族主义情绪导致的政治、经济二元化矛盾，减少对中国的猜疑、防范，消除和避免对立与冲突。

国家间谈判是由代表各国利益的相关人才，运用各国综合实力和资源，就解决彼此间关注或相关的问题进行交流、交换、交锋、交易，妥善处理与对方之间的分歧，以谋求达成一致或改善关系的高级活动过程；是由各利益方选派具有坚定捍卫自身利益的意志和能力、具备相当积淀的基本专业知识和综合心理素质的代表，由各种类型、角色各异和优势互补的人才组合成的团队，通过谈判这个平台和场上、场下的沟通、合作、协商、寻求解决问题和纠纷，实现国家、本方意志的行动和过程。有关人员的素质涵养、知识积淀、综合运筹、案前准备、临场应变、斗智斗勇、表述、说服、角逐、判断、决策等综合能力，以及对本方实力、利益与谈判艺术的掌控，对于谈判可能的走向和结果至关重要。有关能力需要建立在法治化的基础上，需要对国际法、各相关领域的法律、有关国家的国情、涉及谈判业务的包括国际贸易法、投资法、国际金融法等专业进行系统的学习、积累，及时地跟踪、培训，并长期历练。尽快培养、选拔、增加善于对外做工作、掌握谈判技巧和艺术的专门人才队伍，是我国经济外交发展的迫切需要。

我们的经济外交除了需要世界级战略思维、智囊团队做出卓有远见的“一流”长期部署外，还需要重视争取话语权与实力支撑的规则制定权。我国在国际舞台和国际组织积极争取更大话语权的首选方式是谈判。迄今为止的人类社会发展史表明，话语权与实力支撑下的规则制定权是分不开的，各种规则的制定往往是强者的权利和智者的先手棋，“规则的制定者是最大的收益者”。中国要屹立在世界民族发展之林，必须在做强做大自己的同时，用自身行动加大国际问题的话语权，主动参与权，成为营造，构造国际政治、经济秩序与修改、完善和制定国际规则的参与者及引导者，积极影响世界的和平发展进程。在国际政治、经济秩序治理的漫长而艰难的过程中，我们既要坚定地参与现有秩序的改造、治理，又要经过深思熟虑和有步骤地对现有规则善加利用，在基本实力有所增长的相对优势下，乘着经济全球化及新兴国家、发展中国家要求增加参与权和话语权的大势，集中并有效发挥本国综合优势，化被动为主动，取得相关谈判的主动权，在不同领域取得突破、争取更多领域更大的话语权、形成相对优势，并积少成多，加入相关规则的调整、修改、制定，逐步取得整体优势。中国需要向国际社会提供更多的公共产品，贡献更多的中国智慧，提出更多的方案，逐渐提升我国软实力。为此，我国急需培养和造就一大批具有良好专业素质和涉外技能的复合型外交人才，一大批能胜任经济外交事务的“会做工作的人”，即经济外交人才，尤其是培养既能立足于中国政治经济体制实际并代表中国国家利益，又有全球视野；既懂外语，又具备深厚专业基础的国际性人才；既能服务于我国的经济外交人才，又能向全球治理领域提供更多的国际人才；造就和培养中国在“全球治理领域”、有“国际话语权”的场所、越来越多的能发出“中国好声音”的人才。培养出大批杰出的代表国家形象的精英人才，在对外交往中表现出应有的自信、自尊、自重的气质和素养，对于中国成为世界性大国和推动对外战略十分重要。创造条件让中国的经济外交人才脱颖而出，到国际舞台上大展身手、大放异彩，更好地服务于中国和新兴国家、发展中国家的利益，这也是我国经济外交的重要课题。

随着我国国力的增强，参与多边组织和多边活动越来越频繁，我们深感国家需要加快培养经济外交方面的人才。我国相关领域人才的培养工作已远远落后于国家经济外交的步伐，尤其在全球治理领域，来自中国的各个层级的人才极其匮乏。据有关资料表明，联合国秘书处职位按照 1988 年开始实施的现行办法，按会籍、会费和人口因素进行分配。尽管 2013 年中国缴纳了 1.311 9 亿美元的联合国常规会费，在所有会员国中名列第六，中国又是人口大国，但在联合国职员中，中国籍的员工数量仍然偏少，仅为 300 名，而且很多在从事翻译等基础工作，在联合国各级机构的中、高层中国籍员工相当缺乏；在世界贸易组织秘书处 634 名工作人员中，中国籍的工作人员只有 13 名（美国、法国籍的工作人员各为 31 和 169 名）；在国际货币基金组织 2 156 名工作人员中，中国占比 4.6%（美国和加拿大合计占比 20%）。这部分也与我们缺乏能够参与全球治理的人才和后备队伍有相当的关系。上述状况导致了中国虽然话语权提升了，但是在国际上能代表国家发声、具备在全球治理领域代表本国和发展中国家利益的国家能力却跟不上的困境。

中国应该尽可能抓住时机，充分利用相关条款，输送与中国国力、（出资和人口）份额相称的、更多的国际人才到国际组织中去，争取多选派有志、有识、有能力为国家、为祖国荣誉、为祖国利益努力工作的人员，参加联合国、国际货币基金组织、世贸组织、世界银行等国际政治、经济、金融机构的工作。这对于中国因素参与、熟悉这些国际机构运行、决策，直接参与世界政治、经济、金融治理体制、规则的制定，使之朝着有利于新兴国家、发展中国家的方向发展具有长远、战略性的现实意义；对于扩大中国影响、让世界了解中国、聆听中国的声音、捍卫中国的利益，培养、历练我国自身发展所需的、合格的国际复合型人才也是十分必要的。中国的发展已走到了这一历史性时刻，对人才的需求也提出了更高要求。中国需要有更多、更杰出的人才到联合国等国际性机构工作，代表中国的利益、体现中国的实力、用好中国的话语权、发出中国的声音，参与竞争、担当联合国、国际货币基金组织等国际机构的高级职位和世界级组织领导岗位，代表中国和发展中国家为全球政治经济秩序的治理作出相应的贡献。

人才的成长需要多方面的历练和培养。这不仅要求我国在对外工作、交往、交流和谈判中，更加重视相关人员对经济外交领域知识系统的学习与人才的培养、选拔，造就一大批忠于祖国、充满对自身政治、经济体制和文化自信、满怀捍卫祖国利益激情，了解中国国情、了解民心民情、懂政策、熟悉经济运行、精通外语和相关专业知识技能与世界相关国别国情，思维缜密、逻辑性强、反应敏捷、心理素质过硬、善于谈判、勤于交涉、敢于交锋、擅长沟通、屡经历练的人才，投身祖国的经济外交大事业中来；创造条件，尽快让各类人才脱颖而出，充分发挥聪明才智、直接参与到经济外交工作中来，在各个层面、众多领域捍卫中方利益、化解争端的具体工作中历练，化挑战为机遇、化干戈为玉帛、化纠纷为合作，提高为国家工作的能力与水平，为国家争取更多的发展利益和空间，为祖国的和平崛起、加强国与国之间的相互了解与合作共赢做出更多、更细、更扎实、更到位的工作。

如果说人们应该在人生的某个阶段竭尽自己的一切才智努力奋斗才无愧于这个时代和自己的人生，那么这个时代就是我们生活和成长的改革开放的现在时，而谈判也是所有立志从事祖国经济外交事业、捍卫祖国利益、加快祖国可持续发展的有识之士应该学习、掌握的利器。希望越来越多具有良好专业素质和涉外技能的复合型外交人才投身到祖国经济外交的伟大事业中来，也希望已置身于经济外交的工作者们继续强化对外谈判的认识，不断提升本领，练好“内功”，增强才干，在经济外交谈判的舞台上大显身手。

第二章　构建中国的谈判理论与哲学

改革开放的基本国策呼唤中国自己的谈判理论和实践，我国的经济外交战略和企业大规模“走出去”的客观现实要求我们重视中国特色谈判理论的构建；国内外形势的发展和世界谈判理论的更新与深化，需要重视中国特色的谈判理论和哲学的研究；全球化进程的加快和世界谈判理论的发展需要中国对发展中国家的谈判理论作出特别的贡献。

“谈判”，现代汉语词典（第七版）的释义为“有关方面对有待解决的重大问题进行会谈”，顾名思义，“谈”即“商谈、对话”，“判”即对问题和分歧的“评判和决断”，谈判不仅强调“商谈”，且注重“评判和决断”的过程。

随着世界发展进程的加快，各国和各界人士用比以往任何时代都高的频率介入到更广层面和领域的谈判实践活动中来。谈判行为的普遍性及其过程与结果的重要性，促使人们去研究谈判的历史和探索谈判活动的内在规律。在国际关系错综复杂、对外交往日益频繁的今天，对于谈判的理论，无论国外、国内学界、业界可谓仁者见仁、智者见智，多种多样。

由于已符合建立一门新学科必须具备的独立性、普遍性、理论性条件，在国际上谈判学逐步发展成为一门研究谈判历史、介绍谈判基本常识、揭示谈判一般规律、借鉴谈判成果、总结谈判经验、应用多种知识探讨谈判技巧、综合多种学科研究成果的一门边缘性新型学科。现代谈判科学包含基础理论和谈判实践的方法策略两大部分。现代谈判学研究的重点是讨论国家间政治谈判、外交谈判、军事谈判、商务谈判和科技谈判，其中，国际商务谈判在世界经济一体化和中国企业“走出去”的背景下，已逐步成为我国谈判学界研究的重点之一。近年来，随着谈判范围越来越广、谈判的作用越来越受到重视，谈判活动的研究呈现出越来越正规、更加重视谈判理念和技巧的趋势。

与此同时，由于人类是地球客观真实的自然存在，文化为地球生物界人类所独有。文化是人类不断战胜自我，完善自我，走向与自然真正和谐、统一的不懈努力的过程。文化能够远近传播，代代继承并发扬光大，尽管各种文化发展各有快慢，但彼此间互相接触与影响，是历史的必然趋势，任何一种文化不可能永远自我封闭孤立于一隅偏安。在当今日益频繁对外交往中，谈判中的文化因素越来越凸显其深厚的底蕴，对多双边的谈判起着越来越不可忽视、越来越重要的作用，谈判界也越来越重视探索历史、文化发展与谈判之间内在联系。这是近五十年来国际政治经济发展和世界各国间关系发展的现实需要和逻辑结果。就谈判而言，谈判各方的综合实力在谈判中起着决定性因素的同时，各国不同的历史文化因素也对国际多、双边谈判理论的探讨和各国的谈判风格的形成起着越来越重要的作用。

第一节　西方发达国家的谈判理论研究

自 16 世纪中叶以来，世界科学的中心经历了从意大利（1540—1610 年）—英国(1660—1730 年)—法国(1770—1830 年)—德国(1810—1920 年)—美国（1920 年—至今）的历史变迁。近 200 年以来，西方的物质文明发展占据了优势，西方国家在作为人类生存方式的文化领域、包括谈判学领域也占据了优势。

美国作为有着 200 多年历史、近百年以来快速崛起的世界头号大国，始终十分重视谈判这一学问的研究和运用。美国发展过程中纷繁复杂的经济活动促使其首先探讨谈判的理论问题。作为当今世界影响力最大的国家、世界上最大的贸易市场，广阔领土、丰富资源、众多人口、发达的工商业和激烈的社会竞争环境，美国人率先开展了谈判活动的理论研究和实践。从 20 世纪 50 年代起，一批具有谈判经验并掌握相关知识的专家、学者和律师投身于谈判理论的探索与研究，20 世纪 60 年代初期成立了专门的谈判研究机构及全国性的谈判学会——美国谈判学会，并率先提出了谈判学的概念。20 世纪 60 年代中后期西方经济发达国家逐步形成了具有实用价值的谈判理论体系。

西方经济发达国家关于谈判比较有代表性的定义有以下几点。

美国谈判学会会长、曾担任克林顿总统首席谈判顾问的杰勒德·尼伦伯格在1968年首次出版的谈判领域第一部著作《谈判的艺术》，开创了谈判研究领域专门著作的先河，开拓了一门新学科，展示了一个新的研究领域，成为谈判需要理论的代表人物。尼伦伯格在《谈判的艺术》一书中指出“谈判的定义最为简单，而涉及的范围却最为广泛，每个要求满足的愿望和每项寻求满足的需求，至少都是诱发人们开展谈判过程的潜因。只要人们为了改变相互关系而交换观点，只要人们是为了取得一致而磋商协议，他们就是在进行谈判”，谈判是“直接影响各种人际关系、对参与各方产生持久利益”的一种过程。

美国国会参议院司法委员会发表的一篇研究报告指出，“谈判是解决争论的最为便利的方法。谈判可以是探索的，它有助于系统地阐明观点和分清意见的异同；谈判也可以是为了达成实际可行的协议而进行的商谈。”

哈佛商学院商务谈判教材中提出，生活像个万花筒，人生是丰富多彩的。现实世界呈现为一个巨大的谈判场，现实生活就是一个巨大的谈判桌，谈判无处不在，无时不有。上至国家元首之间事关千百万人生死的战争与和平、国土疆域划分的纵横捭阖，政党分合、议会选举、政府组阁；下至平民百姓日常生活，从职场工作上的商谈到个人的购物，生活中的谈判无时无处不在。只要生活在这个世界上，无论愿意与否，我们都免不了谈判，都会主动或被动地坐在生活现实的有形或无形谈判桌旁，参与其中。“所谓谈判，就是有利害关系的双方或多方为谋求一致而进行协商洽谈的沟通协调活动。”

美国著名谈判咨询顾问C.韦恩·巴罗（C.Wayne Barlow）和格莱恩.P·艾森（Glenn P. Eisen）在两人合著的《谈判的技巧》一书中指出，“谈判是一种双方致力于说服对方接受其要求时所运用的一种交换意见的技能。其最终目的就是要达成一项对双方有利的协议。”

美国等西方发达国家对谈判的原则、方法、策略、技巧、思维、语言风格、心理、礼仪、谈判组织、谈判过程控制、谈判信息管理，以及与此相应的政治、经济、社会、文化背景和国情风俗之间的关系进行了深入的研究，取得了显著成果，形成了具有实用价值的谈判理论体系：以美国人本主义心理学家亚伯拉罕·马斯洛的“需求层次”理论为基础构建了谈判需求论；美国哈佛大学谈判研究中心提出了原则谈判法；英国的比尔·斯科特提出了谈判技巧理论；美国的约翰·温科勒提出了谈判实力理论；英国学者P·D·V·马什（Mash）提出了谈判结构理论、美国的D. L.卡洛斯提出了谋略运筹理论。

美国谈判学会会长杰勒德·尼伦伯格以美国人本主义学家马洛斯的需求层次理论为基础构建的“谈判需要理论”指出，“人的一生，就是一场为满足需要而拼搏的持久的斗争；行为是生物为了减轻需要的压力而作出的反应；而且，行为旨在实现某种合乎需要的目标。我们的目的，是要运用这些关于人类需要的基本知识，去进行成功合作的谈判。”

哈佛大学谈判研究中心提出的原则谈判法的四个基点是：区别人与事，对事不对人，对事实强硬，对人温和；谈判的重点是利益而非立场；谈判前要制定可供选择的（多种）方案；坚持谈判的结果必须依据某些客观标准（而非人为意志或主观因素）。

谈判技巧理论，代表人物是英国的比尔·斯科特，他在《贸易谈判技巧》一书中指出，“谈判是双方面对面地会谈的一种形式，旨在通过双方的共同努力，寻求互惠互利的最终结果”，“谋求一致的方法是指谈判形式、气氛具有建设性的积极谈判法；皆大欢喜法为谋求各方可接受的折中结果的谈判方法；以战取胜法是指以战胜对方为最终目的的谈判方针。”

谈判实力理论代表是美国的约翰·温科勒，他在《谈判的技巧》一书中指出，“实力谈判的十大原则是：不轻易给对方讨价还价的余地、避免仓促谈判、给对方以满足感来吸引对方、展示实力不要操之过急、善用竞争作用、留有余地、有效运用信息、多听多问少说、不断涉及对方所希望达到的目标和设法从一开始就认可你的高目标。”

谈判结构理论的代表、英国学者P·D·V·马什（Mash）在1971年其代表作《合同谈判手册》一书中给谈判的定义是“所谓谈判是指有关各方为了自身的目的，在一项涉及各方利益的事物中进行磋商，并通过调整各自提出的条件，最终达成一项各方较为满意的协议这样一个不断协调的过程。”

谈判谋略统筹理论代表人物D·L.卡洛斯是注重实践的谈判专家，他的著作主要以接受谈判经验为主，其中影响较大的有《谈判的游戏》《给予与获取》《经贸谈判的实用技巧》等书。从实践中总结、提炼出内容丰富、方法具体的谈判策略和技巧，从商业立场出发，认为商场如战场，为了在商场获得利益，可以采用包括欺诈性、胁迫性手段在内的一切手段。

美国著名谈判专家赫伯·科恩称“谈判是知识和努力的汇聚，谈判的目的在于得到我们需要的，并寻求对方的许可，就是这么简单。”

美国的《哈佛谈判学》直截了当地指出“谈判就像在一张绷紧的网中，运用情报及权力来左右他人的行为”，“谈判是你从别人那里取得你所需要的东西的基本手段……谈判是为达成某种协议而进行的交往。”

意大利政治思想家和历史学家马基亚维利曾说：“无论是过去或是未来，由同样的原因、同样的动机的人所发起和推动的事情，必然会产生同样的结果。”有西方学者将谈判纳入沟通理论进行研究，其认为，人作为社会性动物，置身于现实生活中，人的一生就是一条不断和他人谈判的漫长之路。每个人从呱呱落地开始的生老病死的人生过程，也是不断在社会上、市场里、家庭中，职场上与他人交往、交流、沟通、学习、互动、互为影响、互为因果的谈判过程。每个人作为一个个体，从一出生就面临谈判并在运用着谈判这门“功夫”，新生婴儿的哭闹要奶吃就是人生第一次传递信息、通过沟通解决需求的谈判尝试；从牙牙学语时要不到玩具就不吃饭、不听话等与父母的要价，上学后是否先做作业再玩电脑、买零食时的选择、到同学间的相处、磕碰；从男女间的情窦初开到选择对象、相恋、结婚成家、家庭经营、夫妻相处、孩子教育、双方老人的赡养，“婚姻是一个历史悠久的谈判主题”；谈判已渗透到我们日常生活中的人与人的关系、人与自然的关系、人与物的关系：从众多群体事件的化解到物权的变更，从孩子抚养、教育到夫妻结婚、离婚到家产、遗产的纠纷等等。不论是在工作还是在生活中，我们都会遇到数不清的矛盾与分歧需要解决。生活中充满了需要沟通、交流、判断、协商、谈判、妥协、解难、达成共识的动因和现象。人与人之间不可或缺的交往关系深深地影响着我们的生活和生活质量。人是习惯性动物，对挑战极限和冒险非常恐惧，而创造性思维必须冲破我们必须面对和处理的心理障碍与羁绊。历史和生活经历告诉我们，面对迅速变化的世界和生活，人要想成功，就需要他人的充分合作与相助。谈判是合作解决问题和纠纷的有效途径。

在谈判实践领域，20 世纪 80 年代，美国谈判学会会长杰勒德·尼伦伯格创立了全球规模最大的专业谈判公司——无敌谈判中心。该中心每年在世界各地举办 1 000 多场谈判研习会，为来自全球的企业精英讲授谈判的策略和技巧，其客户包括名列《财富》500 强的过半数企业。历任美国谈判学会会长之中不乏美国总统的首席谈判顾问和智囊团成员，一些著名的谈判专家不仅负责政府部门、公司和企业高级谈判人员的培训，而且还成为重大国际谈判活动的智囊班子成员。美国等发达国家出版的诸如《哈佛谈判学》的谈判学著述用资本主义发达国家的视野、市场经济的语境、相当专业的语言介绍了谈判的定义、原则、要素、类型、变数、艺术、技巧、制胜要点、僵局破解等，成为许多国家谈判工作者的入门宝典和奉为圭臬的佳作。

目前谈判界一致认可的谈判方法是美国哈佛大学谈判中心教授雷法·费希尔与尤瑞提出的原则谈判法。该原则谈判法采用对策论与决策论分析的方法，系统地研究了各种不同类型的谈判特点，对谈判原则与第三方介入的问题提出了独到的见解，并为原则谈判理论奠定了基础。

谈判风格是指谈判人员在谈判活动中通过言谈举止表现出来的、与其传统文化密切相关的谈判思想。不同的谈判风格是谈判人员不同文化积淀的折射和反映。西方各国在各自不同的文化影响下，形成了不同特点的谈判风格。由于美国近百年的世界一号强国地位，加上美国作为一个移民国家，生存发展注重竞争、文化注重功利、现实讲究实际利益的导向，使美国人形成了自信心强，有活力、有创造力、自我感觉良好、表现欲强、乐于充当教师，在谈判中开诚布公、直截了当、个性张扬，乐于公开自己的观点、见解和偏好，喜欢批评和评论他人，坚持公平分配利益原则，注重实际利益(而非私人关系)，善于讨价还价，善于把谈判快速推向实质阶段，讲究实力与实效的务实态度，在政治、经济、文化等各个领域强烈表现等特点的谈判风格。

有专家研究指出，美国人注重时间效率，注重合约的法律性，重视违约条款的洽商与执行，履约率高；德国人的谈判风格是逻辑性强、严谨、讲究“合理利润”，一旦报价，往往不做大的更改；日本人注重基础信息、情报的收集、分析工作，时间观念强、彬彬有礼，讲究团队协作精神、看重人际关系。

综上，谈判知识的传授在西方现代管理教育中越来越受到普遍重视，美、英、德、法、日等经济发达国家，以及部分发展中国家和地区的高等院校、企业和科研机构相继将谈判学作为培养现代政治、经济、外交、管理、法律、教育等方面人才的重要课程。激烈竞争的社会环境、谈判活动的普及与繁荣，促使西方的谈判理论日趋成熟。

与此同时，西方的谈判理论界也出现两种不同的倾向。一种是美国等西方国家往往从发达国家的社会文化“优越感”与西方伦理道德的“高地”出发来引领和阐述谈判的定义，刻意渲染谈判“阳春白雪”的神秘与深奥，过分强调谈判的计谋和技巧，宣扬西方商场利己主义的价值观念。美国的《哈佛谈判学》直截了当地指出“谈判是你从别人那里取得你所需要的东西的基本手段……谈判是为达成某种协议而进行的交往”等；西方商界一些谈判学专家十分推崇“互惠的利己主义”谈判原则，认为谈判虽有互惠的特点，但出发点和最终目的都是利己主义的，只不过没有互惠就无法达到利己的目的，互惠只不过是一种手段；意大利的政治家和历史学家马基雅维利认为，为了实现谈判的目标，“任何手段和手法都可以采用”，坚信“必要面前无道德”“为了达到目的，可以不择手段”“目的证明手段正确”。这种“互惠的利己主义”谈判观是急功近利的目标导向型谈判观，其最终目的是“利己”。另一种倾向是将谈判的外延界定得过于宽泛，是“下里巴人”在做的事，认为就广义来说，凡是为了达到当事方利益目标、满足当事者一种或者多种需求，而与对方交换意见的说服、调整利益、从对方那里获得你要的东西或寻求一致而采取的一切不特定模式的行动都叫谈判。美国著名谈判专家赫伯·科恩称“现实世界是一张巨大的谈判桌，每个人都可能成为谈判者”。这种将谈判“泛化”的观点认为，谈判不仅包括国家间、企业间的正式谈判，也包括各种非正式场合的协商与交涉，谈判就是为了要达到你的利益目标而与对方彼此交换意见的说服过程。甚至把“说服孩子先做功课、夫妻间商量如何度假、市场上的讨价还价”等家内外琐事也纳入谈判的范畴，过分强调交换意见行为的谈判特点，容易将“谈话”“谈心”“争议”“辩论”“讨价还价”，甚至“争吵”“口角”等行为泛化，混淆谈判的特点，使谈判陷入概念上的混乱并使真正意义上的谈判理念及与此相关的努力被“矮化”“淡化”“庸俗化”。

笔者认为，上述两种倾向，不符合当代世界发展潮流和合作的趋势，不符合我国的国情，无益于在中国文化和国情下科学界定谈判的意义，也不符合我国对外经济合作的基本原则，无助于发展研究符合发展中国家国情、文化传统和合作共赢理念的谈判学；不利于对外工作者合理运用谈判这一利器，捍卫祖国利益，与谈判各方建立长久的密切合作关系，参与国际政治、经济秩序的治理。

中国应构建有自己特色的谈判理论。

第二节　中国是谈判历史内涵丰富的国度

要研究中国的谈判理论，笔者认为，必须从中国的历史、思想、文化、新中国成立以来的国家意识形态、外交实践和改革开放以来的经济人文发展角度来解析与把握。

中国悠久的历史、博大精深的传统文化、道德理论、中国的历史观（古代、近代历史和现代发展求索中的认知）、马克思理论哲学（价值观）、中国特色的社会主义政治和经济制度，以及经济全球化等因素，对中国人的思维方式和谈判风格的形成有着广泛及深远的沁润与影响。其中，中国的历史、传统文化，尤其是儒释道文化、道德教养对中国人的思维方式、性格，以及作为文化积淀的谈判风格打上了深深的烙印。中国国人引以为傲的辉煌文明、发达、强盛的历史，鸦片战争以来落后挨打的屈辱历史和改革开放实行市场经济、国民经济快速增长的现实等因素，对中国人的思维逻辑、谈判理念、谈判决策、谈判策略和谈判风格有着明显而深沉的痕迹和影响。

科学，实际上就是对客观事物及其规律的认识。谈判史与历史和文化史虽然学科分类不同，但彼此间关系却有如日月同曜，缺一不可。谈判史如果脱离了历史和思想史的内容，犹如无源之水、无本之木；反之，历史（事件）如缺乏谈判史在其专门领域内的深入探讨，则很难把握历史背景和历史人物的内心活动，乃至模糊史实的本质。

历史之所以具有永恒的价值，是历史的记载作用和传承功能。在人类理性思维发展过程中，大脑记忆功能占有很重要的地位。如果人没有记忆，一切经验不能存储，理性思维缺乏素材难以进行，那么人类将只能靠感觉器官所形成的条件反射来适应环境维持生存，永远无法战胜环境，改造客观世界。任何自然人都是一个有限的存在，一旦死亡，记忆随之消失。历史记载，就是为了弥补人类这一缺陷，代替大脑记忆功能来存储记忆并使之代代相传的有效方法，为促进人类文明进步提供宝贵的历史资料来源。历史是人类基因功能的延续，时代的承载，将过去、现在、未来的文化连成一条永无止境的长链。在这条长链中，每个环节都闪耀着一个民族所表现出的理性智慧和一个国家所展现出来的生命活力。

（一）中国的谈判历史源远流长

中国是人类谈判活动最早开始并赋予其丰富内涵的国度。在这个传统文化博大精深的国度，谈判是一种历史悠久的普遍社会文化现象，谈判的历史和谈判的实践活动与中华民族的历史一样源远流长。

中国是一个文化历史悠久的国家，是世界文明发源最早的统一多民族国家，是人类文化源头之一。中华民族是勤劳、智慧、勇敢的民族，在人类历史长河的各个时期写下了光辉的篇章。中华民族五千年的辉煌历史、将近四千年的文字可考历史，充分证明了中国的兴衰荣辱与世界紧密相连。汉、唐、宋、元、明前期的对外开放时期，西汉张骞、唐朝中印文化交流、明朝前期郑和七下西洋，在遥远而神秘的东、西方国度，留下了中国使者的足迹。纵观世界和中国的历史，无论是对外开放还是闭关锁国政策，说到底，都是跨越文明差异的人性共识——中国封建王朝处于繁荣盛世的时候也都有“普世主义”色彩，衰微没落时，也不免产生狭隘的民族意识、阻断对外交流。

中国历史悠久，从盘古、女娲等神话时代算起约有五千年，从夏朝算起有 4 200 年，从中国第一次大统一的中央集权制秦朝算起有 2 200 多年，持续较长的朝代有夏、商、周、汉、唐、宋、元、明、清等。从步入文明的门槛起，中国先后经历了夏朝、商朝、西周、东周、春秋战国、秦朝、西汉、东汉、三国、西晋、东晋、十六国、南北朝、隋朝、唐朝、五代十国、宋辽金、元朝、明朝、清朝等历史时期，其中在夏、商、两周和春秋时代，经历了奴隶社会的全部过程。从战国时期开始，封建社会孕育形成，秦朝则建立了中国历史上第一个中央集权的大一统封建帝国。此后，西汉王朝是封建社会迅速成长的阶段，唐、宋时期经历了封建社会最辉煌的时代，直至明清两代。中国曾经是世界上最强大的国家，经济、文化、科技世界瞩目，中原各朝不断与周边少数民族交往、征战，融合而成中华民族。19 世纪初，封建社会盛极而衰，清朝统治下的中国开始走向衰弱，并最终步入了多灾多难的近代社会。

中华民族是一个智慧的民族。中国典籍丰富，其中所载无数惊天地、泣鬼神的事件与人物，彪炳千秋，为后世敬仰。在中国古代历史上，“谈判”与“谋略”几乎被视为同义词。春秋战国时期，百家争鸣，以军事和政治为基础的谋略学大放异彩。《淮南子 · 兵训略》指出“故用兵之道，示之以柔而迎之以刚；示之以弱而乘之以强；为之以歙而应之以张；将欲西而示之以东”，体现了谋略之道的变幻莫测。“合纵连横”成为诸侯将相逐鹿问鼎的“王霸之术”，足智多谋、口若悬河的谋士形象成为历代风云传奇中必不可少的华彩角色。老子《道德经》“以正治邦，以奇用兵，以无事取天下”成为经世致用的韬略。春秋末期齐国人孙武所著的《孙子兵法》是我国现存的最古老的、管理与实践兼备的巨著。三国时期的众多脍炙人口、流传至今的故事和传说大多和韬略与计谋有关。中国古典文学中不乏对“舌战群儒”“利舌赢得百万金”“三寸不烂之舌，强于百万之师”等故事或演义的描述，至今仍是人们津津乐道的话题。随着历史的演进，中国人把传统兵书上的军事计谋与政治上的谋略，如围魏救赵（逆向思维出奇制胜）、趁火打劫（利用对方的困境）、借刀杀人（借他人之手削弱对方）等渐渐地运用并传承到谈判和日常生活中来。汉武帝罢黜百家，独尊儒术，以修齐治平为正道，颇忌权谋之术，儒家学说居于崇高地位，成为中国学术思想的正统，造成“谋略学的晦而不彰”。随着封建国家分裂和民族大融合的三国、两晋、南北朝阶段，隋唐、五代封建社会的繁荣阶段和辽、宋、夏、金、元民族大融合、进一步加强的封建经济持续发展阶段，以及鸦片战争前统一、多民族国家的巩固和封建制度逐渐衰弱的明、清阶段，作为统治者手中“专门权利”的谈判，在国运起伏、朝代更迭、民族融合的历史舞台上，时而“用则彰”，成为“保家卫国”的运筹帷幄的“锦囊妙计”，时而“不用则藏”，成为可有可无的“道具”。谈判伴随着国家的兴衰、帝王将相的存亡、朝代的更迭，人物命运的起伏，时隐时现。

以鸦片战争为标志的中国近代百余年的历史，是中华民族不屈不挠的抗争史，也是中国饱受列强欺凌掠夺、积弱屈辱、令人不堪回首的历史。清王朝、北洋军阀和国民党政府的外交，是屈辱的外交。从 1840 年英国资产阶级以保护鸦片为名、对中国发动鸦片战争、1842 年清政府被迫与英国签订可耻的城下之盟《南京条约》这一中国近代史上第一个丧权辱国的不平等条约起，到 1901 年八国联军、比利时、西班牙、荷兰等国与清政府签署中国近代史上赔款数额最多（4.5 亿两白银，分 39 年还清，本息共计 9.8 亿两白银）、主权丧失最严重、精神屈辱最深、给中国人民带来空前灾难的《辛丑条约》为止的六十多年间，中国清政府和帝国主义列强签署的不平等条约、协定共 1 000 多个。从此，中国的大好山河被分割得支离破碎，漫长的海岸线没有一处是自己的港口，帝国主义列强在中国的土地上为所欲为。

在20世纪的两次世界大战中，积弱积贫的中国经济科技水平落后，当权的国民政府腐败。抗战开始前，中国政府统治区的年产钢不过4万吨（日本钢产量达580万吨、美国战时最高达到8 000万吨），1936年国民政府财政收入为11.9亿法郎（折合4亿美元，日本同年财政收入为100亿日元、折合30亿美元）。中国在国内外局势十分困难、敌我实力对比极度悬殊的艰难条件下，奋起抵抗，成为抗击日本侵略者的主战场，国共两党对日大规模会战22次，重要战役200余次，大小战斗20万次，歼日军150万人，伪军118万人。中华民族在八年的抗日战争中付出了沉重的代价。据抗战赔偿委员会作出的《中国责令日本赔偿损失之说明》指出，中国沦陷区26省1 500余县、面积600万平方公里，战争受害者2亿人以上，军队伤亡331万人，人民伤亡842万人，其他因逃避战争、颠沛流离、冻饿疾病而死亡者不可胜数。中国历史学家经过多年论证得出的结论是，在八年抗战中，中国军民共伤亡3 500万人，损失财产及战争消耗达560亿美元。然而，在1948年美国（出于冷战的需要）宣布日本可免除赔款义务后，苏联、英国和中国国民党当局索赔无望后只好放弃对日本发动对华侵略战争的赔偿；中国作为战胜国没有享受到应有的待遇，还受到其他盟国的欺凌。抗战胜利前夕，美、英、苏三国在商议战胜日本后的利益分配时，居然拿中国领土权益（包括蒙古问题）、港口、铁路治权、安全利益做交易。国民党政府不得不屈辱地接受，导致中国作为战胜国的领土损失比战败国还大。① 美、英、苏三大胜利盟国按照自身意志和势力范围划分世界、背着中国政府在内的不少当事国作出的包括有损中国领土和安全的决定，违背了世界各国平等合作、尊重主权完整的原则，是大国主宰一切的强权政治的表现，为引发包括冷战在内的战后地缘政治令人目不暇接的变化埋下了导火索，也使包括中国在内的相关国家至今仍难彻底摆脱其影响和后果。

从新中国成立到改革开放之初，我国的外交在毛泽东、周恩来、邓小平等老一辈无产阶级革命家的亲自领导下，经过近30年的实践，经受住了严峻的考验，取得了辉煌成就。在被西方封锁、孤立的国际大环境和高度集中的计划经济体制的历史背景下，中国顶住了超级大国的压力，维护了国家的

① 徐焰少将：《中国抗日战争在二战中的地位》，《作家文摘》2013年10月8日版。

独立、主权和尊严，倡导和坚持和平共处五项原则，同世界上绝大多数国家建立了日益密切、广泛的友好合作关系，开展经济、贸易、文化多领域往来，为建立新型的国际关系树立了成功的范例；① 经过20多年的外交努力，1971年10月25日，联合国大会恢复中华人民共和国合法席位，标志着联合国的普遍性、代表性和权威性显著增强，中国对外交往进入新阶段；中国支持世界各国争取和维护民族独立，捍卫世界和平，加速经济发展，为促进人类进步事业作出了巨大贡献，也为中国社会主义现代化建设赢得了有利的国际环境和条件。在这一历史时期，我国的对外交往与谈判活动主要依靠实践和实战经验。一批富有对外交流和谈判经验的老前辈，如周恩来、陈毅等国家领导人在我国对外谈判活动中呕心沥血、殚精竭虑，为新中国外交留下了宝贵和丰富的历史遗产。

改革开放以来，我国成功地走出了一条具有中国特色的发展道路，政治稳定、经济发展、综合国力快速增长，取得了举世瞩目的发展成就。外交、经济外交领域也取得了历史性的成果：1980年9月，中国恢复了在世界银行的成员国地位。2001年9月17日，中国经过15年的艰苦谈判，加入了被称为经济联合国的世界贸易组织；2010年4月，中国在世界银行的投票权从2.77%增加到4.42%，成为仅次于美国和日本的第三大股东国；自2010年起，中国已成为世界第二大经济体，成为世界货物贸易第一大国，成为世界上120多个国家的第一大贸易伙伴；2015年11月30日，被人们视为金融联合国的国际货币基金组织宣布，将人民币作为除英镑、欧元、日元和美元之外第五种货币纳入特别提款权（SDR）货币篮子，成为人民币国际化的里程碑时刻，这意味着人民币已经成为全球的主要储备货币。

纵观中国的历史，在发展对外关系方面，尤其是对外经济合作方面，需要指出的是，由于历史、时代背景等原因，中国历史上并没有积累多少“走出去”的经验。在今天中国企业大规模“走出去”的背景下，如何做到在遵循市场经济规律、坚持可持续发展的前提下，运用现代谈判策略的技巧，增进自身利益并兼顾各方利益，实现互利共赢、共同发展，成为实施“走出去”战略中的亟须解决的重大课题。

---

① 韩念龙：《当代中国外交》，中国社会科学院出版社1987年版导言。

（二）中国传统思想、文化对谈判的影响

文化对于决策的差异主要体现在形成谈判决策方法的不同。相对于西方人着眼于逻辑思维、偏好抽象思维、偏好分析思维和注重对立的思维习惯，中国人的思维着眼于伦理本位，偏好形象思维、偏好综合思维、注重统一的思维方式。在谈判中，相对于西方人先谈细节、重个体（强调集体的权利、即分权、强调个人的责任）、重利益（重效果、轻动机，立场灵活，努力追求利益，对待事物的态度取决于其是否能为自己带来好处，是否损害自己的利益）的特点，中国人先谈原则后谈细节、重集体（强调集体的责任、个人的权利）、重立场（重动机、轻效果，有时过分坚持立场，不惜放弃利益）的风格以及重视关系、讲究面子、善用策略等特点都可以从中国传统文化上追根溯源。

1. 中华民族是重国格、讲气节的民族

纵观中国古代史与近现代史，从传统思想文化渊源来看，中华民族是智慧、骄傲、重国格、讲气节的民族。中华民族十分重视事物的“大义”、道德性与公正性。《易经》奠定了国人传统思维模式，中国人倾向于从总体上观察事物的特征，从全局观点进行综合研究，习惯把事物分成对立（阴阳、正反）的两个方面，但同时将其看成此消彼长、互为包容、不可分割的整体。在处理问题时，包括在谈判中，中国人注重综合性思维方式，从整体到局部、由大到小、由笼统到具体。先谈原则、后谈细节的谈判风格也源于中国传统文化。与此同时，中国文化也讲求“中庸之道”，注重内敛和自省，奉行“己所不欲勿施于人”的行事原则。

2. 中国文化怀抱“大同”愿景和“天下情怀”

中国传统道德文化深受儒家的理想人格与理想社会思想的影响，中国人素有“先天下之忧而忧，后天下之乐而乐”的道德境界。儒家所提出的以善心为基础的道德准则——仁、义、礼、智、信、勇、耻、廉——成为中华民族共同遵守的言行道德规范。所谓“理想人格”，及“至善”的人格，所谓“理想社会”，及“至善”的社会，指怀“先忧后乐之心”，立“天下兴亡，匹夫有责”之志，成“天下为公”之道。《礼记・礼运》所描述之“大同社会”：财产公有、社会平等、只有长幼尊卑之序，别无富贵、贫贱之分；老、壮、

幼、孤独、废疾，各有所终、所用、所长、所养，人与人和睦相处，互助互爱，培养、坚定了中华民族永远奋发自强的民族精神，孜孜不倦以实现“天下为公”的理想信念；中国传统文化教导国人以“推己及人”之心、忠恕之道、自我道德约束，重信义、守承诺、恪守“君子爱财，取之有道”、童叟无欺等儒商义利观，唾弃“不义之财”、鄙视“嗟来之食”等理念对中国人的传统道德观和人际交往乃至谈判风格起着重要的影响。《论语》指出“道之以政，齐之以刑，民免而无耻；道之以德，齐之以礼，有耻且格”；《中庸》指出“诚则形，形则著，著则明，明则动，动则变，变则化。唯天下至诚为能化。”自古以来，国人普遍认为道德与诚信决定着任何关系与合作的成败。中国人信奉“人而无信，不知其可也”“君子养心莫善于诚”“诚知足，天不能贫；诚无求，天不能贱”“一言既出，驷马难追”的诚信理念和君子风范，中国传统文化追求广泛意义上的和谐与平衡，大众思维中既有秉持天下公器、匡扶正义的大国情怀，受“富贵不能淫，贫贱不能移，威武不能屈”“士可杀，不可辱”的“气节”熏陶，誓死捍卫涉及民族大义、国家利益和民族尊严，也有重“朝贡”、重脸面、轻利益、“泱泱大国”的情结与癖好。

3. 中国文化重视人际关系和实际地位

中国自古以来便是礼仪之邦，受儒家思想影响，重视人际关系和社会地位。儒家思想视“仁”为中心，“仁”是道德范畴及儒家思想的核心，“仁”从人从二，指人与人相互友爱、帮助，其目的是处理好人际关系，达到和合。要想“求仁得仁”，个人必须把自己纳入集体之中，和集体融为一体；在传统文化和现实生活中，中国人以善良、好客、温和而闻名于世，交往中一般都很谦虚含蓄，注重诚信，看重勤劳致富的公正合理性，待人注意礼节，重人情，讲关系，期冀完美的个人道德、和谐的人际关系，依赖裙带关系，尊重长者，尽量回避冲突，注重中庸之道，比其他文化更看重给人留面子，在处理具体问题时往往留有余地，注意尊重对方，同时又有不乏好面子的思维和行为习惯。在人际交往中，中国人被外国人评价为“不乏机智幽默，具有很强的柔韧性”。

中国人的思考方式上有以下特色：相对于希腊文化与印度文化的缜密逻辑，中国人比较取径于直观与体会。在中国人的日常经验中，“悟”是时时出现的思考方式；中国人观察事物往往重视统摄全面，而不喜欢对局部进行细致分析；中国人习惯于从有机的变化中看世界。中国人的有机宇宙观是中国文明的特征，截然不同于牛顿力学的机械宇宙观，有机宇宙观与上述全面性考察互相关联，又统以区分；中国人对于“动态”格外关注，《易经》一书讨论变易的过程，认为五行相生相克，也是不断变化的动态；“文化”一词的语根是“人文化成”，文化本身即是变化，而不是思考方式，变化即常态。上述思考方式落实在中国人的人生态度中，即是认识世界的变化，也准备面对变化。

在行为方式上，中国人受集体主义和权威主义取向影响明显：中国人谨慎、互相合作、讲究团队精神，“关系”至关重要，人们互相依赖、又互相影响，行为偏于保守；权威主义要求个人“克己守道”“贵有自知之明”“循规蹈矩”“自我克制”“安于现状”，要求个人与集体或领导保持一致。中国人极度关心社会身份、注重个人所属的群体，而群体以某个领导为代表，领导即权威。由于长期封建等级制度和官本位文化的浸淫，中国人的思维惯性中依然深受森严的等级制影响，“官大一级压死人”“现官不如现管”等纵向的上下级关系影响着个人的言行举止。

曾有历史学家认为，西方文明是根植于“商业”上的文明，中国则是典型的农耕文明。两种文明的逻辑不同之处在于，“商业”决定了对利益的追逐，因此需要去探索扩张，不断创造新的消费需求以获得利润；而“农耕”追求的是安定生活、一成不变，在乎安全和秩序，需要严格遵守前人总结出来的经验教训，因为在传统农业社会，创新往往意味着失败（不按节气播种、不看天时，就会颗粒无收）。因此，我们要探索如何使中国传统的文明思维与现代社会相适应，努力绕开西方文明可能导致的危险魔咒“修昔底德陷阱”（后起大国总会以武力挑战现存大国之下的秩序），走出一条不依靠对外武力、殖民、扩张、掠夺完成原始积累的“霸道”之路、体现不同以往的中华文明特色的先进发展道路。所以，中国一方面承认自己的崛起，表明自己要走和平崛起之路的态度，另一方面也要求国际秩序更加公平合理，不是弱肉强食式的，是以“共同参与”和“合作共赢”的方式影响现有秩序，推动世界文明的发展进程，不搞“打倒推翻”“另起炉灶”“取而代之”。

由于我国文化源远流长，在表现文化“特色”的中华民族精神中，固然有占支配优势并经常起主导作用的积极因素，但也有这样或者那样，不时起着害群之马、拖后腿、搅浑水作用的消极因素。在全部中华文化遗产中，有精华，也有糟粕。中华民族文化的发展，正是在“排他”和“容纳”这一矛盾而统一的事实基础上得到实现。就像任何其他自成系统的文化一样，中华文化必须具备择善而从、容纳异己的文化魅力和气量，不断吐故纳新、吸取外来营养，增添新鲜活力，才能使本民族文化不断充实和提高。

（三）新中国成立以来的历程对谈判理论与实践的影响

从时代背景和意识形态、实施政策、体制角度看，新中国成立后，在西方国家政治上封锁、孤立，经济上禁运、东西方两大政治集团长期冷战的时代背景下，党以马克思列宁主义、毛泽东思想为指引，领导全国人民建立了社会主义制度，这是我国历史上最深刻的社会变革。在新中国建立的前 32 年历史中，党遵循马克思列宁主义的意识形态、无产阶级继续革命的理论、实行高度集中的计划经济和对外贸易政策，“在国际上，始终不渝地奉行社会主义的独立自主的外交方针，倡导和坚持了和平共处五项原则……坚持无产阶级国际主义，发展同各国人民的友谊，支持和援助被压迫民族的解放事业、新独立国家的建设事业和各国人民的正义斗争，坚决反对帝国主义、霸权主义、殖民主义和种族主义，维护世界和平”（《关于建国以来党的若干历史问题的决议》）。

改革开放以来，中国在物质、经济、文化等方面都得到极大发展的同时，人们的思想观念也发生了深刻的变化。随着对外开放度的增大，文化领域实现了精神生活由单一到多元、封闭到开放的转变。全球经济一体化进程的加快和现代科学技术的发展，特别是“信息高速公路”的开通，把整个世界融为一体，成为紧密联系的“地球村”，中国与世界紧密联系在一起。互派留学生、互派专家学者和各种形式的对外交流，扩大了人们的眼界，丰富了知识和阅历；从思维方式上，改革开放以来，邓小平带头反对人们思想解放的大敌——在 30 年的思想观念变迁中一直处于核心地位的“左”的思想，并领导全党全国逐步摆脱了“左”的思想观念的束缚。社会各界达成的共识是，社会主义要取得比资本主义更快的发展速度，就必须大胆吸收和借鉴世界各国的一切反映现代化生产及市场经济一般规律的先进经营方式和管理方式。

改革开放以来变化最为显著的观念是，务实意识，实事求是，一切从实际出发来判断我们工作的利弊得失，中国社会逐步形成了新的时代特征：

——竞争意识。人们挣脱了平均主义的精神桎梏，走向市场，在激烈的市场竞争中追求经济效益和社会效益，使优胜劣汰的市场竞争机制得以发挥作用。

——开放意识。伴随着国门打开，外面的缤纷世界拓宽了人们的视野，各种文化思潮激荡着人们的心灵。日新月异的信息技术与便利快捷的网络平台架起了沟通、交流的畅通桥梁，人们对传统道德文化、西方价值观的态度趋于平和、宽容和理性。

人们在精神面貌方面的变化由拘谨刻板到开放活跃。过去，中国人受社会条件的限制和传统儒释道思想的影响，各种道德伦理规范约束着人们的行为和精神，人格上呈现出克制、内敛的特点。改革开放以来的解放思想赋予了整个社会更加宽松自由的文化氛围，呈现出百花齐放、百家争鸣的繁荣景象。

——由保守懈怠到进取拼搏。中国封建社会文化，提倡和信奉知足自得、安分守己，当代人所释放出来的，更多的是一种具有自主意识的勇气、独立的精神和积极的态度。由对单位、户籍、领导和对家庭等社会关系的依赖、等待、依附型的人格状态，转变为现在的主动创新、寻找机遇。文化多元化给人们提供更多可以选择、获得认同的价值观念，市场主体的细化为个体从社会关系中独立出来奠定了基础，民主政治确保公民人格上的平等，社会保障为人们解除了作为社会人的后顾之忧，使人们成为真正独立自主的公民个体。

——由散漫低效到紧张竞争，从“大锅饭吃着，小日子过着”的流动性少、职务晋升主要靠论资排辈，到“时间就是金钱，效率就是生命”，速度价值受到整个社会的广泛认同和推崇，各种场合与时段都被有头脑的人们利用起来，转变为资源优势，作为执行力的现实表现，效率成为评价工作能力、升职加薪的重要依据。

上述时代变化对谈判的具体实践有着积极和深远的影响，对建立和完善符合中国特色的现代谈判理论具有重要的意义。

当然，我们也必须看到，40 年的改革开放使我们的思想观念、价值取向、生活哲学等方方面面产生了巨大变化的同时，西方鱼龙混杂的各种思潮、理论、学派都纷纷涌进中国这块“稀有土地”，对国人的精神、物质、文化思想领域产生了前所未有的冲击，其中不乏各种过时的、死灰复燃的奇谈怪论与玩世不恭的牙慧、夹杂着原始资本主义血腥味的金钱至上、政治腐败、商业贿赂等社会毒瘤泥沙俱下、招摇过市，与卷土重来的中国国内的封建残余、沉渣泛起的曾一度销声匿迹的黄毒赌等社会毒瘤一起互相作用，对中国社会风气的毒化和败坏产生了推波助澜的催化。一些人受到这种负面文化的冲击，一味地学习模仿，邯郸学步、思维混乱，在接受新思想的同时，丢掉了中华民族的传统美德，以外来腐朽文化为“时尚”，还将优秀朴素的中国传统文化视为落伍守旧的“万恶根源”，由此产生了诸多不利于社会发展的怪象和矛盾。西方文化中的精华与糟粕对中国思想界、各行各业都打上了清晰可见的烙印。西方谈判学理论中的“重商主义”“极端利己主义”“为达目的不择手段”“唯利是图”等思想对中国商界、谈判界的理论和实践的影响也绝不能低估。

由于历史、文化、哲学思想和我们所处时代的社会现实等众多复杂的原因，国人普遍“关心政治”，对于世界、国际关系有着模糊的认识和强烈的感觉，一方面以爱国主义为核心的民族精神是实现国家发展和民族振兴的需要，一定程度的民族自豪感、自信心和责任心是实现民族团结并激发国家发展潜力的基础性前提，关键是清醒自觉，做到自信而不自大，自豪而不自负。

此外，也正是由于历史、文化、哲学思想和我们所处时代的社会现实等众多复杂的原因，国人对于对外谈判工作的感情复杂，敬与畏并存，有一定的偏见甚至误解。一方面，认为谈判属于国家政治斗争“高端活动”的范畴，既陌生又神秘莫测，距离百姓的生活很远。对外谈判似乎是西装革履的人们正襟危坐地唇枪舌剑、肃穆而高深地商谈着并非“下里巴人”所能接触的“阳春白雪”。谈判者用彬彬有礼的恭敬态度来掩饰内心的好恶波澜，温文尔雅的言谈举止中蕴含着决定生死契机的严厉与冷酷，谈笑风生中隐藏着事关战争成败的阴谋和算计。另一方面，中国近代史上逢谈判必割地赔款、屡谈屡败的屈辱谈判结果留给人们更多的是关于谈判的苦涩和对“谈判”字眼莫名的畏惧与不屑。国人在对外谈判中对涉及民族利益和民族自尊的问题十分敏感；深受“覆巢毁卵”之害的凋敝民生与文化、在帝国主义“弱肉强食”的“丛林法则”背景下的谈判苦果、被永远钉在历史耻辱柱上的诸多不平等条约等，留给人们更多的是挥之不去的迫害阴影和难以平抑的愤慨；在屈辱、沉重的谈判历史中“败军之将何言勇”的感叹，有助于每个对外工作者、谈判者去领悟国家利益、家国命运与个人发展攸关、密不可分的深刻内涵。部分民众甚至对谈判活动存在着模糊的概念和偏见，一些人将谈判看作介于黑白两道之间的“阴谋活动”，属于“心术”的范畴。谈判技巧容易被曲解、误认为是“伎俩”，要么被看作是“旁门左道”的“奇巧淫技”而遭不屑，要么被不正当地加以滥用。还有一些人认为谈判是原始资本积累阶段获取不法利益的把戏，见怪不怪，呈贬义色彩。在他们的误解里，谈判一向被看作是一门尔虞我诈的“谋术”，是讳莫如深、彼此算计、耍心眼、笑里藏刀手腕的代名词，谈判桌是用心叵测、诡计多端之人豪赌博弈的场所，谈判者是擅长将欺诈、恐吓、诓骗等卑劣行径当作日常游戏的冒险家。谈判场面时常惶恐无助，谈判中的某一方总会采用不道德的伎俩或手段，迫使人们做出那些令人不愉快的抉择。在百姓日常生活中，人们往往对谈判像对法庭一样望而却步，误认为谈判也属“官非”，是有钱有势的人玩的“把戏”。一般平民百姓遇事宁愿相信“有钱能使鬼推磨”，甘愿找关系、破财消灾，息事宁人，大事化小、小事化无，或者采取鸵鸟政策，敬而远之、视而不见地回避。

第三节　中国谈判理论的研究与实践

在现代谈判学科领域，我国起步较晚。我国对谈判理论的引进和研究始于 20 世纪 80 年代中后期，即改革开放的初期，比西方晚了 25 年。由于国家对外政策和国内政治运动等特定的历史原因，我国的理论界当时没有把谈判经验的总结与当代谈判理论的研究列入议事日程，忽视了国际上成熟的谈判理论对谈判实践的指导作用，学术和理论界对谈判的界定带有明显的时代特征。我国的《简明政治词典》《现代汉语》等工具书中，把谈判定义为“政治斗争的一种和平形式，策略灵活性的一种斗争手段”“国际法之所谓谈判，是专指国家之间外交上的交涉”；《世界知识词典》对谈判的解释为：谈判“是现代国际关系中解决争端时经常使用的方法之一，即在国家发生争端时，由争端当事国通过相互接触来说明彼此的意图并在交换意见后谋求双方所争执的问题达成协议”。上述工具书对谈判的解释和定义似乎过于狭窄和偏颇，把谈判仅仅限定在国家之间的外交和政治等重大问题的谈判，偏重于诠释国家间谈判的“政治性”“宏观性”“严肃性”“斗争性”特点，而没有涉及大量存在于各种社会活动领域、遍布于各种社会组织和人与人交往的谈判，不能全面地概括出谈判的一般特点，带有明显的“过去时”色彩，已不能适应世界政治、经济发展的现实和经济全球化的发展趋势，未能体现我国改革开放以来在外交、经济、文化等诸多领域快速发展的现实，也不能与时俱进地适应我国经济外交内涵的时代要求。

20 世纪 70 年代末，我国在十一届三中全会精神指引下打开国门、面向世界开放之时，我们的谈判实践者在对外开放、对内搞活的史无前例的改革实践中遇到了前所未有的挑战，也交付了代价不菲的“学费”。从 20 世纪 80 年代中期开始，国内学界和工作层面开始引进、翻译出版了西方的谈判理论读物。在西方谈判理论、谈判策略、谈判方法与谈判技巧等新的学术思想影响下，我国学术界逐步开始了对谈判学理论的研究。进入 20 世纪 90 年代，随着我国改革开放的深入和市场经济的快速发展，对外谈判活动日趋频繁，谈判理论研究和谈判人才的培养逐渐受到重视。

近年来，随着我国改革开放国策的实践和对外活动、谈判的日益频繁，国内学术界和实业界对谈判的研究和实践、对谈判理论、原则、方法、程序、策略、技巧等的研究逐步系统、深入，提出了不少很有见地及特点的观点和见解，正在逐步形成颇具中国特色的谈判理论体系的雏形。

国内学者和专家对谈判有以下界定：

赵大生等在《涉外公共关系与谈判技巧》一书中指出，“所谓谈判，乃是个人、组织或国家之间就一项涉及双方关系的标的物，利用协商手段，反复调整各自目标，在满足己方利益的前提下取得一致的过程。”

张祥在《国际商务谈判—原则、方法、艺术》一书中指出，“国际商务谈判是指国际商务活动中不同的利益主体为了达成某笔交易而就交易的各项条件进行协商的过程”，谈判中利益主体一方通常是中外双方的政府、企业或公民。“国际商务谈判是调整和解决不同国家和地区、政府和商务机构之间不可避免的经济利益冲突的必不可少的手段。”

由蒋春堂、蒋冬梅合著的《谈判学（新版）》将谈判界定为“谈判实践是人们出于某种欲望、需求，彼此阐述自我意愿、协调相互关系，为取得一致，达到各自目的所进行的语言交流活动”。上述定义包含着谈判实践的基本含义为：谈判活动必须在两个或两个以上具体的参与者之间进行；谈判活动者之间存在着某种观点、立场、利益方面的分歧或冲突；参与谈判活动的目的是缩小或消除分歧、缓和或解决冲突，建立或改善关系，即满足需求；谈判实践是一种普遍存在的人类交往活动，主要凭借语言交流来实现。

从社会公共服务领域来看，近年来，第四产业即服务业异军突起，谈判作为服务经济的新领域的作用也备受重视，业界对谈判的定义及表述也更加宽泛和多样化。其他对谈判的定义和表述还包括“不同的利益主体，就共同感兴趣的问题进行磋商、协调和调整各自的政治、经济利益，谋求在某一点上取得妥协，从而使各方都感到有利的条件下达成一致”；“政府、政党、社会团体之间就内政和国际关系等方面的问题为确定各自利益、改善互相关系、协调行为尺度而进行的活动”，“人们为寻求和实现各自利益目标、相互明确权利和义务而进行的商谈”，“谈判是以达成共同决定为目的，而进行意见沟通和交换的过程”，“谈判是当事方为各自利益，集本方知识和努力，寻求对方同意、满足各自需求的过程”，“谈判是沟通—解决分歧—互相妥协—达成一致—满足各自利益（需求）的过程”，“谈判是人们出于某种欲望、需求，彼此阐述各自意愿、协调互相关系、为取得一致、达到各自目的所进行的语言交流活动”，“谈判双方或多方，基于一定的目的、欲望和需求，通过接洽、协商、交流，协调相互间立场与关系、解决彼此间的问题、达成共同结果所进行的活动，是一个寻求解决纷争、调整关系、满足各自和共同的利益与需求的过程”等。

国内学者出版著作对谈判的论述，大体上综合了多种著作的观点，并力求通过简练的语句来揭示谈判的特点，比较科学准确，值得借鉴，但隐略之间，似乎还应增加中国历史、文化特色和哲学思维特点。有理由认为，中国谈判学的理论体系至今仍处于构建阶段，值得进一步探讨、实践和完善。

在当今国际谈判界、外国研究中国谈判风格的机构和书刊中，普遍认为中国已形成了深受儒家文化影响、与西方明显不同的谈判思想、技术策略和举止行为特点。外国人认为中国人的谈判特点和风格主要有：总体上历史感强、政策、原则性强、领导意志起关键性作用；自尊心强、“受害者心理”强烈；谨慎多疑、保守，不轻易冒险，讲究战术、注重细节、善用策略，擅长防守和反攻，绵里藏针，具体且善于博弈，但大的谋略不够；注意结交长久牢固关系，寻求安全与信任，认为互相关心是长期合作的基础，愿意花时间与精力认识和结交对方，热情好客，喜恭维奉承；重友情，讲义气、讲关系，富有耐心、韧性十足，注重礼尚往来，偏好请客送礼；时间观念不强，对时间流逝并不敏感（也许是对中国谈判队伍擅长打持久战、消耗战，欲擒故纵、外松内紧等策略造成的错觉），喜欢有条不紊、按部就班，对时机的判断直接影响谈判结果；沟通上不喜欢直接、强硬的交谈方式，习惯使用含糊其辞、模棱两可、难以诠释的话语，如“研究研究”等表达“不”的含义；善于讨价还价，但有时缺乏跨国法律意识、现代金融商业知识，过分强调自我；国家机构、国有企业的决策程序复杂、灵活性差、办事效率低，民营企业灵活机动，但履约率低；个别领导不太注重团队精神，时常会为了突出在谈判中作用的最大化和“面子”，不惜牺牲整体或其他伙伴利益。在谈判具体做法上，开局时，中国人一般不主动进攻、不提出自己的要求，但注意倾听，且足智多谋、主张“对症下药”“后发制人”；进入谈判实质阶段，主张按照“先谈原则框架——后谈细节”的路径，在原则问题上寸步不让，善于利用对方弱点或漏洞伺机反击，采用策略迫使对手作出让步；谈判决策中采取集体决策原则，但主要体现在集体协商、交换意见、协调行动之中，实际执行中一旦超出谈判者权限，只能请示上级或真正决策人拍板才能定夺。在交往中，人际关系对大多数谈判结果起关键作用，中国社会竞争激烈，“互相防备之心”强烈；在社交和公众场合，中国人比较内敛，看重脸面，诸如公开指摘他人过失、质疑他人权威，使他人丢面子的言行可能引起“怀恨在心”，甚至“报复”，直接影响谈判走向和结果。

国际谈判界和研究中国谈判风格与特点的机构提供的应对中国人谈判特点的对策和忠告主要有：话不投机半句多，少谈敏感话题，少翻历史旧账，少讲意识形态分歧，少刺激中方自尊心；态度谦恭，多讲好话，获取实惠，顾全脸面，勿伤自尊；了解真正决策人意图，理清决策程序，在关键点上用力；与中国人打交道要有耐心，不要急功近利，需要等待；注意联络感情，注重投其所好，逐步取得信任和好感，建立长期友好关系；采取报高价格（“头戴三尺帽”）、步步为营、不轻易降价等策略获取实在利益。

事实上，在我国历史上，谈判实践是一种具有悠久历史的普遍社会现象，起源最早、涉及范围最广的谈判是民间事务谈判。从古到今，谈判一直是人们生活的组成部分，是人们为了解决争议、建立和改善社会关系而采取的行动。进入现代社会以来，尤其是两次世界大战后、和平发展成为时代主流的近几十年间，国力的竞争主要依靠国家政治、经济环境的改善、自身经济的发展与各国军事、文化等综合实力的此消彼长，谈判逐步成为“政府、政党、社会团体之间就内政和国际关系等方面的问题为确定各自利益、改善相互关系、协调行为尺度而进行的活动”，“人们为了寻求和实现各自利益目标、相互明确权利和义务而进行的商谈”。蒋春堂主编的《现代谈判学》中指出，谈判在现实生活中起着“解决争议的手段、平息争端的途径、调整利益的方法、改善环境、发展经济的措施和桥梁”的重要作用[①]。对外谈判已越来越成为各国捍卫自身发展和利益、满足自身需求、改善相互间关系的重要手段，谈判实践已成为对外工作者捍卫国家利益必须掌握的利器，谈判理论因而也成为对外工作者应善加学习的必修课。

第四节　中国需要有自己特色、发展中国家属性的谈判学

笔者认为，中国特色的社会主义、马克思主义理论哲学体系，把工作重心转移到经济建设上来、实行社会主义市场经济、经济外交等战略对国人关于外部世界、国际关系、经济全球化、和平发展、和平崛起、发展共赢等时代特征的判断与认识，深深地影响着中国人的谈判理念、谈判理论研究和谈判实践活动。与此同时，西方国家的谈判理论，包括过去带有明显道德缺陷、现在已遭到西方国家学界、业界抨击的“利己主义价值观”对我国谈判理论的构建和谈判实践的开展产生了不容忽视的影响。据笔者的涉历与了解，我国作为发展中的大国和快速崛起的新兴国家，尚未形成适合中国国情、发展中国家属性的谈判理论与谈判学。中国特色的谈判理论研究或处于“小荷才露尖尖角”的自发、分散的初级状态，或亟待深入、系统，尚未发展出自成特色的完整体系。如何传承、弘扬我国优秀文化，扬长避短、消除阻碍，建立符合时代发展方向、正确的义利观、健康的人际沟通交流关系，探索与实践并逐步形成具有人类普遍道德正义、中国特色、顺应世界文明进步潮流和价值体系、涵盖世界通行的谈判一般原则的系统理论工作还正在路上。我国还未将谈判学作为一门新型、综合性的学问来构建和研究，尚未形

① 蒋春堂主编：《现代谈判学》，辽宁大学出版社 2004 年版，第 14—15 页。

成谈判工作的清晰定位，谈判学还没有成为外事工作者的必修课；谈判学科对我国改革开放以来对外谈判经验、教训案例的总结和对我国经济外交语境下谈判工作的指导作用尚待加强；中国尚缺乏相当一批政治素养高、理论水平扎实、知识结构合理、独具世界战略眼光、久经实践风浪历练、能够参与全球治理领域的国家级乃至世界级的经济外交专业谈判人才，远远不能适应我国作为世界第二大经济体及发展中新兴大国的经济外交战略要求和日益增多的对外谈判工作需要。我们的改革开放基本国策和经济外交战略呼唤中国有自己的谈判理论和实践，我们的和平崛起战略机遇期需要培养更多的优秀谈判专家，并更好地运用谈判这一利器为祖国的和平发展利益谈判。

笔者认为，具有独特的历史和文化背景的中国经济外交政策和实践需要与时代同步的、体现世界先进、文明、公正和具有中国特色的谈判理论和实践方法、策略的指导；基于我国历史和改革开放以来开展的谈判理论研究和实践摸索作为对世界政治经济秩序治理和世界谈判理论构建的参与和贡献，我们必须重视中国特色谈判理论和哲学的研究；现代国际政治、经济、文化发展现实和发展趋势呼唤中国对世界政治经济秩序治理、国际谈判理论、发展中国家现代谈判理论作出独特的贡献，世界谈判理论界和发展中国家需要中国特色的谈判理论和实践，为捍卫发展中国家的和平发展利益的行为和举措提供道义理论声援和实践支持。

应根据国家的发展进程和需要，以正确的世界观、历史观与人类价值观为基础，以合作共赢、和谐发展的理念为主线，加快研究编制体现中国优秀文化传统、人文智慧、民族特色、“以和为贵”与“君子爱财，取之有道”的儒商义利观等特点，符合现代国际合作共赢、共同发展主流理念的“中国谈判学”。“中国谈判学”要顺应世界文明进步潮流和价值体系，代表并适合发展中国家自主发展理念，涵盖世界通行的谈判一般原则、要素、方法、程序、技术与技巧，并附有我国历史上、涉外工作谈判中最具代表性的谈判历史经验和教训的翔实案例。中国谈判学理论中非常重要的一点是，在以和平与发展为特征的时代、在以竞争为特点的市场经济条件下，将“公平竞争、互利共赢、长远合作”的理念作为发展中国家的谈判理论基础来设计，成为中国谈判学具有指导意义、规范制约作用的思想行为准则；应充分体现中国传统文化中重信守约、重义轻利的义利观，并贯穿从谈判理念、智慧、决策，到运筹帷幄、谈判方法、技巧，到合约实施的完整过程。应突出尊重原则、互信有度的坦诚相待胜过一切心机套路的理念，谈判中的技巧主要用于识别不公正的谈判伙伴和不诚实的伎俩，对诚实的谈判伙伴决不能采用意在谋取单方面利益的不正当手段。

笔者认为，在重视理论构造的同时，还必须重视人才队伍的建设。现代谈判学是一门综合多门学科的研究成果、运用多种知识的新兴学科。谈判能否最终成功取决于国家实力的强弱与利益的合法性。在国运起伏中，如果谈判运筹帷幄得当，可以成为胜过千军万马的利器；如国家羸弱，弱国无外交，伶牙俐齿的“雄辩”也无济于事的残酷现实则是血泪经验与历史教训。谈判者的责任和义务是无条件地服从、服务于国家利益。我们需要对谈判工作本身及谈判理论研究和人员培训等方面予以更多的重视与投入，采取相应的措施弥补我们在谈判学理论系统化研究、实战经验、教训案例总结等方面的缺憾，将专门人才的系统培养、专业学科设计、教材编制、教学安排、相关涉外人员的定期培训等事项尽快提上日程加以实施，以培养更多的具备现代谈判知识，具有良好谈判素养、谈判能力、谈判技巧的谈判专业优秀人才，提高有关从业人员专业水平和应对各种挑战的能力，更好地维护祖国的和平崛起与发展利益。这对于提高我国对外开放水平、更好地实施国家经济外交政策和“走出去”战略具有很强的现实意义。

第三章　践行共赢理念，重视谈判实践

第一节　谈判是人类解决冲突的文明方式和智慧选择

一、谈判伴随着人类发展史

人类社会的前进是一个不断从低级向高级发展的历史过程。自古以来，建立各民族共同生存、发展的和谐社会始终是人类社会孜孜以求的一种美好社会模式和文明生活方式，也是世界各国各个时代具有革命思想、先进理念的组织、政党不懈探索和追求的一种社会理想。

人类文明包括精神和物质不可分割的两个方面。人类为了生存、繁衍，追求理想、幸福生活，改造自然，改造自身，不断创造着物质和精神财富。人作为自然界的物种，人与人之间，有着基本相同的生理、心理需求与满足。谈判作为人类社会生活和交往的组成部分，是历史演进的必然产物。谈判对于人类历史的发展和文明进步有着非常重要的作用。谈判的历史同人类社会文明史一样久远。

翻开人类的发展历史，我们可以看到，人类的发展史充斥着战争与和平的相互交替。自从人类有了社会交往活动，就产生了谈判。谈判伴随着人类历史文明的发展，贯穿着世界历史的发展进程，充斥着人类的交往活动，并伴随着我们每天的生活、工作。谈判是一种应需要而产生，客观存在的、普遍的、独立的社会现象，是通过参与方的互动、合作及竞争来解决各相关方利益、需求和问题的复杂活动。谈判是人类满足需要的合作过程，也是人类自我进化、文明智慧发展的结晶。

从历史文明起源看，人类从动物界分离出来后，就因客观需要而产生了谈判。

起先，人类为了生存，出于“求生”和繁衍后代之原始欲望，需要凭借沟通、联络来协调、统一行动，产生了谈判和社交的雏形；原始社会后期，私有制产生，部落间经常出现为了占有更多的财产、权力的吞并、争霸战争，出现了解决冲突、协调战争的部落联盟谈判，“议事会”是当时谈判的主要形式；奴隶社会中后期，出现了军事谈判和政治谈判，主要用来解决人们生存的安全需要，谈判已成为常见的交际活动，成为伴随着各部落、组织、民族、国家、集团之间的战争与和平历程的重要活动；封建社会的战国至秦汉时期，为了联合抗敌，出现了“纵横术”、城邦协议等形式的政治谈判。在古代，谈判只是统治者的专利和工具，谈判客体比较简单，在谈判中统治者个人的作用至关重要，尔虞我诈是谈判中的常见手段。我国迄今为止考古发掘的大量甲骨文、金文以及西周时期的兽骨、简牍上的文字资料中也可以找到充分的证明。

随着生产力的发展，出现了商品生产和交换，产生了商品交易，也就产生了利益和纷争。纵观世界历史可以发现，人类发展的各个重大历史阶段都伴随着各部落、组织、民族、国家、集团之间的战争与和平历程。人类经历了民族、城邦、国家从分到合、从合到分的历史变迁。争斗、战乱、分裂的周而复始，代价惨重，人民灾难深重、苦不堪言。人类为了获得安宁繁衍的机会逐步摸索、寻找与历史进步和人类发展同步的争议解决办法。各个历史时期，部落相争、诸侯争霸、王朝更迭、城邦兴亡、文明兴衰、国家统分、联邦邦联、领土变更、农民起义、统治集团分合、家族矛盾、市场开放、商品交换等各类层出不穷的事件都或多或少地伴随着谈判的进程，其结果深深地影响着相关国家的演进和民族的发展。

尽管人类历史上卓有远见的政治家和军事家早就明察，战争是只有当政治解决所有尝试均无果时才不得已采取的最后手段，孙子曰：“兵者，国之大事，死生之地，存亡之道，不可不察也”，但从远古时代直至二次世界大战以来很长的历史时期内，战争始终被视为实力解决问题的有效手段，谈判只是作为解决争议的“权宜之计”或退敌护国的“谋略”等较为有限的手段被采用。

然而，随着文明进程的发展，生产力的不断提高，人类为了自身的生存、生命财产安全、协调发展，逐步摸索、产生出与之相适应的解决争议的办法，如传统惯例（伦理道德）、规章制度、行政命令、市场机制、法律仲裁、协商谈判、制裁甚至联合强权干预等，力图通过协商、谈判来解决自身和相互间的各类矛盾、纷争与冲突。随着人类社会的不断进步，人类文明不断取代邪恶与杀戮，人心向往独立自由、和睦相处，反对战争与暴力。人类经历了现代历史上两次世界大战、冷战的曲折发展之后，各主要大国的政治家们终于渐渐明白，战争是零和的博弈，而和平是正和博弈。20 世纪后半叶，尤其是进入 21 世纪以来，经济发展的浪潮波及全球，随着经济全球化进程的不断加快，世界发展的主流发生了巨大的变化，由 20 世纪初汹涌澎湃的战争与革命转变为风起云涌的和平与发展。纵观近几十年的历史，世界发展的最大变化是各国的主要关注从如何打赢战争转向了维持和平，治理国家的主要手段从革命转向了发展，有关国家对使用武力有了更多的掣肘和顾忌。建立一个和谐世界已经成为人类历史的发展潮流，和平与发展已逐渐成为我们这一时代的主流。谈判这一人类文明协调解决问题的方式，被越来越广泛地运用到人类社会生活的各个领域。

历史的演进表明，人类社会发展进程和现实生活中发生的大小事件、各种争斗，包括领土归属权在内的核心、重大争端，即便是激烈残酷、旷日持久的世界大战，无论经过哪些机制和过程，包括付诸第三方解决，总是伴随着彼此间的协商、妥协，最终还是要由当事方回到谈判桌前来，以统治集团或国家的意志为基础通过协商、谈判，达成协议或加以解决。在经历了历史的变迁、朝代政权的更迭、民族的迁移、战争血与火的洗礼、付出了千百万生灵涂炭的惨重代价之后，各国统治集团、明智的政治家和有思想的社会精英们逐渐认识到，当事方为维护自身利益、坐下来谈判，寻求各方可接受的方案，是国与国、集团与集团、人与人之间解决矛盾冲突，最为实际、最可行和最有效的方法。沟通、谈判、合作逐渐成为解决人与人、组织与组织、国与国之间矛盾和纷争的优先选项。在当今国际关系和国家关系中，通过谈判解决需求与争端已经成为防止战争、化解矛盾、减少冲突、调节改善关系、争取和平与发展机遇的重要手段。

无数史实和现代社会发展现实表明，解决人类各种自身和相互间的矛盾、纷争、冲突与争端，最终还是要通过彼此间的协商、谈判来加以解决。有效、合理解决大到事关战争与和平的历史积怨、民族矛盾、领土争端、资

三、谈判是现代社会解决冲突的必然选择

随着世界多极化与经济全球化日益加剧，世界发展越来越呈扁平化态势，世界正经历着一场像文字、印刷、蒸汽动力和计算机发明那样改变甚至颠覆我们生活的革命。21 世纪是世界走向现代化的世纪，人类社会进入了信息化时代，也首次进入了每个人都可以获得人类迄今为止取得的所有知识、智慧和美好积累的历史时期。在和平发展时期、经济高度全球化的今天，国际上的政治、军事、经济、文化交流日益频繁，竞争加剧，全球经济一体化，各国的政治、经济、历史、文化、民族、宗教等多种因素交织在一起，牵一发而动全身，国际关系越来越复杂并综合化。与此同时，国际社会的生活、生存、发展也越来越强调合作，合作共赢成为全球化背景下的国家关系区别于以往任何时代的一个显著特征。

在当今世界竞争越来越激烈的大背景下，社会生活越来越强调竞争合作，人们用比以往任何时代都高的频率介入到更广层面的谈判活动中来。谈判在国与国、组织与组织的交往中和各国国内的人与人、人与机构（单位、公司等社会组织）以及机构与机构（单位、公司等社会组织）之间交往中的作用越来越大。谈判作为一种客观存在、普遍独立的、贯穿人类发展和文明历史并遍及生活各个领域的社会交往活动和现象，大量出现在国际政治、国内社会日常生活中。

（一）谈判是文明解决争端的方法

现实生活的世界中充满了矛盾、争议或利益冲突，这已是不争的事实。国家和组织之间常因地缘政治、历史恩怨、领土争端、海洋权益、宗教冲突、民族迁移、经济发展水平差异、资源分配、利益交互等错综复杂的原因产生争议冲突甚至战争；家庭成员之间，同学、同事、朋友之间，个人与企业、单位、组织之间，机构之间，行业内部与行业之间，党派内部和党派之间，地区之间，国家之间、人与自然之间充满了各种历史遗留或随时产生的矛盾和争议。人们通常为了不同的需求、不同的观念（包括价值观）、不同的利益目标而站在相互对立的立场上，引发人与人、人与机构、人与自然、机构与机构等各种形式的冲突。即使在已经约定俗成的惯例和正式签署的合约下，也会因利益或目标发生变化而产生新的争端与冲突，使各方关系紧

张，产生对抗。

文化是人类所创造的物质财富、精神财富的总和。文化决定了人们生存和解决纠纷、冲突的方式。不同的国家、地区、种族、民族、社会制度，不同的历史文化背景和社会意识形态下产生并发展了不同的解决问题的方式。文明社会解决分歧或冲突的办法，是通过和平协商谈判的方式加以解决。国与国、组织与组织、人与人之间管控纠纷、化解矛盾、避免争端、减少冲突、改善关系、公正合理解决争端和冲突的最为实际、代价最小、最可行和最有效的方法就是沟通和谈判。妥善解决国与国、组织与组织、人与人之间的冲突，既需要现代国际、国家现行法律制度和机制加以协调解决，也需要运用谈判的智慧、谈判的精神和谈判的文化。谈判是通过参与方的互动、合作与竞争来解决各相关方利益、需求和问题的复杂活动。探究冲突发生的根本原因、认清彼此的真正立场、异同，分析意见不合及存在差异的原因，找出症结所在，采取合作方式，动用各自的资源，协调并联合双方的力量，相向而行、通力合作、满足需求、调节关系、分享利益、消除矛盾、解决争议，谋求相互的成功也就变为可能。

（二）谈判是解决矛盾、化解冲突的最佳途径

从古至今，谈判始终只被看成是发挥军事优势或弥补军事劣势的战略与谋略手段。然而，国际关系发展的历史经验和现代战争血的教训告诉我们，解决这些冲突的有效途径是在现代国际社会共同认同的准则和规则框架内，通过平等的交流、充分的沟通、密切合作来谈判加以解决。第二次世界大战至今的七十多年里，国际政治经济局势发生了根本变化，在和平与发展已成为时代主流的今天，通过谈判来避免新老矛盾激化、平息争端、防止战争、解决冲突、争取和平与发展机遇已成为各国、各民族、各组织和各阶层人们的共识及优先选择。

（三）谈判是调整关系和平衡利益的有效手段

随着人类社会的进步，尤其是经济全球化迅猛发展以来，世界范围内出现了一系列带有全球性、全局性的变化和问题，各国的生存与发展都无一例外地受到不同程度的影响和制约，任何一个国家都无法置身其外，世界各国的经济贸易、金融财政、科学技术、文化艺术、教育医疗等发展利益的延

伸，你中有我、我中有你，错综复杂的国际、国家关系中出现诸如建立外交关系、限制人口增长和流动、维护地球生态及气候变化、控制核武器生产与扩散、裁减武装力量、科学技术发展、国际政治秩序和经济金融秩序治理、经济贸易关系的建立和改变、自由贸易政策的推动与收缩等大量亟待通过谈判加以调整的关系和利益。

（四）谈判是发展经济的必要措施

在世界政治经济全球化进程的推动下，任何一个国家的经济发展都不同程度地取决于国际政治经济的相关因素。越来越多的国家实施外向型经济发展战略，越来越多的企业和个人走向国际经营，越来越多的个人走出国门，到国外旅游、留学、工作、定居。国家、企业、法人、自然人之间的经济往来日渐频繁，经济利益延伸交错，经济贸易纠纷和争端此起彼伏。各个国家的经济建设及发展已与国际经济制度、国际金融秩序的运行和治理息息相关、兴衰与共。经济贸易谈判在加强国家、企业之间经济联系，协调经济关系，维护国家经济安全和发展利益，解决贸易纠纷、促进经济发展中的作用日益凸显。

第二节　谈判的要素

现代谈判的四大要素是谈判当事人（主体）、谈判议题（客体）、谈判背景和谈判目标。

一、谈判当事人

谈判主体是代表某种立场或观点的参与者或当事人。谈判活动必须在 2 个或 2 个以上当事人之间进行，由具体的人来参与。谈判者包括：台上——一线当事人、谈判负责人（主谈人和陪谈人）；台下——幕后人员，主管领导、谈判辅助人员等。

谈判是人与人、团体与团体之间利益关系协调磋商的过程，是一种各相关利益方或当事人共同参与、寻求各方利益最大化、表现形式各异的过程。共同参与方与局外人的不同之处构成了谈判的要素，即共同的需求、共同的问题、共同的参与、寻求共同的利益和目标。需要是指自然和社会客观需求在人的头脑中的一种反映。一个人的行为动机总是受其全部需要中最重要、最强烈的需要所支配。需要或需求的满足是人类一切行动的原动力，也是一切谈判的基础。

影响谈判主体行为的主要因素有：价值观念、个体意识、群体范围、心理动机和角色扮演。知己知彼是谈判制胜的关键，尊重并了解对方的立场、立场背后的动机、诉求的症结所在，分析、按轻重缓急排列本方和对方利益的相同与差异，找出共同的核心利益、解决引起分歧的问题从而消除分歧是谈判的不二途径。其中重要的一点是找到观点（立场）中的共同点，而不是简单地用让步来求同，这也是在解异中求同、在存异中求同的艺术。

二、谈判的议题

谈判的议题（客体）一般是指谈判者之间存在的某种观点、立场、利益方面的分歧或冲突，即谈判活动需要解决的问题或涉及的内容。议题包括政治、经济、文化、军事、商务等单一议题或复合议题。

谈判的种类有很多，有以国家利益为目标的外交谈判；有以政党、团体利益为目标，就内政和国际关系等问题确定各自利益、改善关系、协调行为尺度的政治谈判；有以军事组织之间就宣战、停战、协调武装冲突中各方关系、限制武装力量等安全利益为目标的军事谈判；有以经济利益为目的、涉及相互明确经济事务权利和义务的商务谈判；还有以当事人就技术开发、转让、咨询或服务等问题确立互相间权利与义务的科技谈判。近年来，政治谈判、军事谈判、经济谈判和科技谈判已经成为现代谈判学讨论的重点。

政治谈判是指政府、政党、社会团体之间就内政及国际关系等方面的问题，为确定各自利益、改善相互关系、协调行为而引发的协调国家、民族、阶级、社会阶层与利益集团之间的谈判。

军事谈判是指合作或冲突，或军事集团各方对于其关心的问题（宣战、休战、媾和、停战、战略合作、军事同盟、协同作战、限制武装力量、战争赔偿、交换战俘等）的谈判。

国际商务谈判是指国际商务活动中不同利益主体为了实现一定的经济目的、明确相互间的权利、义务关系，所进行协商的行为及达成结果的过程，国际商务谈判由于商品、技术、资金、人员的跨国流动与转移，必然牵涉到国际贸易、国际结算、国际运输、国际保险、国际仲裁等一系列问题。如何通过谈判达到本方的目的并提高谈判效率使国际商务谈判成为一门专门的学问，其主要包括货物买卖谈判、经济技术合作谈判、建设工程谈判、承揽定做谈判、融资租赁和投资合作谈判等。

科技谈判是指当事人就技术开发、技术转让、技术咨询或服务等问题确立互相之间的权利和义务的谈判，其主要包括技术开发、技术转让、技术咨询和技术服务谈判等。

三、谈判背景

谈判背景包括环境背景、组织背景和人员背景三个方面。环境背景，即政治、经济、文化、军事、国别、民族、宗教、地理、地缘和人文等；组织背景，即（组织）发展历史、行为理念、规模实力、经营管理、财务状况、资信情况、市场地位、谈判目标、主要利益和谈判时限等；人员背景，即当事人职级地位、教育程度、个人阅历、知识结构、工作作风、道德修养、行为追求、心理素质、谈判风格、谈判能力、决策能力和人际关系等。

四、谈判的目标

谈判的目标是谈判主体预想通过谈判活动来满足谈判各方的某种需要或意愿，目标是通过交流、沟通、协调行为来解决问题、缩小或消除分歧、缓和或解决冲突、建立或改善彼此间的利益和关系。美国前总统富兰克林·罗斯福曾说："我一直认为，沟通的最佳标志是搭起交流的桥梁。"无数事实和结果都充分证明，谈判是为调节利益和协调关系而搭起的、屡试不爽的桥梁。谈判目标应该通过将谈判作为"解决争议的手段、平息争议的途径、调整利益的方法、发展经济的桥梁、改善关系和环境的措施"的积极功能来加以体现。

谈判是一种相关利益方共同参与的仪式，是当事人汇聚知识和努力，寻求对方许可、满足本方需求的过程，表明相关利益方共同参与，为解决共同的问题、分歧、矛盾、纠葛、冲突，共同寻找出路、解决办法，共同认同协商的结果并加以执行。可以说，谈判是以最温和、最有效的方式获得当事方满意共识的最佳途径。

谈判是通过参与方的互动、合作和竞争来解决各相关方利益、需求和问题的复杂活动，是谈判问题的当事者、谈判参与者为了协调彼此间的关系、通过信息交流、思想沟通和利益协商（交换）而争取满足当事者一种或多种欲求或需求的理性活动行为和过程，也是一个有关方提出要求、不断调整各自需要、作出让步、最终达成一致的互动、竞争、合作的复杂过程。谈判当事人的需要是谈判存在的前提条件，谈判是满足需要的合作过程。谈判赖以存在的主观要素是谈判的关系人物、谈判目的和协商方式；客观要素是信息、时间和能力。谈判的特征是目的性（谈判各方的期望值）、矛盾性（谈判各方的差异性、对立性和对抗性）、原则性（谈判人员必须遵守的、不可更改的原则性）、妥协性（非原则问题上作出让步）和策略性（谈判方法、手段、技巧、谋略和策略）的矛盾与统一。

第三节　谈判的基本原则与特点

一、谈判的基本原则

谈判不仅强调“谈”，即“对话”，且强调“判”，即“对分歧或冲突”的“评判”和衡量谈判是否成功的评判。树立正确的谈判理念和衡量谈判成功的标准对于驾驭及把握谈判的走向与结果十分重要。

现代谈判学公认的基本原则是平等互利、坚持正义、遵守法规、依据标准、真诚守信、灵活务实、时间效率、谋求一致。谈判必须掌握的原则有：一是明确目标，尽量扩大总体利益；二是营造公平、公正、公开的竞争局面，合理分享合作利益；三是直面矛盾和分歧，管控分歧、妥善处理争议，维护本方核心利益，兼顾对方利益，善于妥协，满足各方不同层面的共同利益。谈判的目的是了解问题或分歧的实质和诱因，满足合理、有可能解决的问题和需求，共同找到并接受解决的方案或路径，才能达成可加以实施的协议，完成预期。

二、谈判的特点

一般说来，作为调整各相关方利益和关系的谈判有以下特点：谈判的动因是追求利益、谋求合作、寻求共识。产生谈判的直接原因是因为参与谈判的各方都有自己的需求，一方需要的满足可能会涉及和影响其他方需要的满足（利益相关方），任何一方都不能无视其他方的需求。谈判的目的是缩小或消除分歧、缓和或解决冲突，协调行为、建立或改善关系，即满足需求。谈判的目的不仅仅是以追求自己的需要为出发点，而是需要通过交流、交换、调整各相关方的（利益）关系，共同寻求各方都能接受的方案。正确的谈判原则应该是确保各方正当、合理的利益，各参与方都有一定的收获，即“共赢”才能为长期合作与发展打下基础。

（一）谈判是一项互利互惠的合作事业

谈判是各参与方的理性行为，是一个以各方意志、利益为基础、不断协调各有关方的利益与关系、力求达成一致的过程。谈判不是单纯追求自身利益需要的过程，而是各方通过提出要求、不断调整各自需要、相互妥协，接近并力求达成各方相对满意的过程。谈判过程的长短及成功与否，取决于各方对相关利益冲突的认识，取决于各方的沟通和对本方主要利益的判断与把握。

（二）谈判是合作与冲突二者的矛盾统一

谈判不是拘泥于立场的“斗争”形式，而是绕开冲突利益、寻找共同利益的平台。谈判各方基本利益不同，对谈判的标的利益追求不同，而试图通过对各方有利的方案使谈判达到保障各自的基本利益、争取各方的最大利益，这就是谈判的矛盾与统一。谈判不是合作与冲突的单一选择，而是合作、化解冲突、谋求共赢理念的实践活动。谈判并非只是利益讨价还价的过程，而是掌握问题的实质、人和事物运行的规律，并持积极交流的立场，才能达到合理、公平、共赢结果的完整过程。

（三）谈判（各方）有一定的利益界限

谈判者既要在可能的范围内保障自身的基本利益、最大限度地追求更多利益，同时必须满足对方的核心利益和最低需要。谈判是最大限度地调节双方共同利益：追求自身利益，理解、满足对方利益的过程。谈判是准备（制定目标、组织）、沟通接触、实质商谈、达成协议（利益满足）和执行协议（问题得到解决）的完整过程，不因达成协议而终止。谈判的基本路径是增加整体利益，公平竞争和善于妥协。在谈判整个过程中，任何一方希望谈判成功，都不能只盯着自身利益、误判对方利益的“临界点”或无视对方的利益，否则，终将一无所获。

（四）谈判是科学性与艺术性有机结合的活动

谈判是人们调节关系、协调利益、满足需求、达成一致的行为与过程，必须以理性的思维对涉及各方的利益进行系统而具体的分析，并根据一定的规律和规则，即谈判的科学性，来制定谈判的方案与对策。与此同时，谈判又是人与人之间的直接交流活动，谈判人员的素质、眼光、能力、奉献精神、经验和心理状态等变数，以及临场发挥对谈判的走向和结果有着重要的影响。谈判者对解决问题中利益的判断和谈判进程的控制是关键，具有难以预测和把握等特点，这也是谈判的魅力和艺术性所在。在谈判中既要讲究科学性，又要讲究艺术性，这是因为理解和掌握谈判的科学性，能使谈判者正确地去谈判，而掌握和运用谈判的艺术性，可以使谈判者谈得更好。

（五）国际商务谈判有其专业特点

国际商务谈判有加强经济联系、促进经济发展、利于开展正当竞争、发展贸易与合作、实现经济目标的作用，是调整不同国家和地区政府和商业机构之间不可避免的经济利益冲突的必不可少的手段。呈现谈判主体多层次、主体之间可选择、主体地位平等、谈判方式灵活的特征。

国际商务谈判既具备一般商务谈判以获取经济利益为基本目的、以价值谈判为核心的特点，又具备国际经济活动的特殊性，其集中表现在以下几方面：

（1）具有较强的政策性。我国政府倡导的对外经济合作原则是“互相了解、互相信任、互惠互利、长期合作”。国际商务谈判中利益主体双方往往是当事方的政府、企业或公民，是当事国家或地区整体经济关系中的一部分，涉及与有关国家或地区的政治、外交关系，对谈判主体、谈判目的、方式及结果的达成都有严格的法律要求，不仅要执行国家的有关方针政策，还应认真执行国别政策和对外经济贸易的一系列法律、法规、规章制度和技术标准，并遵守行业的相关规定，以及每个行业的惯例性要求和规定。

（2）国际商务谈判应以国际商法为准则，并以国际惯例为基础。谈判过程中应运用具有公正性、适用性、普遍性强的客观标准。谈判人员要了解并掌握国际经济组织的各种规定和国际法，学习对方国家的法律、法规，熟悉各种成文或者不成文的国际惯例。

（3）平等互利是国际商务谈判的原则和核心。虽然国际商务活动的目的指向经济效应，商务谈判的核心是价格和条件，但平等、协商、互利原则是国际商务谈判中的基本原则。平等互利是指在国家关系中，国家不论大小、贫富、强弱，一视同仁、一律平等。谈判各方地位平等，必须互相尊重各自的人格、能力、自主权力、自我意愿和价值观；在互相的经济往来中，应根据各自的需要和要求，按照公平合理的价格和条件，互通有无、互相得利，促进各自的经济发展和互相间的关系。在国际商务谈判中，应以合作共赢的理念，通过对话与协商解决分歧，求大同，存小异，寻找共同点，使各方需求得到满足，始终体现平等互利的原则，既不卑不亢，不强人所难、以势压人、强加于人，也据理力争，不接受不平等条件或无理要求。

（4）国际商务谈判的专业性强，影响结果的因素复杂。国际商务谈判由代表不同的国家和地区利益的代表参与，有着不同的政治经济、社会文化和专业背景，人们的价值观、思维、行为方式、语言及风俗习惯千差万别，谈判对手的情况各不相同，差异极大。复杂、综合性谈判可采用由易到难、分段洽谈、分段受益的方法予以处理。

国际商务谈判的结果一般由各方协商一致的协议或文本来体现，协议或合同的条款实质上反映了各方的权利和义务，协议或合同条款的严密性和准确性是保障达成协议各方获得利益的重要前提。这不仅需要国际商务谈判者有广博的阅历经验和专业知识，善于学习和运用谈判技巧，还要特别注重商务合同条款的严密和准确。笔者认为需要特别指出的是，国际商务谈判的文本，尤其是核心法律条款、投资者身份认定、违约认定与处罚和纠纷诉讼条款的协商与签署，应参照世界贸易组织、国际商会认可推荐、中国有关法律规定的条款与推荐文本，而不应全盘照搬欧美发达国家的“标准文本”，以避免一旦出现纠纷、必须按已签合同条款、按欧美法律、在欧美第三国机构接受诉讼、仲裁执行、合法利益受损的不利结果。这不仅要求谈判者从谈判前就注意资料的准备、信息的采集和分析，还应充分研究影响相关谈判的主客观复杂因素，了解对方国家的政治、经济、社会背景、风俗习惯，分析对手的思维、行为方式，制定相应的对策和底线，善于驾驭谈判进程，使谈判按照预定的轨道顺利进行。

第四节　谈判实践中的决策与策略

谈判的基本原则是清晰简单、易懂易学的，难的只是谈判者真正掌握谈判原则的精髓和面对千差万别的谈判内容、林林总总的谈判对象、时时变化的运用实践。

谈判实践中最重要和最受关注的是谈判的决策与谈判的策略。制定正确的谈判决策方案是事关谈判能否顺利开展、取得预期结果的关键；而谈判中的谋略、策略和技巧的运用对谈判能否达到目标起着至关重要的作用。

一、谈判的决策

谈判并不只是一种充满技术性的解决问题的活动，而是一项艰难复杂的智力实践活动。谈判的过程和结果同样重要，并在整个过程中互相交叉、互为影响。

所谓决策，就是人们针对某个特定问题，从若干种有关未来事件的设想或解决方案中作出的一种选择。“决策”一词，与选择、抉择、决定、拍板、定夺意思相近、与策略密切相关，含有谋划、筹划、运筹、计策之意。相对于各种因素而言，每一场重要的谈判，均是双方软实力的综合较量，是运筹帷幄、决胜千里之外的战役，是双方思维、心理、判断、说服力等综合能力的对垒过程，是双方决策的实施平台。谈判桌是智力角逐的场所，谈判各方通过较智斗力满足各自的需求。正确的谈判决策和“智”与“力”，来源于谈判人员对各种因素的认真分析和准确推理、判断和正确的抉择，也来源于通过分析、推断、选择而决定采取的策略和技巧。

谈判决策关系到谈判主体的选择，即确定谈判对手、与谁谈判、组建与对手相应的谈判班子；谈判决策关系到权衡各种条件、背景对谈判目标作出选择，即确定谈判的最优期望目标、可接受目标、最低限度目标(即高、中、低目标）；谈判抉择关系到谈判策略的运用，需要根据谈判的背景、局势、各方的态度、行为对采用的策略和技巧作出抉择；谈判决策关系到谈判结果的好坏，需要根据谈判形势的发展选择进取或让步的时机和幅度。谈判的每个步骤，每个细节都需要作出决策。

解决问题是贯穿谈判决策整个过程的主线。需要进行谈判的原因是存在需要解决的问题，为确保谈判行为得到预期的结果，就要根据谈判需要寻求或确定能够满足需要的目标、对解决问题的措施、方式、方法、策略、技巧等作出选择，并制定出以此为目标的解决方案。决策的逻辑过程是及时收集、整理、分析相关信息，准确发现造成现实和理想目标之间的差距，确定谈判所要解决的问题，谋划相关的针对性方案、决定取舍和备用方案、确定行动计划，解决预判中的问题。

发现问题是谈判决策的关键。爱因斯坦曾说：“提出问题比解决问题更重要。”只有及时、准确发现问题，才能提前谋划。为了能够正确决策，必须提前全面收集与谈判相关的环境信息（包括政治、经济形势、法律环境、宗教信仰、社会习俗、财政金融、基础设施、自然条件等的现状与走势预测）、市场信息（包括市场需求、供应、建材、水电、劳动力价格、市场风险等）、竞争信息（包括对手的实力、业绩、风格、策略、双方合作的历史渊源与现状、趋势，合作中的问题与前景等）。在分类整理、系统、全面、客观地分析信息的基础上，判断、发现问题，确定谈判所要达到的目标（实现高、中、低方案的时间与底线），即谈判结果，并据此制定谈判的方案(包括备用方案在内的几种方案）和行动计划。

不管知识社会的信息处理技术如何先进，它都不可能取代谈判者的决策行为。信息是否全面、准确，将极大地影响谈判者决策的有效性。正确决策的核心，是在充分调查研究、及时收集、整理、分析相关信息的基础上，判断问题的所在，并根据谈判需要解决的问题、确定谈判目标、制定相关的解决方案与实施策略。

二、重视谈判策略的运用

（一）谈判策略的含义

谈判是一项复杂、系统、综合的理性较量，是各参与方智慧竞争、谋取共赢的博弈。谈判策略的选择及谈判中行为准则的正确与否直接影响谈判能否成功。应用策略的目的是为了成功实现目标。实施谈判策略的要点是营造建设性氛围、寻找共同利益、改善关系、善用妥协、解决问题实现合作初衷。策略的应用效果取决于多种因素的优化组合。

一般来说，为了实现总体目标的谋略，具有全局性和战略性的计谋，被称为（战略性）谋略，谋略相当于战略；为了实现具体目标，具有局部性和战术性的计谋，被称为策略，策略相当于战术。策略实际上是人们在长期实践中总结出来的带有规律性的做法和行为方式，是为实现某种目标而设计、制定或采取的计谋。策略是理性竞争、对抗的产物；技巧则是使用方法、实施方针过程中表现出来的技能。谈判的策略则是指谈判人员在谈判过程中为了达到预定目标，根据谈判形势的发展而制定或采取的行动方针和处理问题的方法与谋略。它是对谈判经典案例进行分析后得出的带有普遍性的具体办法。可以说，凡是存在竞争的地方和场合，就存在着策略的运用。

策略本身是中性的，没有褒贬之分，关键是服务于哪种目的与哪种理念。理性是人与人之间区别的重要品格之一。应用策略的目的是为了取胜，即实现初衷。从某种意义上来说，判断同一种方针、方法或技能、技巧是否符合利益的正当性和公正原则是判断“技巧”还是“伎俩”的衡量标准。在公正、双赢理念下采用的办法，可以称为策略、技巧，而出于只谋取单方面一己私利目的的手段，则被称为“诡计”和“伎俩”。

生活中最重要的是事实——谁对谁错。与此同时，人们对于所谓事实的看法也与事实本身同样重要。人们对于事实和问题的看法绝非仅仅是事实本身，极大地影响着人们的立场、观点和行为。只有了解人们对于问题、纷争的看法，才能有效地化解争端或达成一致。在谈判中，最重要的技巧是，设身处地的去了解对方立场。只有了解对方心里想什么，才能走进对方的心里，去改变或影响他们的想法。你对对手了解得越多，你才有可能有效地影响对方。

谈判是智慧的较量，每一方都需要运用策略，但如何审时度势、权衡利弊、随机应变将策略运用得恰到好处并达到预期的效果，则需要一定的技巧。五花八门、名目繁多的谈判策略，看起来好似万花筒，变化多端，令人眼花缭乱，但万变不离其宗，其目的是为了实现本方的初衷——取得谈判的胜利与成功。不少谈判技巧是实战过程中只可意会、不可言传的积淀与感悟，可以被视作在某些谈判关键时刻起到事半功倍、重要作用的技巧或艺术，可作为本方的经验或教训加以认真总结、正确使用和准确把握。

一些策略中的做法虽然可能被某些人视为“雕虫小技”，但在实践中善加利用并运用正确，也被证明可以起到事倍功半的作用。例如，谈判底线的确定和上、中、下策的把握，内紧外松和外紧内松策略的使用；谈判时间的选择、谈判地点的确定（在本国谈和到客地谈，或第三国谈会产生不一样的效果）等。针对不同的谈判对手在不同压力下的不同反应，可以采取不同的应对策略；研判志在必得的心理行为代价（必然以妥协和让步为代价）和认清与识破欲擒故纵、声东击西、谈判边缘政策等技巧或伎俩，有助于我方冷静处理僵局和危机；我们祖先在历史上熟练运用如在“孙子兵法”等瑰宝中总结的各种锦囊妙计，可针对不同的对手，在运筹帷幄、不见兵刃的谈判桌上一一加以实践，这将有助于收获到不同凡响的效果。

谈判策略中也包括以下各种概念与诠释：

（1）信息时代的谈判。当计算机代替许多工作后，谈判者的作用却日益重要起来，因为信息只是谈判者的强大武器，只是提供了更多的谈判选择。计算机只能帮助人提供分析问题、解决问题的途径选择和参考依据，判断和决定还必须要当事人亲力亲为。谈判是一件永不过时的无法由其他物种或技术替代的事。

（2）知己。包含着自信（有对谈判内容充足的准备方能足够自信），包含着渴望成为一个与自身能力相称的人的愿望和追求自我实现的主观能动性。

（3）知彼。挖掘谈判对象的全面信息，这有助于商谈的成功，甚至改变事情的结果。避免未经分辨的信息来源、此前经验先入为主、浮光掠影的记忆、个人选择、喜好偏好等误导。

(4) 境界与修养。礼貌和尊重象征的是境界和修养，不要高估自己，也不要随意看不起别人。不要以为别人尊敬你，是因为你很优秀，其实别人尊敬你，是别人很优秀，优秀的人对谁都尊敬。

(5) 礼貌。从守时守信、谦虚谨慎开始，表现在衣着、举手投足之间、言谈话语，语气称呼之中。

(6) 尊重。每个合作伙伴都值得给予公平的对待，因为他们都各自代表了一方的利益。真正的尊重其实是平等、价值、人格和修养，不仰望、不俯瞰，包括不自以为是地站在道德高地上指责他人；尊重要顾及他人的感受和脸面，懂得换位思考，尊重他人其实就是尊重自己。尊重可以分成三种境界：尊重亲人、尊重路人、尊重对手甚至敌人。当我们可以做到尊重敌人的时候，我们其实已经没有了敌人，这才是真正的无敌。只有学会尊重别人，才能赢得别人的尊重。

(7) 自我肯定。没有人可以给你自尊、自信、自我肯定，只有自己去经历、培养。

(8) 不形于色。失望时依然不动声色地控制自己的沮丧。

(9) 坚持不懈。指谈判者不要对目标失去注意力。

(10) 自我节制。指管住自己，克制自己要争执的冲动。

(11) 保持冷静。易激动的人容易暴露自己的目标和软肋，被人摆布、失去理智，失去为之而来的目标。

(12) 了解需求。需求是动机的根源，谈判是透过表面要求、了解真正需求、协调加以满足的过程。

(13) 谈判成功的钥匙。是指掌握如何满足谈判者自身和谈判对方（生理、精神、安全、认可等）的基本需求。

(14) 围而不歼。善于化解危机、避免僵局，必要时可以先易后难，对难点可以先围而不歼，待“外围”扫清后，再趁着形成的气势解决难点和僵局。

(15) 以退为进。可先将“丑话说在前”，以不急于达成协议的“内紧外松”策略实现谈判目标。

(16) 步步为营。将真实的目标散布在并不刻意渲染的进取之中，真正的集中是故意分散的产物。

（17）耐心。在谈判中，任何时候不得流露出不耐烦情绪，因为这无异于对对方失去尊重与信任，只会加剧对方的愤怒与戒备。

（18）倾听。人类听的速度比说的速度快 4 倍，只要听清楚对方的讲话，就有足够的时间来思考和反应。让对方把话讲完，克制自己转话题或争辩的冲动，原原本本地了解对方表面要求、实质需求，从而判断、总揽全局。

（19）边缘策略。制造僵局的假象，摆开谈不成的架势，在扫清谈判关键焦点时予以实施，有助于在核心关注上达成谅解。

（20）幽默。适当发挥“幽默感”的作用，在调节气氛、打破僵局、化解障碍中也能起到意想不到的效果。

（21）误区。强硬、固执、自大、不妥协，糟糕的倾听、听不懂对方要表达的真意，夸夸其谈、话多而不着要领，不能审时度势、不恰当地“乘胜追击”，使已达成的部分得而复失。

（二）谈判策略的作用

谈判策略、技巧无论是在政治、军事、经济、科技谈判，还是从谈判开局到达成协议的每个阶段都被广泛采用。

谈判策略的作用在于创造谈判良好的开端和氛围，掌握谈判的方向和进程，促进各方合作，实现理想的谈判结果。对于谈判而言，策略存在于谈判开局和直至结束的每个谈判阶段和细节中。了解并正确使用谈判策略和技巧，有助于谈判友好、务实气氛的建立和谈判的顺利进行。

谈判策略的作用大体上有以下几点。

1. 良好开局，坦诚协商

良好开局乃是成功谈判的一半。无论是作为东道主欢迎客人，还是做客他方，真诚而热情地欢迎对方，能够珍惜坐到一起共同解决关切和需求的机会，坦诚、以礼相待，开创建设性气氛，对创建、保持友好、坦诚、充分沟通的建设性谈判氛围，争取双方满意的结局，有着不可小视的作用。

此时，谈判策略的重点是营造和谐的开局，创造友好协商、坦诚相待的氛围，为谈判向双方希望的共同目标发展打下良好的基础。

2. 把握利益，驾驭进程

谈判没有一成不变的模式，其进程往往是复杂而艰难多变的。任何谈判都是为了解决需求和分歧，必然存在着变化与竞争，也不可能是一帆风顺的。相关问题的谈判时常会出现立场争执和对立。

了解基本问题所在及诱因需求是理解关切和要求、解决分歧、满足多重利益、达成协议的关键。换位思考就是站在对方的立场上去理解、审视对方的主张和立场。换位思考有助于理解对方的关切和寻找到双方利益的契合点。

在这一阶段，如何细心观察谈判走向、把握谈判的核心利益，驾驭谈判的进程、实现谈判使双方满意的初衷和既定目标，是谈判策略的重点。

3. 运用策略，实现合作目标

谈判是满足双方不同需要的过程，必然充满了竞争和博弈。谈判策略的要点是寻找共同利益、善用妥协、实现合作初衷。妥协或让步应成为整体目标方案和策略的一部分善加运用，而不应成为被逼到“墙角”、无奈的“下策”。谈判的策略是动态和活力的，因人因事因时（谈判背景、标的、对象，甚至时间、地点）等众多因素随时充满变化，是双刃剑。谈判者应具有全局思维，分清主次利益，善用策略、实现谈判整体目标。

正确使用策略的原则是：有利于创造和谐的谈判气氛、服务谈判的总体目标、有利于建立长远的关系和公平竞争、能得到对方的重视和相应的回报。

（三）善用谈判策略

我们学习、运用谈判策略和技巧时，应注意把握以下几个层面。

一是运用策略的目的是服务于中方倡导的双赢谈判理念，即在平等互利的基础上，平等交流、坦诚沟通，解决问题、满足需求、合作共赢。平等、互利、尊重、善意、互相理解、积极沟通和共赢思维从来都是成功谈判的精髓及解决问题与纠纷的根本利器，任何一个好的、可持久的协议都不可能是以损人利己的目的和结果来维持的。

二是正确使用谨慎、中性的谈判策略。灵活使用好如不打无准备之仗、兵不厌诈、欲擒故纵、内紧外松，不志在必得，不暴露软肋、留有余地、话不说死、模糊战术、避实就虚、虚晃一枪、围魏救赵、装聋作哑、调侃自己、置谈判于死地而后生等策略，对于实现本方的正当目标是必须予以重视和选择的。诸葛亮一生谨慎。在关键时刻、关键点上把握、谨慎、恰到好处地使用边缘策略的底线和火候，对于避免打疲劳战和拉锯消耗战，可起到事半功倍的作用；在不恰当时机错误运用、甚至滥用有关谈判策略，不仅产生副作用，还会起到适得其反的效果，直接影响谈判整体气氛效果和目标的实现。

三是有利于识别不公正伙伴在谈判中可能采取的“诡计”和“伎俩”。只有认清对方可能采取的发难、指责、威胁、奉承、旨在解除武装的恭维、引入歧途的误导、引用、玩文字游戏、偷换概念、道听途说、得寸进尺、嘲讽、泼脏水、红脸白脸、反复无常、人身攻击、步步紧逼等“手腕”或“伎俩”，才能加以识破、不中计、不纠缠、不上当，做到心中有数，沉着加以应对；识破伎俩，冷静处理，可以避免因掺入个人虚荣心、自大心，渴望成功、用对外谈判来证明自己能力和功绩等个人发展欲望的诱惑、采取不择手段、急功近利地谋取与代表本方长远利益目标不符的“好处”，避免因此埋下损害双方长远利益与合作关系的祸根。

四是着眼长远互利合作。在任何情况下，对诚实的伙伴不使用“诡计”和“伎俩”，不采取损害对方利益、谋求单方面短期利益的策略。要始终牢记，“诡计”和“伎俩”是走不远的，正当的事业只有正当的努力才能成就，坦诚的商谈才会有良好的合作，良好的合作才是持久执行协议的保证，也是谈判的初衷。

第五节　注重谈判实践，提高自身素质

在对外交往和谈判实践中，我们需要调整心态，加强学习和培训，提高自身素质和修养，正视自身的问题和不足，提高“走出去”的能力和专业技能，力戒思维和行为陋习走出去，树立中国人的良好形象和口碑，更好地服务于国家的长远发展利益。

在谈判实践领域，我们更需要在具体工作层面注重谈判实践中务实的细节，将合作共赢谈判理念落到实处。

一、树立成熟、平和的对外交往心态

自20世纪80年代奉行改革开放政策以来，我国的对外交往活动大大增加，其频率、强度和深度是中国过去几千年历史上前所未有的，这也对中国人在对外接触、交往、交流、交锋过程中的心态与行为产生了很大的影响。

由于历史、文化、哲学思想和社会现实等众多复杂的原因，国人对于世界、国际关系有着模糊的认识和强烈的感觉，有着“早熟”但“不成熟”的大国心态。从20世纪80年代初期国门初开之际的惧外、恐外、崇外、媚外综合症，到改革开放、经济快速发展、加入世界贸易组织、国力增长、成为世界大的经济体的过程中，国人表现出来的表面自负反映了国人自信心不足和大国心态的不成熟。这不只表现在发展上“赶英超美”式的大跃进，以及对自身发展成就的某种盲目乐观和自满，也体现在国家遇到外交挫折或不愉快之后，短期内急剧爆发的狭隘的民族主义情绪和排外情绪，以及对某些弱国、小国家表现出来的不屑、轻视、漫不经心和某种居高临下的心态与流露。

国门初开之际，国家公职人员与普通百姓对“洋务”“洋人”怀有莫名的敬畏和好奇。1973年，笔者作为外语学院的实习生，带领5名在长沙机务段进行技术指导的罗马尼亚专家去长沙百货商场购物，被顾客们围观并好奇地追问“他们的头发怎么是黄的?”“眼睛怎是蓝的……”以至于整个百货大楼水泄不通，最终不得不出动保安疏导才得以“突围”，罗马尼亚朋友戏称到了中国好似成了动物园内的“观赏动物”。当年，时尚小青年佩戴粘着“洋商标”的墨镜、长期保留西装袖口“洋标签”成为“风尚”等诸多“洋相”，实质上是由于缺乏了解而惧外、恐外、崇外、媚外综合症的流露与反映。

随着改革开放的深入与扩大，我国对外接触、活动力度、频率和能力水平的提高，对外交往活动、谈判已日益进入许多领导、部门、企业与公众媒体的工作日程和视线，成为我国内政外交、经济发展的一项重要内容。国与国之间交往、中国人与外国人之间的交往也越来越频繁、通畅，许多对外活动、谈判已成为不少领域或部门、企业有关人员司空见惯的日常性工作，甚至很难区分“内事”或“外事”，变成日常工作的有机组成和家常便饭。越来越多人员的经常性工作就是跟外方打交道，涉外事务也越来越多、愈发多样化，其广度、深度与幅度也不断拓展。随着对外开放和对外旅游的开展，我国普通民众享有越来越多的祖国稳定、发展的“红利”，越来越多的国家给予我国公民免签证“周游列国”的待遇，越来越多的国民走向世界各国观光购物、旅游度假……这是我国改革开放、和谐发展、和平崛起、成长为世界公认大国进程中出现的良好局面，也是中国与世界这个地球村同呼吸、共命运的双赢结果。

随着我国对外接触频率、对外经济活动力度与能力水平的提高，尤其近几年综合国力明显增强后，国家工作人员和普通公民在对外接触和打交道过程中的心态与行为在越来越自信、开放的同时，也出现了一些不容忽视的不正常的现象：部分媒体和学者对于中国举办的大型国际活动的高调颂扬和网络上表现出来的自负令人担忧，不仅有文章扬言中国已成为世界经济危机的“救世主”，声称中国为久病不愈的世界经济开出了标本兼治的“良方”，甚至憧憬中国的“领头羊”地位。这种众人皆醉我独醒、各国皆衰我独兴的错觉和自娱自乐式的误导令人啼笑皆非；一些部门的工作人员在对外工作中缺乏应有的战略思维和胸襟，对国家利益负责、“责任重于泰山”的责任感淡了，捍卫祖国利益的激情少了，担当少了，对外工作中掌握的分寸感少了，原则性差了，随意性大了；有些人重视本部门利益大于国家利益，取悦于部门中某人关注的“面子工程”甚于本方的实际利益；对外交往中不再注意大小国一律平等，不再将“外事无小事”“平等互利”“对等原则”“内外有别”等视作金科玉律，不再严格遵守多年执行的外事纪律和礼仪；一些人在对外交往中，对外部世界的敬畏心少了，对外的心态发生了变化，从仰视、平视变成俯视他国，从“外国的月亮圆”，到沾沾自喜、自我感觉良好而把握不好“度”，从盲目仰视欧美国家，自卑、不自信，到自然不自然地流露出“大国”心态，不看或看不到他国的长处，肤浅、不加分析地认为他国“也不过如此、没什么了不起”，从俯视发展中国家自亢、不自律，到“财大气粗”“嫌贫爱富”“施恩图报”；对外交往时，少部分人浮躁、急功近利，盲目自大，好大喜功，讲成就眉飞色舞，讲问题和教训轻描淡写，讲成就不分对象和场合，首尾不能相顾；部分人在对外工作中捍卫本方利益、攻克挑战的内在动力少了，解决双边关系、经贸难题的紧迫感和力度小了，讲实际、讲落实、迎着难题上的“心气儿”低了；交往中没有足够的信念、耐心和说服力去面对疑难问题，宁愿“走马观花、蜻蜓点水”，也不愿费心费力去“啃骨头”，干吃力不讨好、但必须干的事；交涉时，必须解决某个问题的内在要求和“硬约束”少了，多一事不如少一事，遇麻烦绕着走、放一放、不触雷，“不求有功，但求无过”的心态在作祟；会谈时，不愿耐心听取、考虑、理解对方意见和解释，懈怠于认真分析问题所在、细心做外方的工作、寻找解决办法；交往中“派头很足”“高调行事”，甚至流露出盛气凌人、居高临下的轻狂，使用以大欺小、以强压弱、逼迫对手就范的言行；对于不同意见表现得不耐烦、不谦虚，嫌对方“啰唆”“不识时务”“要饭吃还嫌馊”，流露出不把对方放在眼里的心态、举止，伤害他国人员“自尊心”的做法也时有出现。部分人热衷于浮躁的面子工程，不注重实际利益的把握、不讲求实际问题的解决，不愿费力耕耘，不问过程、只关心结果，本末倒置、行为扭曲；对于来访团组，没有兴趣参与费力不讨好的艰苦谈判，安排国别有需要的礼节性会见和会谈成了能推就推的“鸡肋”，或例行公事照稿子念完了事。对外活动中讲排场、重形式、轻实质的现象屡禁不止，招商活动中花架子多了、手笔大了，注重表面成果，只要签字仪式和出席人数，而不管其实际执行的意义与代价的“面子活儿”多了，隆重仪式上签署的协议、合同、意向“水分”屡挤屡涨，“贴金”项目反复签，“出土项目”重复上，落实协议无人管，实施起来七扣八折，实质性效果大大缩水；部分单位在处理相关的礼宾、会见等问题时，心态浮躁、随意性大，主观性强，把握不好“以我为主”和“兼顾他方”之间的分寸和火候。一些人对外出差选择国别时的标准不再是“国家、双边关系需要”、去解决问题的“差事”，而是“没去过”或者“没有麻烦事”的“顺（利）访（问）”。部分团组刻意要求反客为主，用过多的精力，把中方积累的资源不恰当地用到解决礼宾、会见规格等“表面文章”上去，消耗在礼宾接待场面和达成一致、“会谈成功”的对外表述等细节上，要求对方安排的规格越高越好，礼宾待遇越高越好，受到超越规格的礼宾待遇觉得当之无愧，乃至把对方给予伟大中华民族和中国成就的尊重看成是组团单位“工作到位”的结果，反之亦然。

一些地方和部门不重视对涉外工作人员和谈判队伍的系统完整培养和历练，把谈判仅仅看成有某种职衔就能完成的任务，因事临时受命的人员往往没有经过扎实的培训、充足的准备就仓促上阵应对，结果不仅相关的具体工作做不好，还在形象和利益上丢了分。经济活动中时而出现的情况是，中方付出昂贵的代价，或出让了利益，换来华而不实的空头支票或让外方得了便宜还卖乖，自己白吃哑巴亏而留下诸多遗憾。少数人不注意基本的礼仪礼节、忽视尊重驻在国的风俗，行为举止粗俗、衣着打扮出格，甚至穿T恤衫参加正式会见与合影、穿牛仔裤出席国庆招待会；与对方会谈时，习惯性地用手指指着对方脸讲话，被对方视为大不敬而发火使会谈不欢而散；在意见不同、发生争论时，指责对方政府官员“不称职……”，被对方以软钉子回敬：“我是×××政府任命的，称不称职由我的政府评价”；争论过程中，双方都面红耳赤地急着表明自己的态度，各自用本国语言争论、不听对方解释，也不让本方翻译对方主谈人的反应等较劲情况也时有发生。更值得引起重视的是，一些单位和相关人员，出于狭隘考虑，报喜不报忧，对缺点错误遮遮掩掩，“秘而不宣”，没能及时、充分、完整、客观地总结付出昂贵学费买来的经验、梳理出后人应吸取的教训。有关方面和同行们更无从悟出其中应有的前车之鉴。前赴后继地在相同国别、同一市场、类似事务、同类项目上重蹈覆辙，从ABC起反复交付代价不菲的学费……

探究上述现象的深层次原因，既与国民对世界发展历史、中国和平发展理念的认知和理解，以及中华文明素质教育等深层次问题有密切关联，也与部分对外工作者的心态、对国家利益的定位和互利共赢理念的实现途径，以及对外工作基本理念、国际谈判知识的系统学习理解有偏差不无关联，与我们工作层面没有很好地领会、贯彻“以合作发展为核心、集开放与包容为一体、全力服务中华民族伟大复兴”的中国经济外交新理念有着非常重要的关系。这些深层次的问题亟须在我们实施经济外交战略、在对外工作、“走出去”“引进来”中认真对待，通过教育、培训和采取制度性措施逐步加以解决。

在对外活动和谈判中，我们要注意力戒将国内公务活动和时下浮躁社会风气，以及商务活动中的陋习和个人的品德、修养、操守中的缺陷乃至怪癖、怪异行为与举止带到对外交往和谈判中来。我们千万不要小看了这些国人已见怪不怪、习以为常的言谈举止，它们对于国家和国人的形象所造成的消极影响与负面伤害绝不可以低估和忽略不计。

我们应以正常、成熟心态对待世界各国的谈判伙伴。在经过四十多年的改革开放、经济快速发展的今天，中国的国力增强了，国人在对外开展活动、交往的谈判过程中话语权多了，言行举止更引人注目了，更需要与时俱进地培养成熟的国民心态、端正行为举止，交往中应根植“合作才能共赢、互利才能长远”的理念，以互相尊重的心态与各方进行平等交流。在对外交往中，谈判交涉有理有节，言谈举止得体合宜，既不从一个极端走向另一个极端，从卑躬屈膝到趾高气扬，从什么都是外国的好，到盲目自信、自亢，觉得外事、外国人也不过如此、没什么了不起，满不在乎；更不能沾沾自喜，以浮躁的心态居高临下，看不起昔日的“穷亲戚”、曾经共患难的老朋友，轻视、漫不经心地对待发展中兄弟国家和各国的合作伙伴。中国发展了，国人更要谦虚谨慎，更要平视、平等地相待、相处、相交各个民族、组织和个人。孔子曰：“三人行，必有我师焉”“择其善者而从之，其不善者而改之。”每个民族和个体都有自身的长处和过人之处。我们在对外工作中的安排、言行举止，更深层次地反映了自己看待和理解世界、看待本国和他国的心态。国家发展了，我们更应注重大小国一律平等，尊重、理解各国文化历史和传统风俗习惯；国家强大了，我们更要以大国风范，平等待人、礼貌待客，主动、积极、做各利益方的工作，在平等互利原则的基础上，以真诚之心、友好之情、互相理解与互相支持、互谅互让、有取有舍，随时解决好出现的任何问题，从细微之处着手做好“人”的工作，结交更多的朋友。

国家兴亡，匹夫有责；国家形象，人人有份。当今的中国人，生活在和平发展时期，享受着改革开放、加快发展的多种“红利”，也有义务与责任通过自己的行为举止和工作业绩为国家利益、国家形象增光添彩。要从国家制度和个人行为上约束、杜绝将现实社会中的歪风邪气和商业陋习带到对外活动、交往与谈判中去。要了解相关国情与文化、尊重当地的民风民俗、融入当地主流社会、履行社会责任，注重提高当地民众生活的福祉。要遵守国际通行的规则、各国的法律法规和国际社会认同的人类共同的道德、社会、人文规范与准则，不断完善自己的人格与操守。要学习人类文明的世界风尚之先，而非西方发达国家主流社会早已淘汰不齿、堕落于社会风气之底的糟粕和“牙慧”。

二、正视问题，积极、正规“走出去”

任何好的战略能不能产生好的结果关键看实施。

至今为止“走出去”的实践表明，要成功“走出去”必须做到以下几点：

——紧跟国家指引的对外经济合作的方向，践行国家倡导的合作共赢理念；

——严格遵守合作伙伴国的法律法规，按国际化经营、全球配置资源的理念，采用国内先进的技术和国际通行的规范来经营、管理企业与合作项目，逐步实现本地化经营；

——重视国别市场调研和商务咨询工作，使项目可行性研究报告和尽职调查成为决定具体合作项目的刚性要求；

——选择好合作国别，优先选择国内政治稳定、法律风险可控、经济增长、工业化进程加快、有基本配套能力、有市场需求、有资源、有偿还能力的国家和市场；

——选择好合作伙伴，重点是合作理念相同，能换位思考，以实现中国企业“有技术、资金、运营管理优势”和合作伙伴有“当地经济、社会、人脉资源，熟悉法律、税收、会计制度”的优势互补；

——选择好投、融资和担保模式与渠道。善于利用国际融资渠道，合理把握合资合作的方式与股比；充分用好国家的政策和资金，认真研究中国信用保险公司及时更新的年度国别风险评估报告；

——履行社会责任，多做公益，造福当地社会。

成功“走出去”企业的经验和体会是，必须学会全球化配置资源，在市场、商务、技术、管理、运营和人才理念及意识上与国际化接轨；开展充分的前期调研、组建语言、专业、谈判、交涉能力兼备的团队；解决好办理公司或项目设立、申请许可、签署保障协议等完善的法律手续、与驻在国政府及社会保持良好的协调、增加当地社会责任等重要环节的相关问题；提高“走出去”企业按市场规律运营和盈利的能力，逐步规范“走出去”的行为，形成机制性程序和规章制度，使企业顺利走得出去，也成功走得回来。

在实施“走出去”战略取得令人可喜成绩的同时，在工作层面，出现了两类突出的问题，如果处理不好，会直接影响国家“走出去”战略的走向、可持续的实施。

第一类问题是，部分企业缺乏对国际市场整体贸易投资环境的了解和研究，忽视应有的调研和准备，在目标和路径均不清楚的情况下仓促“出去走”，没有“水性”却急于“下海”，没有海外投资风险意识，没有建立长期投资安全体系就一哄而上，为走出去而出去，走出去再说；部分企业没有长期开拓、经营市场的理念，把“走出去”政策机遇错误地理解为“外出淘金”、碰运气的机会，不重视国别市场研究，不重视对方国别的法律制度调研，不重视项目的可行性评估，不重视对外专业团队的咨询和对外人才的培养；惯性思维导致习惯“走捷径”、漠视依法经营，一“走出去”首先想到的是找关系，片面认为某些国家投资环境差，得靠“保护伞”，经营结果往往是业绩惨淡，投资陷入困境，经济损失惨重；仓促建立的境外团队人员基本素质、语言水平、沟通交涉能力和凝聚力不足，在与当地伙伴的合作中处于下风或干吃哑巴亏，饥不择食、在驻在国临时招聘的管理人员和翻译与相关企业更多的只是利益关系，频繁跳槽、损害中方企业利益，令投资者头疼不已；更需要引起注意的是，“走出去”不成功的企业报喜不报忧，前期倒下企业的经验没有被总结，教训没有被吸取成为警钟，所交的昂贵学费和代价并没有成为国家或行业的公共资源，其他部门和企业前赴后继，屡交学费而没有长进，屡战屡败，老摸同一块石头而过不了河。

对于在开展对外经济合作和国际化经营中的这一类问题，应在增加全球政治、经济格局、经济外交意识和理念教育的基础上，大力开展对外经济合作政策和基本知识培训，树立长期开拓、依法经营的理念，提高“走出去”企业和相关人员开展国际化经营的知识、意识和能力，提高企业“走出去”按市场规律运营和盈利的能力。在具体实践过程中，应实行明确的政策导向，积极主动引导、鼓励有“走出去”意愿、能力和做好准备的企业积极、有序地“走出去”，引导企业在国家鼓励和倡导的地域、方向与领域开展合作，正确识别、选择合作目标地区和国别、鉴别有关国别的风险等级，筛选合作伙伴、选择好投、融资渠道，全球化配置资源，确定合作领域与项目，采用国际化标准、国内先进的技术，以优势互补的方式，成功建设、运营对外投资合作项目。与此同时，协助企业培育和开拓国外投资合作市场，解决“走出去”过程中遇到的问题和困难，取得成绩和经验，并及时总结、分享先行企业成功的经验和失利的教训，防止一哄而起，一挫就退，要能顺利走得出去，更能成功走得回来。

第二类问题是，一些企业和个人在对外交往中社会责任感淡薄，急功近利，不依法办事、唯利是图，把交往中的陋习和行业不正之风带到对外人际交往与合作中，把国内一套不守规矩，甚至腐败的做法带到国外去，毒害合作气氛，损害中国长远合作利益。一些企业和个人不按规矩出牌，习惯用金钱开路和靠关系吃饭，偏重与某个个人的“人脉”“关系”；诚信观念不足、功利性强，为达目的不择手段，以为用金钱可以搞定一切；交往中不再屑于以言谈举止体现礼仪之邦的魅力，而更多地喜欢展现财大气粗的实力和派头，行为举止华而不实、追求虚名，内外不分，常走极端。要么出手“必送豪礼”，大而无当、师出无名，要么目光短浅，“商气”“铜气”“小家子气”太浓等流弊作祟，出格逐利；少部分人甚至为短期利益不择手段，置人性底线、商业道德、社会公益意识于不顾，只看短期利益、无视国家整体利益和当地社会效应，滥用已被国际社会及良政所不齿的商业贿赂和桌下交易。

上述“害群之马”种种违背国家战略意图、违反国家对外交往基本原则的行径、浮躁的心态和短视的行为与陋习，已成为中国商界一大毒瘤和影响中国企业走出去开拓国际市场的一大深层次障碍。不仅使国家对外工作的投入与效果大打折扣，造成不少国家出钱、出力投入的“好事”却办不好、达不到应有的效果或办了对方也不“领情”的“尴尬事”，甚至引发争议，成为某些国家不同利益集团攻击中国、破坏双边关系的“口实”，坐实部分势力的偏见和疑虑，不仅损害了中国产品形象、企业自身的形象和利益，也使我们国家的整体形象、国家的长远战略利益、国人的形象受到伤害。

对于第二类将国内流弊和行业里的歪风邪气带到国外合作中去的企业和个人，应刻不容缓地采取制度性措施严加处理，采取上黑名单、按国法、纪律、规则予以严惩。要刹住这种危险的苗头和现象，绝不能让国内整治、纠正、国际社会不齿的歪风邪气和流弊走到国外去，影响国家的互利共赢合作战略和“走出去”战略的实施。

三、以双赢理念贯穿交往、沟通、谈判的始终

在和平发展成为潮流的当今世界，抓住时机发展自己是大多数国家的共识，发展的命题始终是世界各国，尤其是发展中国家面临的最重要命题。合作共赢理念是我国对大国、周边、发展中国家等各个方向外交理论创新成果的融会贯通，共同发展的理念是中国团结广大发展中国家的智慧结晶。双赢的理念是平等互利合作得以成功进行的基础。

在经济全球化大潮势不可挡的今天，多边、双边政治、经济关系只有基于平等互利的基石上才能正常、可持续发展。在世界政治、经济利益格局、各方选择余地和空间均发生剧烈变化的大背景下，在不同的国度、背景和空间进行的具体合作，只有在各参与方都有可能获利、优势互补并能给各方带

来“一加一大于二”的情况下，才能顺利、持久开展。任何一项成功和持久的合作，最终都不应、也不会是以一方实现超级利益而损害另一方利益的城下之盟，也不应该是零和（两败俱伤）的惨淡结果。只有平等互利，才能有长远的合作；只有充分考虑对方的利益、意见和关切，才能破解双方合作过程中的难题，找到双方都能接受、切实可行的解决办法，通过合作共赢获得双方都满意的结果。

我们要以双赢理念贯穿交往、沟通、谈判的始终。用双赢、共赢的思维思考和处理各方关注与面临的问题，是保证包括本方在内的各方利益的最好途径和可行办法。在对外谈判中，核心是相互尊重，需要把握的要点是在平等互利的基础上务实解决双方的需求和关注。由于各个国家的历史传统、社会环境、发展现实差异巨大，各方利益盘根错节，你中有我、我中有你，纷繁复杂，出现矛盾与冲突在所难免，但很多非核心利益组织集团的分合、经济利益纠葛、具体项目上马或下马等局部与个案远没有发展到战争年代或冷战时期那种非要采取你死我活、极端手段的地步，还是存在着很大的运作空间和做工作的余地。只要相关方有共同解决问题的愿望，通过细心的工作，就有可能通过协商解决相关难题。只要各相关方有解决问题的诚意，以双赢而不是零和的思维模式与合作的良好心态，就有可能寻找到解决相关问题和化解争端的钥匙。只要我方高瞻远瞩、未雨绸缪，提前布局、运筹帷幄，我们就有足够的信心、时间和空间，在保证本方利益的同时，照顾各相关方利益，把蛋糕做大，使乐见中国强大的远亲近邻共同分享中国快速发展成果，把握长远共同发展的共赢机遇。

四、互相尊重，注重细节

与共赢观念同等重要的是互相尊重，平等相待。在国与国交往过程中，尊重意味着主持正义和公道，强不怕、弱不欺，富不媚、穷不弃，注重气节，有理、有利、有节，心平气和，礼仪合适对等；在日常交往和谈判过程中，尊重对手主要指在精神上和内心深处尊重对方人格、敬重对方的文化、历史和在世界民族之林生存、延续、发展的内涵；尊重对方的立场、利益和观点，理解对方的立场、处境和核心诉求，尊重对方的顾虑和关切，将心比心地平等看待和对待对方；尊重对方的风俗和信仰，相处中尊重双方约定俗成的做法，在对等的基础上礼貌、热情、周到、得体地给予礼遇。

在交往和实践中，我们要根据合作伙伴的具体情况，量身打造好谈判方案，有针对性地运用谈判策略，落实细节，体现合作共赢的理念和风范。作东道主时，尽到地主之谊，热情好客、礼尚往来，以诚相待、用心做好双边工作，再忙也安排好必须满足的“规格、礼遇”，注重双边关系中的人脉关系和感情积累，使对方感到宾至如归；作客他乡时，客随主便，重在务实，不过分动用本方宝贵的资源积累去执意要求礼宾安排和面子工程；交往中不卑不亢、礼貌得体、守时守信、谦虚谨慎、亲切友善、换位思考，举止落落大方，着装整洁得体；交涉时，观点鲜明，措辞严谨，言出有理，事实论据成竹在胸，多采用可量化的数字和客观事实作为论据来正面说明本方立场，平和宁静，喜怒不形于色，含而不露；耐心聆听对方陈述，主动并善于去听取、理解对方的意见，既表示尊重对方的见解，又表示尊重对方的职务行为，从聆听中分析对方的立场和真实意图，判断我方该采取什么样的反应或回应；遇到不同意见、焦点的争论，应以理服人，沉得住气，对事不对人，得理也要注意让人；反驳对方论点时，驳事情不驳面子，多采用正面语态，少使用负面和反驳语态，不用情绪化的语气和表情来反映自己的立场与观点；即使迫不得已卷入争论时，坚持“不开第一枪”，将立场与观点表达在平缓的语气和表情里，不指责抱怨对方，不意气用事，有理不在声高，不讲过头话、永远不要使用侮辱性语言，不讲伤害对方感情的话，始终注意肢体语言和表情所传达的内涵是否恰当且合乎礼仪；对人谦虚永远无错，盛气凌人、傲慢和过于自信容易引起敌意而挑起对手的“斗志”，无利于问题的协商和解决，更不能促成方案达成一致；不挑衅，不滋事，不纠缠，不逞口舌之快，不感情用事，点到为止，即使面对对方的失态、动怒、指责，也要以理服人，斗而不破，留有回旋余地，防止出现情感僵局。主谈人的感情和面子一旦伤了、破了就很难补救，谈什么都无济于事了；让步可让在明处，使对方心知肚明，并力争换来对方的相应让步；善于和对方主持人共同把握会谈进程，掌握和控制会谈气氛，驾驭会谈走向，在会谈跑题或偏离主要话题时，能够及时、有效、机智、幽然，又不失原则、不影响气氛地将会谈引回正确轨道，重新回到中心正式议题上来，以达到就双方关心的问题充分交流、最终达成一致或得出结论的目的。

五、勇担责任，务实解决问题

我们在积极推动形成经济外交新理念、新目标的同时，应清醒地认识到要实现中国经济外交的战略目标，理论层面还有很多问题需要系统研究、积极应对；在工作层面，需要重视谈判实践，脚踏实地地、逐步务实解决多双边历史遗留和现实存在的各种问题。

由于历史风云变化、地缘政治、经济制度、交往合作、利益分配和延伸等原因，我国在与一些国家政治、经济、文化关系交往史上都或多或少的遗留着一些“老”问题的同时，又不可避免地出现“新”问题。无论何种原因出现的何种问题，既然已经存在，不着手解决就会搁置，搁置久了就会变成“老、大、难”问题。这其实就是“扫地一样，扫帚不到，灰尘照例不会自己跑掉”的道理，搁置只是为了创造条件加以解决，有关问题必须一一加以解决。必须紧紧抓住我国和平发展、结合国力增强的大好时机，综合运筹、有思路、有步骤地着手积极磋商、逐个解决双边历史遗留和现实难题，为国家创造延伸和平发展机遇期和政治外交、经济外交和人文外交环境，这是我们这一辈人的历史责任。我们应该知己知彼、顺应时代、以我为主，有所作为，选准时机，趁热打铁，不回避难题、不畏艰险，迎难而上，本着对祖国的高度忠诚和对民族负责、对历史负责、对子孙后代负责的使命感，以为国分忧、造福后代的奉献精神、敢啃硬骨头的勇气担当，及时梳理、逐步清理老问题，随时跟踪，及时面对处理双边关系中出现的新问题，而不是消极被动、多一事不如少一事、敷衍应付多边、双边出现的问题，更不能避实就虚、绕着问题走、虚与委蛇。我们要各司其职，有步骤、有计划、有针对性地开展工作，正面宣传自己的主张，不回避矛盾，不怕交流乃至交锋，理直气壮地捍卫国家利益，在平等互利的基础上，以共赢的理念、兼顾多方利益的做法、务实的态度，把握时机，像逐个攻克碉堡、暗堡那样，通过磋商，分层次、逐个清理双边乃至多边历史上积淀的问题或难题，扫清障碍和雷区，脚踏实地解决双方乃至各相关方面的关切。能够在我们这一代创造条件加以解决的，就力争不留给下一代，争取不让任何现实问题成为新的历史遗留问题，不让任何问题滞留在我方，不让技术问题成为工作层面的问题，不让工作层面的问题成为双边层面的问题，不让本可通过及时沟通磋商的小问题成为难解的疙瘩、最后酿成不得不升级交涉解决的大问题或难题。双边关系中每解决一个遗留难题，双边关系就前进一步、升华一点。各工作层面负责好自己主管领域的难题，积少成多，国家整体面临的和平发展环境与局面就会更加有利，就能留给我们的后来者以更多的宝贵资产而不是负债或包袱。唯此，才能不辱历史赋予我们这一代人的光荣使命，为国家创造更好、更长远的和平发展环境，造福子孙后代。

六、树立中国谈判者的形象与口碑

谈判者要有强烈的国家意识，体现中国文化的特点与风格，自觉维护国家形象和利益。

在对外谈判工作、活动中，谈判队伍和谈判者要始终清醒地意识到，自己的行为举止代表着国家的形象，要自觉地通过自身努力，体现中国人的文化底蕴，彰显独秀于世界民族之林的中华文明、民族精神、道德风范的隽永光辉，践行新中国健康、向上、积极、开放的现代理念与高雅的文化品位、习俗，宣扬久经历史岁月涤荡常新的中国文化特色。通过谈判者在日常工作实践中始终如一地身体力行，进退得体、落落大方地展现出中国的国风、国格、国韵、国学、国粹，在对外交往中以“润物细无声”的方式，施加潜移默化的影响。在谈判议题选择、主旨陈述、立场坚持、观点表达过程中，始终贯穿国际社会负责任成员的中方正义，通过讲事实，并用国际社会听得懂的语言，理直气壮地宣告中国崛起是对世界和平安全的贡献、各方均能从和谐共赢、“搭乘中国快捷发展便车”中获得好处及利益的事实，为强化与延长祖国的和平发展战略机遇期作出自己应有的努力。

在对外经济活动和工作中，我们应牢记“己所不欲勿施于人”的古训，绝不能将政治腐败、商业贿赂等社会的恶习毒瘤带到对外工作与合作中去。采取伤风败俗、不择手段的短视行为，即使可能得到暂时、局部的利益，也不可能得到各合作方发自内心的满意和支持，只会丑化国家或企业形象，毒化合作气氛，最终害己害人。在对外经济工作中要避免出现“塔西佗陷阱”，即“当公权力（公众形象）失去公信力时，无论发表什么言论、做什么事，社会都会给以负面评价”（古罗马历史学家塔西佗提出的理论）。应采取切实措施，防止出现“斗米养恩人，担米养仇人”的现象，既按既定的真诚帮助、互利合作共赢原则做好中方自己，也不给别有用心的第三方留有口实，用实际合作的行动成果以及留在合作方心中的口碑，来回应某些站在“道德高地”

的偏狭利益集团和媒体出于“酸葡萄”心态的指责和抹黑。在对外活动和工作中，每位中国人、每家企业、每个部门的行为和做法都对树立中国的正面形象负有不可推卸的责任。从某种程度上讲，外国合作伙伴如何对待你，实际上是外国人眼中的中国、中国人以及具体到你个人举止、行为和结果的一种反应与“回馈”。事实上，在一定的范围内，一个人、一个单位、一个国家的形象坏了、印象坏了、口碑坏了，做什么都无从谈起，做什么恐怕都要付出成倍的代价。每个中国人千万要自尊、自重、自信、自爱，从一点一滴做起，不能自毁长城、自己给自己脸上抹黑，再回过头来抱怨他人“不尊重你”，否则，你再花十倍的努力试图挽回也难以奏效。只有你做好了、国家发展强大了、经济物质进步了、精神文明提升了，其他个人、团体、组织和国家才能由衷地尊重你。每位对外工作者必须时刻牢记，一旦身处对外场合，你就不再是“你”个人，而是“代表国家”。打破个人的心理局限，你将会更坦然、自信地面对各种无端质疑和品头论足。举世公认的道德、文明、良知、公正、平等、谦虚、律己、助人是人类共同的财富和高尚品质，放之四海而皆准的标尺，任何一个民族及国家都欢迎高素质的使者和代表。

在我国改革开放取得巨大成功、走上和平崛起发展道路、实施新时期经济外交方略的整个进程中，各级机构、组织，每位公民，都应该珍惜来之不易的历史性成果，维护好新中国成立以来，尤其是改革开放以来，党和国家领导以及无数外交、对外经济贸易工作者长期运筹帷幄、辛勤耕耘、精心培育的大好局面，不忘我们曾经经历过的奋斗与磨难、付出的代价与学费。国家公职人员必须认真按照国家经济外交的布局，把握国际形势，端正有关人员对于中国发展与世界关系的定位，调整心态，抚平内心，戒骄戒躁，将合作共赢的成熟理念深深根植于每个涉外工作人员心中，为保障国家的安全和发展利益、营造良好的外部环境，扎实、努力工作。通过每个涉外工作者的具体工作，亲身参与到祖国的发展与强盛进程中来，身体力行地为塑造中国形象、营造国家良好的外部环境、捍卫祖国延伸的发展利益、尽最大可能延长我国发展的战略机遇期，进而为中华民族的伟大复兴贡献一份应尽的义务。

在实施国家经济外交战略的过程中，应重视加强谈判的基础教育与谈判人员的专业培训，使对外工作的相关从业人员以创造性思维掌握并运用好“谈判”这一维护国家、本方利益的利器，练好“内功”，提高为祖国经济外交战略服务的实际能力。

第四章　谈判的基本步骤与技巧

一次完整的谈判过程包括准备阶段、开局（接触、交流）阶段、实质磋商（交锋）阶段、达成与签约阶段和执行（履约）阶段。五个阶段是相互关联、互为作用、不可分割、缺一不可的整体。谈判实践表明，一项谈判往往需要通过若干个周而复始、循环往复的回合。评估谈判成功的标志是谈判的结果是否得到有关各方的实施。只有谈判所达成的结果得到实施、完成，谈判的过程才被认为是真正结束。

谈判准备阶段的重点包括：及时收集、筛选相关信息、准确分析、解读信息；进行自身分析，正确决策；对对手的实力、诚意、背景和人员状况进行分析，确定谈判目标、制定有针对性的谈判策略、具体谈判计划，组建谈判队伍，明确分工与合作制度；必要时，进行模拟谈判，并根据结果作出必要的调整。

开局阶段的要点包括：形成良好的气氛和第一印象，建立建设性的洽谈氛围；互相摸对方的底牌，了解对方的意向和诚意，评估对方在谈判中的优、劣势及期望值，从而对本方的谈判计划作必要的调整，修正、确定谈判方式和实施方案。

实质磋商（交锋）阶段的要点：就是谈判本身的“商谈”和“判断”。实质磋商阶段是谈判的重点和波澜起伏、艰难曲折的阶段。在这个过程中，各方根据自己在谈判中的期望值（底线）不断修正各自的谈判目标和调整谈判策略，使交流、交锋、磨合后的期望逐步趋向吻合，以求达成一致。在这一反复磋商阶段，应善于运用沟通和说服技巧，识别对方可能采取的“伎俩和诡计”，牢牢把握谈判进程，实现本方的目标。

达成协议（契约）阶段的要点是：将商谈结果准确地反映到所签文件上。

当谈判方经过预先确定的程序、完成了所有需要洽商的议题，并全面达成一致意见时，双方即可进入以文字形式记录协商结果、规定合作各方的权利、义务的法律性条款文本的起草、准备阶段。此时，要注意文件要尽可能完善和全面，对各方履行的责任、权利、义务确认无疑，表述清晰无误，避免合约中可能导致上当的“陷阱和伏笔”。如有可能，应力争我方起草文本的机会。

执行、实施阶段的要点：在于落实达成的协议。合约协议的签署远不是谈判的结束，在合约生效后的履约过程中仍会有许多主、客观因素触发合作方投入新一轮谈判。如一方违约，或出现某一方对合约的不同理解和诠释，或者出现不可抗力事件等，需要对原合约作出必要的修订。总之，只要合约规定的事项没有最终完成，谈判就不会结束。谈判事项的最终落实是谈判的出发点和目标，也是衡量谈判是否成功的重要标志。

第一节　谈判前的准备工作

一、不打无准备之仗

提前认真备好功课是成功进行谈判的起码要求。运筹帷幄、制定详细、周密的谈判计划是成功谈判的基础和必要前提，也是成功谈判者在开始谈判前的必修课。永远不打无准备之仗，不要进行无准备的谈判，这是被无数谈判实践所印证的经验和规律。

单靠应变和谈判能力是不足以完成谈判重任的。无准备地谈会使谈判者处于危险状态：在谈判过程中失去谈判者的谈判目标。那些以为可以不做准备就上阵谈判的人，会在谈判过程中尴尬地发现，原来仅存的谈判基础、优势和地位不复存在。准备阶段的工作做得越周密、越充分，就越会带来好的谈判策略和战术，以及随之而来的最终良好结果。

每场谈判的需求都是不同的，只有了解需求才能进行有效的谈判。某场谈判是在谈判者清楚地确定自己所需要的目标和实现的途径之后，才有可能取得成功。不论是个人、小公司、大企业，还是国家之间的谈判，必须了解对方的需求，因为每个需求满足的愿望、每种寻求实现的需求都是展现、诱发人们进行谈判的潜因。谈判中最困难的工作是发现、判断本方和对方的真正需求，从而找到令各方满意的最佳解决方案。

成功的谈判要求谈判者首先评估自身的立场，同时也要了解谈判对手的立场。谈判前的准备工作是不能临时抱佛脚的，需要深思熟虑、从长计议。凡是与自己立场有关的资料，无论大小，都得给予相应的注意并加以灵活运用。谈判目标一经确定，不能轻易丢失或变更。进入谈判前，你必须清楚，对手也是有备而来，并和你一样，也做了类似的评估。

二、完备的谈判准备

谈判的完备准备应该包括：

——自我分析、认识你自己，确定你自身的目标、利益和底线；

——评估对手的目标和利益；

——收集一切与谈判标的有关的事实和信息；

——分析谈判要素、论点和各自立场；

——明确主题，设定谈判目标；

——准备论据、思考、确定你所采用的谈判策略和技巧；

——团队组建，安排参与谈判的人选；

——重审自身的目标，确定底线、酌情预演。

1. 自我分析、认识你自己

谈判者应首先进行自我分析，这包括认识自己，清楚自身目标、利益及底线，对谈判标的有关问题的可行性分析。这主要是指了解、判断、把握自身的真正利益，确保本方的核心利益；谈判过程就是根据本方确定的政治、经济、技术的标准，按照本方的需要与可能，从多个可能的方案中、选择相对满意方案的决策过程。

了解、判断、把握自身的真正利益和发现对方表面与隐藏的利益同等重要。本方的谈判底线应该是在对方接受的可能范围内，确保本方核心利益的实现，或在本方利益最大化的情况下，满足对方的基本预期。

在准备阶段，谈判者应对自己在谈判中的优势（长处）和劣势（弱点）

进行自我全面评估，这有助于据此选择能使自己处于最佳地位的谈判策略。例如，你的情绪限度和反应，若你很容易生气，由此带来的阻力会使你陷入不利的境地；一个容易激动的人，很容易被他人摆布，“失去理智”会使谈判者变得更加脆弱。谈判者需要控制自己的情绪，时刻提醒自己保持清醒的头脑和沉着的态度。

假如要进行某场特别重要的谈判，谈判者甚至要有勇气问自己一些严肃的哲学问题：你的生命在探寻什么？在本次谈判中，是什么激发了你的斗志（是本方利益、个人发展，还是其他）？你在谈判中的真正需求（并非只是想要的东西）是什么？你愿意前行多远？你对即将开始的谈判设置的个人伦理是什么……你会发现，解决内心冲突是自己与自己的艰巨谈判，人最困难的就是清醒地认识自己、与自己的良知进行谈判。

简而言之，进行谈判前，谈判者要评估自己的价值体系，以及最基本的目标，检查自己的抗压能力，并组织自己的计划，以使自己不陷入脆弱（失去理智）的处境之中。此外，还要确定你的伦理底线，它有助于你认清自己做事的范围、分寸和底线。

2. 收集信息，分析评估对方的目标和利益

信息就是力量，信息影响着我们对事物的看法、判断与决定，信息是处理问题和谈判事项的核心，能否收集到足够全面、准确、有针对性的信息是决定谈判成功的重中之重。了解对方的信息越多，在谈判中的优势地位就越稳固、越主动。

谈判者应了解对方的背景，对方的组织结构、谈判团队的人员状况、特征、权限、对方的强项与弱项、对方的表面立场和实际利益、掌握的资源；了解对方核心人物的简历、经历、业绩、行事风格、以往表现，有无决断权，是否得到充分授权，是否是能说“不”、而非只能说“是”的人；评估对方可能出的牌和真正要价，评判对方的目标、可能的底牌和底线。

应从对方开出的要价、表面立场入手，了解、分析谈判的基本问题：当事方真正的愿望、诉求、关切和核心利益。分析谈判主题的最终目标和本方最终利益。核心利益是隐藏在不同立场、争论背后的原动力，往往在表面立场背后的利益、隐藏的利益是解决问题的关键，需要认真分析、发现、确定。在了解对方底线，准确判断对方的预期、核心要价、分析对方利益的

基础上，判断对方利益的正当性，即是否合理、能否被认可，是否可以接受等。

逐项分析谈判伙伴的目标和利益——具体、准确评估谈判伙伴的利益，避免作出超出自身和对方预计的让步。

对谈判对手的信息掌控得越充分，就越能恰如其分地评估对方的弱项和强项，即谈判伙伴在谈判中的地位。

人们在日常生活、工作相处中（包括在谈判过程中），构成自身或本方优势的重要来源有：医生、律师、科学家、高层管理者、官员等职业及岗位天然具备的知识和权威；为特定目的收集到的信息，站在信息的高地；经济因素（财力、实力和金钱等）。在谈判准备阶段，获取充分、有用的信息，选择在最合适时机运用掌握的信息会产生非常大的影响和作用。在谈判桌上，信息准备充足的一方，在利益角逐中占尽先机，值得花大气力、下大功夫提前去作充分准备。

着重收集有可能得到的、有关谈判对手的所有信息。谈判者的目的是，尽可能地了解对手，更有效地读懂他与他周围的人，以更快、更满意的状态控制谈判的进程和局面。了解对方的情况，包括：对方的特征、年龄、家庭状况、经历、职业、嗜好、个性、态度（如对谈判者所持的态度、对产品、组织和竞争者等所持的态度等）。在此类信息的基础上，仔细分析你的谈判对手：

——我的谈判对手看重的是什么？

——他是个什么样的人？

——他对哪些领域感兴趣？喜好是什么？

——他有什么问题？

——他处在什么位置（状态）？

——迄今为止他做过什么事？采取过哪些措施和行动？

——他的习惯做法有哪些？常用和喜欢采取什么办法？

——他通常对对方的建议有何反应？

——他通常会如何反驳？

——预计他对我的说辞会如何辩驳？有什么样的反应？

——我或我周围的人有过与他交手的经验吗？

——他是否了解我？

——他会假设什么是可能的?
——他在其他谈判中是如何表现的?
——他在谈判中最主要的特点是什么?
——他通常如何作出决定?
——他的职业生涯及发展历程是怎样的?
——他是否体面、诚挚、值得信任?
——他是否慷慨大方？公正?
——他是否强势?
——他神秘吗?
——他的职业前景如何?
——他和我的力量对比如何?
——他在工作单位的影响力如何?
——他和他的领导、同事关系如何?
——他有哪些授权?
——他依靠（赖）哪个人物？受制于何人?
——他和竞争对手有什么关联?
——他所希望的谈判结果是什么?
——他必须达到的最低目标是什么?
——为了他自己的前程，他必须取得或必须避免什么样的谈判结果?
——从名声（面子）来讲他最看重什么?
——他对什么最感兴趣?
——他最了解和最不了解什么?
——他的好恶是什么?
——他不喜欢什么?
——他害怕什么?

将上述所有信息列入清单，进行评估。

3. 分析信息、评估立场

从对方开出的要价、表面立场入手，了解、分析谈判的基本问题：当事方真正的愿望、诉求、关切与核心利益。确保本方核心利益、满足对方基本预期就是好方案（底线）的基本标准。

确定有弹性的高、中、低谈判方案，将双方的利益按其重要性的轻重缓急划分清楚，设定谈判的高限、低限和妥协点：即确定本方必须坚持、决不能让步、必须始终如一确保的核心利益；分解本方的次等利益，应尽力争取、但可以作为筹码妥协、换取对方让步的内容；在分析双方共同利益和关切的基础上，确定本方的无害让步及让步的时机，以满足对方的合理要求，把握谈判朝预期的方向发展。了解对方的底线，详细了解、准确判断对方的预期、核心要价。在分析对方利益的基础上，判断对方要价、利益的正当性，即是否合理，能否被认可，是否可以接受等；如遇到对方不择手段地加码、企图获得更多利益时，可参照需求理论的分析加以判断：是因为对方希望用谈判来证明自己、取得上司信任？为谋求更高的职位？谋求更多的尊重？还是财务状况薄弱？应根据对不同需求的分析、判断，对其合理、正当的部分，在本方底线的范围内加以不同程度的满足或化解。

谈判是双向的沟通，了解对方的需求如同了解自己需求一样重要。除非对方同意或得到谈判的满意结果，否则，本方也满足不了自己在谈判中的需求。必须设身处地去了解对方的立场、对手的观点、出发点及思维、行为特点，从而提出能够满足对方最低基本需求以上的利益解决方案，否则要想有效达成协议或解决争端都是不可能的。

收集可能得到的、有关谈判对手的所有信息，并将信息列出清单。

对商务谈判者来说，谈判对手的重要信息有：

——对手在市场上的地位及相关市场情况；

——对方的（生产）能力及实际开工能力的使用程度；

——对方的财务状况，价格及折扣政策、信用状况；

——对方的客户情况，市场、服务范围、促销策略；

——谈判伙伴的优势和弱势、优点和缺点；

——主要竞争对手的状况及优势、弱势；

——主要产品情况，适用对象、产品性能、服务范围；

——与谈判伙伴本人或同事此前的合作经验及教训；

——双方此前签过的合同履约情况；

——此前双方来往的书面函件等。

《史记·货殖列传》中说：“天下熙熙，皆为利来；天下攘攘，皆为利往。”人们坐到谈判桌前的目的，就是要满足一定的需求。谈判伊始，对方会告诉你，他们想要的是“什么”，而不是他们真正的“需求”是什么。一个成功的谈判者能做到的是，仔细倾听对方的陈述，向对方提出一系列经过深思熟虑的问题，得到足够多的信息来缩小对方名义上的要求和真正需求上的差距，捕捉到对自己有利的线索，判断出对方的核心利益及其合理程度，并迅速思考如何让对方接受自己的方案。

谈判中产生的问题，往往是由于双方立场上的差距而产生的。解决问题，必须在立场上达成协议，但只坚持自己的立场，往往会使谈判陷入僵局。谈判时经常出现的问题，往往并非是在表面上的立场，而是当事者心里的愿望、欲求、关切与担心。这些愿望和关切都是利益。利益对人的影响很大，它是隐藏在立场和争吵声背后的原动力。表面立场是当事者决定做某件事或结论的重要因素，但是，利益却是引导谈判者做决定或结论的诱因。所以，留心分辨和判断立场与利益的本质是极为重要的。在许多谈判中，仔细观察、判断隐蔽的利益，就能发现彼此的共同利益、共通或互补的利益甚至多于彼此对立的利益，成为双方满足各自利益、达成圆满协议的要素。

了解并仔细分析谈判伙伴的核心利益与隐蔽的利益：谈判者的伙伴（对手）可以有多种利益，其中部分利益是不愿意或不能对你公开流露的。暗箱利益肯定是需要掩盖的，因为一旦被了解，对手的谈判地位就被削弱了。但这些核心与隐蔽的利益往往是谈判桌上衍生出来的其他问题的根本，也是谈判的动因，即激发或推动谈判方参加谈判的动力。真正准确地了解、把握这些隐蔽的核心利益，解决问题的办法也就水到渠成了。

相对于具体而明显的立场，隐藏在背后的利益既不明显也不具体，甚至是和表面上的利益相互矛盾的。所以，发现对方隐藏的利益和发现自己本身真正的利益同等重要。探讨对方利益最根本的方法就是让自己站在对方的立场上，将心比心、换位思考，客观、冷静地审视对方的立场与主张，了解他的需要、渴望与担心。

因此必须设法了解对手可能的底线和隐蔽的利益，以适当的方式来公开讨论、协商。解决这些真正的需要或担心是谈判能否成功的关键性因素。对于这些核心和隐蔽的利益，用开诚布公的提问和积极的倾听，最容易得到回应和了解。

这些核心利益或隐蔽的利益可能是：

——双方联手对付同一个威胁或竞争；

——拯救、修复一种遭到破坏或损坏的重要关系；
——了解谈判对方的各种利益及对第三方的影响；
——渴望对方提出有影响力的赞同；
——为其他游说活动注入动力；
——资金周转困难；
——推销或购买产品或技术；
——被要求快速取得谈判或市场开拓的压力；
——排除竞争、取得优势的愿望；
——建立或解除业务关系；
——重新对合同进行谈判；
——急切寻找新的客户；
——避免长期争端；
——用谈判的最佳结果来证明自己地位或威信的内部需要或愿望；
——需要他人的帮助来解决自己的难题。

了解对手的底线，可以大大增强本方在谈判中的地位，取得谈判中的主动权。假设你在谈判一个合作项目，倘若了解到售主已经并购了其他项目，急于出手这块土地以缓解资金紧张的状况，你的谈判地位就主动了。又或者你了解到客户不愿卷入某项争端或麻烦，你就得到可以签署合法合同的有利地位，如此等等。

必须了解对方组织的特征：了解对方的组织结构、组织中的权力中枢、组织中拥有说“不”的权力（或授权）的人和不能说“是”、只能说“不”的骨干，以及他们各自的权限。有关组织的特征包括：组织、公司的形式、企业的性质、员工、资金、生产能力、市场、竞争对象、目前状况、组织结构、决策机制、价格政策、促销手段、经销、流通手段、终端售价设定方法、开发计划、关键人物、当前面临的各种问题，以及出售（购买）产品的压力等。

应注意的是，以上这些需要留意的内容，远远不能涵盖谈判的复杂性。心理学家提出，两个人进行沟通交流时，实际上有 3 种不同的人格参与其中。这是由于每个人都有三重人格：①真实的自己（本我）；②表现出来的自己（自我）；③想象中的自己（超我）。事实上，在每次谈判中，我们都可以发现这种“三合一人格”表现在每个人身上。一旦谈判者对人类行为的复杂性以及每个人身上人格多样性这一事实变得更加敏感，对谈判的难度就会更有所准备，从而更好地把握及控制谈判进程和谈判者本人在谈判过程中的角色与分寸。

准备并拟定出需要商谈的所有议题清单；不需要商谈的议题排除在清单之外。

4. 谈判需求要素分析

在探索公开立场背后的真正利益时，必须留意会影响人们的最基本问题与诱因，如能满足或照顾到对方的基本需求，谈判就比较容易达成协议，并得到遵守执行。人的基本需求虽然一向是人类最根本、最强烈的本能，但往往最容易被人忽视。

根据亚伯拉罕·马斯洛（Abraham Maslow）的需求层次理论，共有 5 类对人类行为举止有重要影响的共同需求，分别为：生理（生存和体内平衡）的需求；安全和寻求保障的需求；爱和归宿的需求；获得尊重的需求（社会承认的需求）；自我实现的需求。华为技术公司创始人任正非认为，知识型劳动者的欲望可以被分成五个层面：即物质的饥饿感，内心的安全感，成长的愿望与野心，被社会、大众认可的成就感以及超我意识的使命主义。华为的发展史就是一部人的欲望激发和控制的历史。当人们的生理需求（物质的饥饿感、内心的安全感）得到满足之后，其余各种需求将会上升到中心位置，并驱使人向另一目标行动。诚如马斯洛所说“需求层次的顺序不是一成不变的，也并不适用所有人。”（任正非认为，只有极少部分人是超我意识的使命主义者，乔布斯是这样的人，他本人也属于这一类人。）也就是说，有些人会认为尊重比归宿需求更重要，尚有另一些人认为自我实现的需求比安全和寻求保障的需求更为重要。无论如何，谈判的动因是，人们总希望从谈判中得到一些东西，即便是希望维持现状，如果人们所有的需求都得到了满足，那么就不需要谈判了。所以，谈判需要两方或多方结合各自的需求共同参与进来，通过沟通加以解决。

在谈判中，不要只注意或协调双方表面的要求和立场，应尽可能去辨别并协调对方的基本利益。因为任何一种利益关系，通常都会有令人满足的好几个层面或方案。而往往就在对立的立场背景里，共同的利益比冲突的立场或利益还要多、还要大，但由于人们通常只顾及眼前的立场或方案，没有用心去辨认或开拓更大、更多的共同利益。

（1）谈判者的个人利益

人类普遍的渴望，如安全、富裕、舒适、成功、名声和认可等需求均会在每个谈判者个人身上留下不同的痕迹。了解这些因素，有利于谈判者读懂对手，形成谈判最佳的论点和论据。

对于一个十分看重名声的伙伴来说，如果你诚心诚意地夸赞他，给予他需要的认可，可能更容易说服他。反过来说，当对方赞美你时，你应该内省并始终提醒自己，对方只是想借着赞美和夸奖，从你那儿得到某种信息罢了。

对于一个需要安全感的伙伴来说，如果你能解释，一旦接受你提出来的条件，可以提高某种安全程度的话，他会更容易被说服。

对于看重自身和公司长远发展的伙伴来说，如果让他理解本协议可以给对方及双方带来长期合作和长远利益，他则更容易对你提出的方案和价格作出让步。

如果对方不择手段地加码，想从你这里得到更多的利益，可以参照关于人类安全需求的相关解释，分析对方是否因自身谈判地位处于劣势、自身需求缺乏正当性，或因公司财务实力而显得恐慌，或者对方加码的动机也许是寻求更大的尊重，或者对方公司财务状况良好，只是谈判者正期待在公司谋求更高的职位。

了解这些需求，可以凭借自己的观察力和理解力，发现对方的真正需求，进行更有针对性、更有效率的谈判。了解谈判对手更多的好恶等，更利于谈判者的发言，它有利于帮助谈判者开好谈判的头，营造良好的气氛。

这些信息可包括：

——他上次休假的时间；

——他的嗜好，以及特殊喜好；

——他对于艺术的偏好，对哪种体育运动的爱好；

——他的饮食习惯，喜欢喝哪种葡萄酒等；

——他的星座、血型等；

——他的家庭状况、他或孩子的出生年月日等。

（2）分析、判断谈判对手的目标

哪一方先于对手了解到对方真正想要什么、所受的限制和时间压力，就可以赢得谈判的优势与主动权。

在大多数情况下，谈判对手也与谈判者一样，已经确定了主要目标和次要目标，并将自己真正的兴趣、需要以及最常采用的策略优先顺序隐藏起来。此时，你要换位思考：哪些是对方的主要目标和次要目标？把它们罗列出来，按其重要性排列起来，然后将双方的目标及顺序排列进行比较，并回答下列问题：

——对手会同意你所希望的上策吗？

——双方目标中哪些是一致的？

——他等待你作出的让步有哪些？

——你在多大程度、什么条件下可以同意他提出的条件？

——你认为对手会提出哪些反驳？

——如果达不成协议，对手最可能采取的抉择是什么？

5. 设定目标，确定方案

确定高、中、低目标的实施步骤和使用有关方案的时机，提出高方案、争取中方案、确保低方案。

只有制定足够高的、具有弹性、预留后路的方案，经过谈判现场必要的坚持、调整、争取，才有可能获得底线、低方案以上的结果。如果起初制定的方案不够高，最终的结果很可能是连最低方案也达不到。方案一经确定，要注意有关方案的保密，了解已确定底线的人员越少越好。

事先准备好替代方案，即可能的妥协方案，包括给本方准备预期中的退让和改变立场的理由，给对方作出可能让步的准备台阶，以及把谈判成果让给对方、给对方以满足感的心理和表达的方案。进退有据，才能确保在谈判中立于不败之地，实现本方的既定目标。

确定谈判者自身的目标和底线：

——谈判议题（哪些需要商谈、哪些不需要商谈）；

——目标（底线）、主要目标、次要目标，目标的主、次顺序；

——确定谈判的目标。

（1）核心目标的确定对谈判的成功至关重要。

每次谈判可以有许多细节（如支付条件、解约条件等）。

选定谈判议题是谈判的重要环节和技巧之一。一方如主动提出议题让对方接受，优点是事先将本方设定的议题纳入，从而处于主动地位；不利之处就是暴露了自己的关切、主张，给予对方预先应对的机会。但无论哪方提出议题，谈判议题应由双方共同商定，并注意不能因对方的独断或强势而影响本方关注议题的确定和纳入。

在一场谈判中，谈判者可以同时追逐许多目标，关键是要确定主要、核心目标（如长期合作或低价进入等），次要目标也可以单独列出。分等次、逐步实现预期目标，是谈判战术需要解决的主要问题。

要将议题分为两大类：已知的和未知的，要全面考虑谈判中涉及的所有因素。在确定哪些议题是明确的或已知的，哪些议题是可能的或未知的基础上，进一步将已知的议题分为主要的和次要的，并确定哪一方面会向哪个方向发展；未知议题是模糊的，可以讨论也可以不讨论。此时，要防止将已知的、但被认为是次要的议题上升为真正的主要议题，以免因此占用大量的时间、精力，甚至因为对此准备不足而导致谈判失败。

事先筹划好替代方法可以确保谈判者在谈判中立于不败之地。替代办法可以作为"秘密武器"隐藏好，必要时再加以采用。谈判的目的，并非只是达成协议就好。因为协议只是最后的一个结果，而这个结果必须是以满足谈判者的需求为归依。有良好的、退可守、进可攻的众多选择的替代方案是谈判的一项有力武器。替代办法越多，谈判者在谈判中的地位就越主动。

在议题准备工作结束前，将所有的议题编制成一个清单，并将它们分成恰当的类别。通常，这些议题包括需求、利益、要求、愿望、动力和可能的结果。给每个议题贴上"主要的""次要的"和"不重要的"等标签，从而确定哪些是需要积极收集的信息、材料，哪些是可以任其存在和发展的。清单制定完毕后，即可开始逐项研究并在此基础上确定谈判的目标和方案。

（2）知己知彼是制胜的关键

——明确制定差异化的高、中、低三档谈判方案，认清自身的目标和利益，即底线。将双方的利益按其重要性的轻重缓急划分清楚，设定谈判的高限、低限和妥协点。确定本方必须坚持、决不能让步、始终如一确保的核心利益；明确本方的次等利益，即尽力争取、可以作为筹码妥协、换取对方让步的内容。

——在分析双方共同利益、关切的基础上，确定本方的无害让步，以满足对方的合理要求，把握谈判朝预期的方向发展；分解无关紧要的议题，必要时，为保持谈判的友好气氛，可以优先处理；事先准备好替代方案、进退有据，可确保在谈判中立于不败之地。

——谈判的目标当然是满足当事者的一种或多项需求，如果我们把谈判的目标放在毫无弹性的情况下，成功的概率将很小，故缺乏伸缩性的计划不是好的计划；相反，如目标富有弹性，谈判者可随机应变，达到目标的可能性就比较大。

——确定希望通过谈判达到的可能成果、可能的解决方案。

①高案。首先要制定高目标方案，即理想的谈判结果，能否取得此成果是不确定的，但也并非是不可能实现的最佳方案；一旦获得方案，甚至可能对各有关方的长远合作产生影响。

不少人由于害怕失败，习惯于将自己希望达到的目标定得低一点。无数案例表明，谈判者所希望达到的目标越低，反而越难达到。你不主动争取的话，对方是不会主动送给你任何东西的。那些尽可能合理制定高目标的人，往往能获得更为满意的结果。可以说，判断的标准是，在不失公平和对方能采取的最佳替代办法之间（即对方最起码的要求和我方真正的需要之间）就是合理的范围。

只有你知道要去哪儿，才有可能到达，否则永远也到达不了心中的目的地。首先，要认清双方迂回不同、壁垒分明的立场背后的关注点和双方诉求的症结所在，你的关注点包括你所需要的，所希望的、所关心的、所担心的，以及你所急切盼望的一切，也就是本方立场背后的主要动机。

②中案，双赢方案或双赢结果。双方可接受的公平和体面的结果——确定可作出的妥协方案（手中可以打出的牌）：即我方可以接受的底线（可以接受什么样的妥协？我方可以在什么地方、哪个点上，以什么形式接受妥协?）。确定你可以向谈判对手作出的妥协点及妥协的方式，你能做出的、在什么时间节点上、你愿作出的妥协。将所有可能作出妥协的点全部汇总到一块，确定可以作出妥协的点以及作出妥协的方式和时机。

③低案，内部可以接受的最低方案——确定本方的底线。底线就是红线、警戒线，不能再退让，无路可退的界限。为防止产生最坏的结果，最好能预先思考并确定自己可以接受的最坏方案，即本方可接受的“疼痛底线”、必须放弃（不可接受）的底线，以及谈判失败、谈不成的界限和后果。这不

仅可以抵御对方的压力、诱导，而且也是控制本方冲动的有效方法，以避免做出事后可能后悔的决定。此时，谈判者可以思考自己可以接受的下限是什么？

此时，作为必要的前提和条件，在作出决定之前，应事先了解市场条件，十分清楚并了解竞争对手的价格及条件，不作无用的妥协。

一般说来，如果难以达成期待的协议，可以先提出低标准或低层次的方案，以增加能够达成协议的可能性。如果双方在实质内容方面无法达成协议，那么也许在程序、手续方面能达成一致。如契约无法持续下去，或许双方可以签订临时协议。重要的问题（第一层次）无法达成协议，可争取在次要问题（第二层次）取得进展。通常情况下，高协议包括：实质性的、内容方面的、长期性的、全面的、最终的、绝对的、有约束力的、最优先的问题（第一层次）；低协议包括：程序、手续方面的、暂时性的、部分的、非原则的、附带条件的、无约束力的、次要的（第二层次）方面的问题。拟定各有所长的协议方案，在谈判过程中能作出明智选择的关键在于备有多种选择方案。拥有可供多角度评估的选择，是避免谈判走向僵局和失败的重要一环。

在商务谈判过程中，如果谈判者希望对对方的报价作出回应，如降价或反报价，要以一定的数量为起点。为使自己的论据更有说服力，应提前计算所有相关数据。关于价格的谈判或支付条件的谈判，重要的是给予快速、准确的反应。必须十分清楚本方可以让步的精确数字与数据，如价格、折扣、数量、物流费用、偿付条件、法律条款等综合因素及选择性考虑。

在各类谈判中，清晰地了解相关法律的条款是至关重要的，必须予以充分、足够的重视。

——确定本方可以披露的信息、需要保留的信息、由谁来披露信息、何时执行等。因为部分信息只能流通一次，而信息的价值是一种交换媒介，如何将应披露的信息聪明地换取对方对自己有利或有用的信息或让步，是有技巧和讲究的，应提前予以考虑。

6. 准备论据、制定策略

论点与立场分析：

——首先，论点必须符合现实，因为很难对不现实的论点作出明确的判断。要避免不针对实际论点的“空对空”商议，误将互相指责当成论点所在，要针对实际问题开展谈判。很多谈判案例表明，当一方从自己假定的事实（信息）中发现新的变化，对某个论点也会发生变化，结果导致整个立场的改变。从实际出发，应力求将本方的立场贴近解决各方关心的问题和需求，使谈判走向成功。

——设法预见谈判中本方围绕了解信息、澄清疑问、实现目标所必须提出的主要问题和对方可能的发问，以及如何应对的方法与步骤。有了充分的准备，才能有效地应对谈判过程中对方表现出的疑惑和不信任，表现出必要的自信和对谈判成功的信心。

——大部分成功的谈判者都善于从将要与之谈判的个人或组织身上获取信息。显而易见的是，深入地了解对方，收集特定关联人更多的信息，特别是了解他们的所需，是谈判者手中特有的巨大资源或财富。找出谈判各方争论的实质内容是有效的宝贵战术，但仔细了解谈判伙伴的个人信息，包括他们的性格、习惯、专业背景等，也应引起足够的重视。还有一种有效的研究方法是调查先前的谈判或成交案例，这些记录也包含了大量谈判对象有价值的信息，从中发现一个人的价值取向、行为特点和情感弱点等。无数沟通和谈判案例表明，花费精力挖掘将要与之谈判的对象的个人信息，在不少时候会改变事情的走向乃至谈判的结果。

——要将所有的信息条理化并整合成一幅清晰完整的因果关系图。有关研究必须兼顾目标性和可行性，时刻将目标牢记心中，将非理性感情因素放在一边。与此同时，调查一下对方的工作履历、曾经谈成或未谈成的谈判或交易，洞察对方的需求，在谈判某一特定敏感时段将发挥重要的作用。可以借助互联网这一巨大的信息库作宽覆盖的搜索和调查，读取对方的预算表、财务计划、出版物、报告书、广告策划和报表等。总之，谈判者对谈判内容和谈判对手了解得越多，谈判者谈判地位就越主动、越坚实，并能将谈判中可能遇到的意外情况降到最低。

7. 酌情预演、细化方案

对于重大、复杂的谈判，应在准备、讨论的基础上考虑增加预演环节。此时，可以采取模拟方式，将自己团队的成员分成正、反两组，以对手的立场、观点和作风来与扮演己方者交锋，反复练习几次。因为当局者迷，旁观者清，团队预设的预演可以检验既定方案可能产生的效果，帮助你找出方案的不足、阐述中的弱点、被忽略的重点、强化节奏的把握、角色的补充、各种情况下的应对和反应等，并在此基础上作出必要的调整与修正，从而在谈判策略上增加针对性，使制定的方案更加贴近实战。

在多数情况下，人们是为了满足自己的需求去做某件事情。要想说服对方，无论是在单位里、在生意场上，还是在家庭内部，必须牢记，别人不会买你的账，对于你的概念、想法或建议，相关方只会接受可以或者能够为他们带来好处、利益或服务的东西。说服总是在那些想改变自己当前境遇和生活的人身上才最有效。谈判者准备的方案和论据是否足以说服谈判对手，可以在谈判预演时得到验证。

设想一下，你将要进行一场说服对方同意我方方案的谈判。首先把我方方案的正面理由写下来，从而证明能为双方所带来的利益和好处。哪怕你的方案非常有竞争力，对方能得到相当大的利益，哪怕你的公司非常有竞争力，产品非常好，你的方案从你方的角度也非常有吸引力，你也要做好面对对方提出缺点和不足的准备。提前对合作方或客户提出的不同意见有所准备，以便在必要的时候，有针对性地对提出的异议予以恰当的解释或辩驳。显而易见的是，辩驳的目的不是单纯的、应对式的、直接地作反应，不是把驳倒对方作为目的，争吵不休、不能把谈判变成辩论，而是适当解释，目的仍然是互相谋求谅解，达成协议。辩论只会刺激对方更加执着地捍卫自己的观点或“面子”，谈判中靠“论战式”的辩论是不可能“说服”对方接受或理解本方立场和观点的，对于解决问题也是不利的。对于以往出现的问题，与其追溯过去，不如展望未来，找出共同的目标，反而更能满足自己或双方的利益，使之更具建设性，有利于谈判取得双方希望的正面效果。

演练后，谈判者可以一个人静静地整理一下自己的思绪，随手写下自己脑海里浮现的任何想法，也可以站在对方的角度，在脑海里构想角色扮演行为，也就是想象一下谈判的场景。人类有无与伦比的换位思考能力，你可以站在对方的立场上思考问题，静静地反思一下，如果你是对方，你会如何想，作何反应、最关心什么、最担心什么等。

在此阶段，应该考虑，为达到谈判的目的，有必要采用一些谈判技巧。谈判技巧是针对你的某类对手、在适当时候、以适当方式必须采用的某种技巧或窍门，从而使谈判取得预期的效果。

8. 选择确定的谈判时间、地点与国别准备

当你第一次邀请对方到自己的单位或企业来会谈时，应以真诚、热情的态度，周到的礼节安排来邀请对方，摒除容易分散注意力的杂务，积极布置与会晤相关事宜，安排好会场照明设备及席位、座次分配等，并留有与外界联络网络、视听设备等，另设置一个房间，作为双方代表私下商议的地方，给对方创造宽松、良好、实用、得体的谈判环境和条件。

如需要到对方单位或企业进行商谈，力争不要透露自己确切的停留时间和解决相关话题的期限，以避免让对方识破你的意图和时间压力的效应。如果对方探知了你的停留时间，很可能延迟不做任何妥协，并且正确地击中你不愿空手而归的心理，利用你方急于求成、不耐烦等心态，使谈判走向你方不希望的结果。既然解决谈判标的问题的时间是谈判的产物，它就比大多数人所意识到的时限更具弹性。不要盲从一个人为设定的期限，被对方牵着鼻子走。应当先评估当你遵循或超过时限的利弊。大多数让步行为和决定都是在最后期限到来时发生的，何况期限是双方的，对方也有解决问题和内定的心理期限，可以把握得恰到好处。

研究和确定谈判方案时，应考虑到不同的思维、不同的礼仪和不同的谈判方式。礼仪和技巧对于谈判的顺利进行是很重要的，它们的精髓在于恰到好处。

某个举止，在某国是正确的，但到其他国家可能就错了。例如：

——德国人的谈判主要在工作时间内进行。

——在意大利，谈判可以在午餐或晚餐时进行。意大利人的谈判比德国人的谈判更随意和更有激情，也可能邀请到家里去继续谈判，会谈前的寒暄和对谈判对方家庭等问题的询问往往会得到较好的效果。

——法国人的礼仪和技巧在法国有很大的作用，人们把私事和公事截然分开，对于个人及家庭私事的询问必须避免，自始至终使用“您”称呼、经常采用“对不起”这类礼貌语言，会被看成有教养的表现。

——西班牙人很快会使用“你”来称呼，虽然一开始容易走得很近，但在谈价格和条件时，他们很强硬，你的论据必须清晰并首尾一致。对于商务活动的时间而言，越不准时的客商，说明他的社会地位越高（他认为自己有这样做的本钱）。

——在保加利亚，表示同意是摇头，而非点头。

——在日本，目光正视对方是尊敬的表示，身子要挺直，“托您的福”是基础通用语言，谈判是以东方式或注重长期关系的形式来加以表现。

——在泰国，让谈判对方看到你的鞋尖是不敬的表现。

三、综述

（一）评估

通过评估对手的强项和弱项，来评估及确定谈判对手的目标和利益。

所需信息：

——谈判对方的市场地位和市场状况。

——对方的能力、负荷、资金状况。

——对方的客户情况、竞争状况。

——对方自身的竞争、计划变化情况等。

——对手的强项和弱项。

——对个人利益的认定。

——对安全、富裕、舒适的意愿和价值的认同。

——对社会、公众认可、名声渴望的程度。

——个人喜好、怪癖等。

对隐蔽利益的评估：

——可能的因素。

——排除竞争对手。

——内部必须赢得此次谈判的压力。

——财政资金困难状况。

——寻找新客户的动因。

——证明自己能力的个人动因和组织内部因素等。

对谈判对手目标的评估：

——按对方利益的重要程度列出目标和顺序。

——对手会接受你设定的上策吗？

——对手会如何反驳你？会提出哪些要求？

——对手会做出的最好或最可能的抉择是什么？

（二）制定谈判的策略

1. 运用信息

将你掌握的关于你和谈判对手的所有信息，作一个强项和弱项的对比。在此有必要采用 SWOT（Strengths, Weaknesses, Opportunities, Threats）方法，即强项、弱项、机遇与风险法，从而分析、研究并得出相关结论。

你的强项

思考你的强项，将其列出来。如：

——有竞争力的价格。

——第一手货物。

——处理问题灵活、精明。

——得到充分授权。

——本方市场的强势地位。

——本方的综合形象好。

——可信度高。

——法律地位坚实。

如谈判出现必须商谈偏离预期结果的情况，即达不到高方案时，已备有较好的替代方案。

弱项

谈判者要找出自己的弱项，实事求是地评价自身弱项才能获得最佳的结果。如果采取鸵鸟策略、不考虑自身的弱项，很可能出现采取错误的战略和战术而导致谈判失败的后果。

你应该注意了解自身弱点，但不要暴露出你的任何弱点。此时，你必须对自身的方案保持绝对的自信（内心认定自身的建议、条件、价格等是最佳方案），确信谈判不会受到自身弱项的影响，与此同时，应清醒地分析本方在谈判中的劣势，并及时采取必要的补救措施。

本方在谈判中的弱项可能是：

——价格高于其他竞争伙伴。

——市场地位比较弱。

——此前双方合作中曾出现过问题。

——谈判对手在法律上的优势。

——如谈判不顺利，缺少替代方案等。

2. 确定谈判目标

厘清签订本协议对本方来说的意义和重要性。

本方的机遇可能是：

——通过谈判能得到什么样的好处或机会。

——为扩展这种机会值得作出更大或更多的妥协吗？

——对本协议来说，长期合作的作用有多大？

本方设想的出发点：向最好结果努力，每一项协议都会产生更多的机会。例如，某个产品进入某项供应环节，会对该系统内所有环节产生影响。

其他的影响可能有：赢得良好的形象，业绩明显增长和长期合作机遇等。

可能的风险：每个谈判者都会本能地、尽可能地隐藏自身的风险或弱点。

那你可能面临的问题是：

——如果达不成协议，你会面临什么样的结果？

——谈判对手的信任度有多少？

此时，需要往最坏处想，做好相应的心理准备，列出如果达不成协议或签不了合同可能会出现的问题和后果。例如，对本方和本公司上、下游合作或其他合同是否会产生不利影响等。

签署合同或协议可能会引发的一系列相关问题。例如，谈判对手不值得信任，那就应该考虑：如果谈成了最佳合作条件，但对方不支付怎么办？

上策和下策的确定（上限和底线）

必须提前考虑到的是：如果谈判不能以预期的方式进行或达不到本方预期的结果，本方必须制定可选择的上限和底线。

多了解一些可能的选择，有利于增加自信和对谈判成功的信心，同时可避免接受一些事后可能产生后悔的结果。

此时，应扪心自问：

——如果谈判不顺，你最好的选择（上限）是什么？

——你最不愿看到的不利结果（底线）是什么？

上限不同于谈判者理想中达成协议的结果，是当其为之努力的合理目标达不到、得不到最佳结果时，必须面对的现实，是有可能在达成协议的目标内、本方预设下线之上达成协议的（中限）。此时，需要作利益权衡，孰轻孰重，作出预案。

同样，在出现如中限也达不到的情况时，需要考虑清楚，你可以接受的下线（底线）是什么。

一般说来，谈判方（在绝望状态下）接受低于自己可接受下线方案的情况，往往是在谈判启动前没有理清自己的底线是什么而出现的必然结果。

厘清本方的底线之后，自己对谈判就有了底气和自信，而这对于主持谈判人的举止、表现乃至最终可能取得的结果是十分重要的。

永远不要打无准备之仗，永远不要同意任何因事前准备不足、事后可能会使自己后悔的协议。

3. 确定谈判的策略

通过上述准备，谈判者对自己在谈判中的地位有了一个清晰的概念。

策略的总体目标是创造良好的开端、掌握和控制谈判的方向与进程、促进创新，保证谈判的理想结果。

选择哪种谈判策略永远取决于谈判双方主动权的掌握情况。谈判者拥有或自认为拥有多少主动权，决定了其会选择哪种策略。当力量的天平向其倾斜时，谈判者的策略会取得预期的效果。但需注意，双方对于谁掌握主动权这一点有着截然不同的看法，且双方优势、力量此消彼长，极不稳定并时而带有强烈的情绪色彩，必须正确地评估谈判双方的优、劣势，并随时调整相应的谈判策略。此外，即使出现对方需要谈判者、超过谈判者需要对方、稳操胜券时，也不要滥用自己的优势，否则会出现始料未及的后果。

由于谈判者十分清楚本方的目标与种种可能，以及迎接谈判对手的方式，那采用哪种策略来应对就已经不言而喻了。

4. 准备论据

在厘清本方要向什么方向、通过哪种路径达到什么目的之后，你已了解了本方可以做哪些让步，以及在哪个环节你可以让步而不影响本方的整体目标。现在最重要的是如何说服对方，谈判者必须要准备有说服力的论据来达到自己的目的。

必须选择表明自己最低限度立场的时机。谈判者如果不做任何铺垫，突然将自己的最低限度方案（底线）表露出来，对方反而不会相信；当对方急于表示本方的努力成果或想得到上司赏识时，绝不可轻易地表明本方的最低限度立场。此时，对方很可能会误解你，最好是让对方感觉到，你是因为他的努力而陷入他所期待的范围的，这才是自然且高明的。一般来说，对方绝不可能从一开始就完全接受你方的提案，哪怕你的方案已超出了对方的预期。

为了说服对手，谈判者要向对方表明，如果接受你提出的条件，对方能得到哪些好处和优惠。

事实上，现实生活中，每个人都希望获得利益和优惠。这并非一定与纯粹的物质主义或利欲熏心紧密相连，而是与人的本性、人的需求有关。人除了吃、喝及睡眠等生存需求外，还有社会需求。如需要社会交往，在团队中的伙伴关系、被认可（承认）和尊重的需求，以及人与生俱来的被重视和被认可的需求（动机），这其中包括：安全、富足和舒适、渴望认可和与众不同等。

从企业或公司的角度看，以下需求对于公司来说是至关重要的：

——提高生产和销售额。

——市场上的长期保证。

——降低成本。

——最大限度满足客户需求。

——企业的正面形象。

——市场份额的保持和增长。

——开拓新市场。

——灵活应对市场的变化。

——企业内部职工的满意度。

对于谈判来说，最重要及决定性的因素是谈判者的论据、论点要始终站在谈判对手的角度去考虑和论述，即必须换位思考、从谈判对手的角度来考虑和阐述论据的可行性。

谈判者应该考虑谈判对手的需求，列出清单，分析本公司、本公司的产品、本方的人员，本方的条件能满足对方的哪些需求。可以直截了当地换位思考：如果对方同意本方提出的条件，可以得到哪些利益和优惠？

在商谈买卖合同的谈判时，如重点谈价格，需要对本方的报价作出准确的评估。其中应考虑的问题有：

——本方的主要目标和次要目标是什么（按重要程度排序，并按 SWOT 标准进行分析）？

——本方的产品有什么特点？

——本方如何帮助你的客户把业务做得更好？

——本方的客户对本方哪些服务给予最高的评价？

——本方在竞争中的长处是什么？

——与竞争对手相比，你有哪些强项、哪些弱项？

——本方能作什么让步和以什么样的方式让步？

——本方希望得到对方什么样的让步？

——本方的底线到底是什么？

——本方需要什么信息、技术或论据来支持本方的方案，哪些需要提前做好准备或数据计算？

——本方对谈判对方的信息了解多少？如个人兴趣、利益、隐蔽利益、背景、对方曾出版的材料、公司介绍、公司运营情况，以及此前双方的合作等。

——是否并如何了解对方的意图。

——预计对方会提出哪些要求。

——哪些是共同点，哪些是分歧？

——本方有哪些论据？

——本方将采用哪种谈判策略？

——对方会提出哪些异议，本方应如何应对？

——在什么地点（本方还是外方处或者第三方地点）进行谈判？

——如果是在国外谈判，需充分了解对象国的政局稳定、社会经济、宗教和风俗习惯等。

重要的是：永远不要打无准备之仗，系统和全面的准备对于成功的谈判必不可少。

——明确自身的目标和利益，目标必须符合谈判特定的情况及自己的行动范围。要将以什么为谈判目标、如何进行谈判等有关问题考虑周全并列出清单：议题（问题）清单、目标清单、会谈可能的成果清单，即上限和下限，本方可能作出的让步计划和要求对方作出的让步清单，以及明确表明自己立场的上下限。

——要提前考虑、评估对方的目标和利益：对方的综合信息、对方的基本利益和隐含的利益、个人利益及谈判对方的总体目标利益等。

确定谈判策略：即评估谈判者自身的强项和弱项，成交的机会，可能的风险等。

——提前准备论据：从谈判对方的角度来寻找（从他们的利益和好处出发）对对方有利、有说服力的论据，大、小论点，找出对方可能提出的异议、说辞和论据，对方所持立场的最大限度，并针对性地做好回应准备。

——如确定去国外进行商务谈判，应事先了解对方国家的国情、社会、法律和投资合作风险等。

第二节　谈判对手

成功的谈判者自身具备外向、令人愉快的性格特征，责任心强、情绪稳定、讲求实际、心胸开阔；具备与推理、决策、处理信息等相关的认知能力，善于学习，具备感知、理解和控制情绪的能力、理解对方思维过程的洞察力和适应变化、获取信息、解决问题的能力；在谈判的前期阶段，注意考虑更多的谈判选择，花更多的时间和精力寻找双方的共同点，而非分歧点，考虑问题的着眼点长远；在谈判过程中，清楚界定商谈问题的范围，遇到不同意见不立即提出反对建议，正确理解对方的观点和话外之音，并作出恰当反应，遇到分歧不夸大其词，不无理辩解，经常正面积极反馈；在谈判后阶段，善于正面总结、评估谈判情况，引导谈判走向成功，及时总结经验教训，以利于长远合作。

与此同时，成功的谈判者必须能够并善于与风格各异的谈判对手打交道。

一、语言和非语言表达方式

（一）人的类型

谈判者必须遵守的第一条原则是塑造值得对方信任的形象、获得对方好感，让对方感到安心，彼此间产生互相尊重、互相信任的关系。一般人都希望和诚实又值得信任的人打交道或交易，这样才能放心商谈。参加会谈必须守时，言行一致；一旦犯错，坦诚承认自己的过失也能赢得他人的信赖。

对人的科学研究表明，一般来说，人依据理智决定事物所占的比例只占20%，而情绪（激情）对于采取决定的过程影响率占80%。最新的研究表明，情绪对于决定的影响比例可能还要高于这个比例。思考、理智，对最终表达的润色、判断和决定起着决定性的作用。

情绪通常优于想法，而情绪是一种非常主观的经验，极度复杂，它能同时受到积极因素和消极因素的影响，它能让我们坐上“情绪的过山车”，陶醉或如坠深渊，且过渡得极快。因此我们需要控制和管理自己的情绪，重视对方的情绪变化，用理智来统领谈判的整个过程。

也就是说，你的谈判伙伴和你本人，很大程度上会受自身情绪的影响。谈判过程中不可或缺的要素之一是谈判者彼此之间存在感情因素。有时候，感情可能是一个人智慧的表现，理性和感情往往是混杂在一起的。既然人是有感情的动物，谈判者作为个人也必然受自身内在情感、根深蒂固的价值观的影响。所以，人为因素、人性层面的情感可能成为谈判的助力，也可能成为阻力。谈判中应善用情感，运用不当，效果适得其反。在谈判过程中，必须不时地自我反省，考虑“人”的因素和当事人的情感因素，谈判和问题的解决才会得心应手。

这就意味着，如果在谈判过程中，谈判者通过肢体语言和语言表达，能将自己正面的感情表达出来，就能使论据更有效果，更容易被对方所接受；在谈判过程中，尤其在激烈争论时，“处理情绪”远比“说话”要重要。如果两位当事者都充满激昂的斗志，根本没有共同协商解决问题的心情，就会抱着上战场一决胜负的心情进行谈判。一方的情绪很容易刺激对方，而恐吓会招致愤怒，愤怒又会引起恐惧。于是，坏情绪妨碍了谈判的进行，谈判进入僵局，甚至破裂。

谈判对方希望从谈判者那里得到理解、认可和导向。一种想象中能激起谈判对方正面情绪的谈话，往往能使艰难的谈判轻松许多，并可能达到事半功倍的效果。在谈判过程中，在用心注意对方语言表述的同时，仔细观察对方内心的态度才是上策。

要允许对方发泄情绪，巧妙应对对方的愤怒、沮丧和反感，让对方把心中的情绪发泄完毕，再引导其理性地进行谈判。耐心地听取对方的指责，不阻拦、不逃避，也不必一一解释或反击，防止对立化情绪激化矛盾，影响谈判结果。

只有当谈判对方认为能得到好处（利益），或想要的方案时才会同意妥协、签约。

（二）通过语言的力量来说服对方

语言是人类传播和沟通使用的一切有意义的符号，包括口头语言、书面语言、体态语言、标识语言和辅助语言等。

谈判是沟通，沟通就是对话，对话是双向的。不管我们喜欢与否，最终信息的效果都产生于信息接收者，而非信息发送者。也就是说，无论接收者听到什么，他都会赋予自己的理解，而不是你认为你已经表达的意思。有效的交流更多是依靠发送者对待接收者的态度，以及同时发出的非语言信息（如肢体、语音、语调、语气等）。

不仅在正式谈判时，在所有人际关系中，沟通都是非常重要的。在人际沟通和谈判过程中，语言是强有力的表达方式。语言能便于人们表达头脑中的目的和想法，能极大地左右和影响他人的活动、行为和想法。但是，每个人说出的话往往包括三个层面：实际表述的字词；准备要表达、暗示的话语；其他人听到的，以及他们认为是我们要表达的话语。在实际对话中，这三者有着相当悬殊、确切的区分层次。语言沟通的困难之处在于语言具有强烈的主观色彩。我们只能听到字面的意思，而对于说话者要表达的真正意思，必须联系上下文和语境来分析、理解与判断。在谈判中，最重要的是在正确的时刻进行正确的表述，明智地选择措辞、表达复杂而多变的用意，进行有效的沟通。只有通过有效的沟通，才能在谈判中建立互信。信任的种子是由我们通过在陈述、解释、要求、回答和提问中来培育的。对方能否接受你说的话，在很大程度上取决于他根据你的学识、权威、专业知识、可信度，以及他的人生经验等对你形成的第一印象。所以，对于谈判而言，只有清晰、简练、正确的话语才能影响那些听取它的人们的思想。

谈判时，将对方看成是一起解决问题的同路人，将对方导入共同的关切和话题，是一种行之有效的办法。主谈人的最佳、最具说服力的角度是从对方的立场出发、有针对性地表述（共同但又有差别的）利益或好处（优惠），才能成为最佳论据，才容易被对方接受。

为此：

——在陈述时，要用第二人称的尊称“您”直接陈述，言简意赅，拉近距离，直面对方主谈人。

——在面对面谈判中，尽可能少用“据称……”“有人说……”“应该这么理解……”等容易产生距离感和主谈人之间隔阂感的说辞。

——尽量少用“我”这个字。过多地用“我”字，容易引起对方的利益或好处被忽视、产生不够被重视的感觉；但当产生分歧或问题时，采用“我的意见是……”反倒是合适的用词。

——如果在谈判过程中，出现对方生气或产生误解的情况时，你可以使用“我向您致歉”“也许是我没有向您讲得足够清楚”等措辞。

——在对某个观点或意见表达不同意或不满意时，也可用“我”，如“我对您如此不重视我方的建议感到失望。”

也可以多采用“我们”这个词，以表达伙伴之间建立起互相信任的气氛。信任是使谈判双方坐在一起解决问题的黏合剂，也是我们在生活和谈判中建立各种关系的前提。在强调双方共同点时，用“我们”可以起到强调的作用，如“让我们总结一下我们的共同点、我们今天会谈的成果……”但在交锋时，不能使用这种话语。否则，容易使对手产生被俯视、被忽视或轻视的感觉。

总而言之，在表述过程中，谈判者必须遵循的表达原则是只说自己想说的话，并以正面的语言、语态、不同的方式来阐述自己及本方的观点和立场。

正面表述与回应

人们在表达意见的过程中，往往习惯以负面的语气、口吻来表达正面事物。如“您肯定不会为同意此项协议感到后悔的”“您同意我的建议不会错的”，等等。你想通过以上表述来说明正面的、肯定的事项，但对方往往会留意诸如“后悔”“错的”等词。如果能换成下面的说法，效果会好得多：“您如果能同意此项协议，我们感到十分高兴。”“您若同意，那您就为双方合作做了一件大好事……”

同样的负面说辞也尽可能不要在你不同意对方意见时使用，例如，当用“我不想再重复我的介绍来占用大家的时间”“我不想用我方的开价来欺骗您”“本来应由我的同事来和您商谈的……”时，对方听到的是“占用时间”“欺骗”等字眼，会以为你低看他或蔑视他。这种情况下，他就会自问或者反问，你是否有能力、有授权作出相关的决定。

总之，无论谈判者是谁，谈判者的目的都是为了取得满足自己利益的结果，这是谈判的重点。然而，除了追求自身利益之外，与对方保持友好、长期合作关系也是谈判者不应小视的重点之一。对于有着长久往来的合作伙伴、商家、顾客、家人、同事和朋友而言，感悟“人和”的含义、维持目前的关系，加深彼此间关系，往往比谈判一件个案更为重要。“买卖不在，仁义在。”就说明“和”在沟通、交易中的重要性。在谈判过程中，无论出现哪种场景，一定要采用积极、正面表述的方法，力求避免采用可能挑战、激怒对方的言辞和肢体语言。

在阐述过程中，应该避免采用下列言语：

——“实际上（事实上）……”

——“正常情况下……”

——“原则上来说……”

——“可能……”

——“也许……”

采用类似上述言语，表明谈判者自己对本方的观点也不确信。比如：

——实际上，我们的顾客对我们的产品总是很满意。

——原则上说来，这些方案会使您盈利。

——在我看来，您的想法……

在大多数情况下，最好也不要采用带有条件的、不肯定的说辞，如：

——如果您降价 10%，我们今天就有可能签署合同；

——如果……我们就能有长期合作的可能。

如果在你的表述中充满着不肯定、不确切的信息、话语和语气，那对方也会不确定。

如采用下列语气，说辞将更有说服力：

——如果您给我们 10%的降价，我们今天就签合同；

——如果……我们就有机会进行长期的合作。

谈判者要说服对方，首先自己要对本方的理由及观点充满自信和信心，并注意将人际关系与问题分开，分别加以处理，避免将解决实质利益和维持友好关系（关系利益）混为一谈，以正确的认知、清晰的沟通和适当的情绪去处理谈判中的人际关系，不要为了迁就人际关系而作出实质的利益让步，反之亦然。

（三）**正面、积极的态度**

一般情况下，当谈判对手深谙谈判技巧时，谈判者很难从对手控制得很好的语言表述中看出他们的内心流露，但人的肢体语言是很难掩饰的——哪怕是个好的演员，只有当他进行多次排练之后，才能演好他的角色。

从这个内在原因出发，谈判者内心的正面心态十分重要。所以每场谈判之前，谈判者要：

——从内心尊重你的谈判对手。

——谈判中，占据平等但有利的立场。

——确信你的建议和条件对对方来说也是有利的。

——通过商谈，对方能提出或接受最佳的方案（双赢）。

——如果谈不成，你还有别的选择方案（并非背水一战、你死我活，或在一棵树上吊死，尚有退路）。

不妨想象，上司或老板将你叫进办公室后，继续埋头看文件、头也不抬地对你说："你最近干得不错，好好干，现在交给你一项重要任务。"你的内心会有被尊重、认可、激励的感觉吗？会产生更加努力的效果吗？如果上下级关系尚且如此，那么，在谈判场上平起平坐的谈判伙伴之间发自内心的互相尊重、平等更是所有成功谈判的前提和贯彻始终的重中之重。

谈判开始前，你需在内心衡量，如上述事项还未准备妥当，那么一定要坚持准备好了再商谈。你是否胸有成竹，能否给对方留下第一正面印象是至关重要的。第一印象往往决定整个谈判过程乃至最终结果。

（四）**产生好感**

人们的主观感受往往会凌驾于客观因素之上，所以，人往往首先会对带有感情色彩的言语、举动作出反应。在实际生活中，经常发生的是，有人在谈判过程中接受对自身来说比较差的方案，这主要是因为谈判伙伴之间的某种始料不及的特殊因素产生了作用和效果。在谈判过程中，产生好感这一因素，有时会起到决定性的作用。此时，谈判者可以在一定程度上施加影响，当谈判对方认为或发现和你有着许多共同点时尤为如此。

1. 非语言信号（肢体语言）

肢体语言是指由人的身体部位的各种动作和脸部表情来代替语言本身表

情达意的一种特殊语言，是以表现与观察为传播方式的语言符号。

作为语言交流的补充，还有大量的非语言信息在人们之间进行着无意识的传递。一个人的举止及行为经常和他所说的话一样有说服力。动作是心理状态的展现，当谈话人的肢体语言与口头语言一致或反应协调时，此人是具有说服力的。当一个人说的话与他的肢体语言产生矛盾时，其他人会相信非语言信息是真实的，从而会有意识地忽略语言信息。因为对方脸上的表情与态度，很可能比他所说的话更淋漓尽致地表达了其内心的感受。因此，非语言交流往往比语言表达更加重要，更加需要加以观察、留意。

在谈判过程中，要细致观察对方的一些细微的暗示，根据谈判现场的具体情况和谈判的问题，弄清这些暗示的真正含义。暗示是指间接发出的信息，一般说来，暗示可归纳为：无意识的暗示（偶然的信息）；口头上的暗示，指声调或语气的改变，传达出与口头表达话语矛盾的信息；行为上的暗示，指态度、面部表情、眼神、手的动作（拍肩膀）等表达的肢体语言，包括脸红、眼珠转动、眨眼频率等面部微妙的表情，暗藏玄机的音讯、声音、节奏、语气、停顿、长时间的沉默，以及千姿百态的手势动作等都包含在非语言信号的概念内。

人的肢体语言会透露出人内心的某种状态。在会谈过程中，从谈判者身体的某个姿态或动作中可以解读出其内心的某种闪念或波澜。例如，当对方将双手交叉在胸前时，表示希望停止谈话，这时再去说诸如“我对你的任何建议都持开放态度”等已经是不适宜的，于事无补。

非语言线索不仅是揭示和理解对方真实需求的重要信息来源，也能显示出一个人的内心情感和深层次感受。因为有些肢体动作是无意识的，人们经常对自己透露出来的非语言信号浑然不觉。

谈判者应该十分关注对方的肢体语言，重视对方肢体语言所表达出来的重要信息。尽管许多优秀的谈判者久经沙场，堪称优秀的演员，能很好地隐藏和掩饰他们内心的想法及感受，但仍会出现一些小小的失误和遗漏，暴露出他们的真实情感，就如同优秀的演员也无法自始至终对表演的角色做到完全的把控。在谈判过程中，应仔细观察并判断对方的非语言信息：

——是开放、友好的肢体语言？

——与他口头表示出来的意愿一致吗？

——他的（肢体）语言表示同意还是不同意？

——谈判对手通过肢体语言表现出控制欲强还是怯场？

——他是在试图隐藏什么吗？

读懂人的肢体语言是评估他人心理的一种有效手段。对下列一些肢体语言及可能含义的一般性解读，可以有不尽相同的解释，应同现场场景和不同人员的具体情况结合起来作更具针对性的具体分析后，进而加以采用。

一个人的面部表情可以传递很多信息，包括这个人的所思所想和感受。精神力量可以使人的脸发生极大的变化，人的脸部经常在本人毫无察觉的情况下“泄露”人的情感和精神状态。脸色的变化会透露出人的真实感情，表示他的“情感锅”里正烹饪着某种情绪。

通常脸红是由于面部交感神经系统被激发，使脸部、耳朵和脖子的毛细血管膨胀所引起的。这是人在激动或愤怒时的非语言线索。当你获取或表明态度时，要注意谈判对手的脸色变化。如果对手的脸变红的话，就可能表明他不够坦率，或在试图隐藏一种目前不宜表现出来的情绪，或者是对方太紧张了，亦或是对你的提议或开价感到兴奋等。

头部：

——头部挺直，表示集中注意力。

——头部稍向后倾，可能表示傲慢。

——头向一侧稍倾，表示在回忆或积极（正面）听取。

——头向前倾，表示累了、乏了。

眼睛，是心灵的窗口，可以透露出很多信息：

——目光直视对方眼睛，表示互相理解和有兴趣。

——回避目光接触，可能表示不自信、不确定或企图隐藏什么（有不可告人的目的）。

——瞳孔放大，在遇到出乎意料或令人兴奋、惊奇的现象时会出现。

——眨眼的频率，谈判伊始，人们并不紧张，此时应观察对手的眨眼频率。谈判过程中，如眨眼频率明显高于平均数，就说明对手紧张、愤怒或试图撒谎、拖延时间、掩盖真相等。

面部表情：

——面部肌肉抽搐或微小颤动，是高度紧张的结果或表示对眼下情况并不满意。

——嘴角下瘪，是厌恶或悲伤的反应。

——咬紧牙关或下颚收紧，很可能是遭受挫折的表现。

手和手掌：

——说话时慢慢抬起双手并张开手掌，表示持开放态度并乐于交换意见。

——手背展开，表示信任、确定和自信。

——手心向上，可能表示怀疑和不确定。

——捏紧拳头，表明力量、决心、紧张、战胜、进取性甚至攻击性。

肩膀和手臂：

——一只拳头击打另一手掌，表示愤怒、情绪化或想把观点引回正路。

——肩膀松弛，表明自信和自我感觉良好。

——耸肩，表示怀疑、不确定。

——始终端着肩膀，可以表示恐惧、紧张。

——耷拉着肩膀，可能表示不感兴趣、迟疑或者自卫心理。

声音：

——咳嗽，人在紧张或不自在时，会下意识或不受控制地发出某种声音，比如连续咳嗽。如果在谈判期间、讲话过程中某人突然咳嗽，则很可能暗示着对方很不安、紧张或处于一种不确定状态；当一个人迫切地想找出话来说的时候，咳嗽也可以为他争取更多的时间，这种咳嗽多半是伴随着焦虑造成的喉咙干燥而引发的。

——无休止地或无意识地敲击、转动铅笔或跺脚，表示焦虑或受挫。

——敲手指头，故作轻松、自信来掩饰自己的紧张和不自信等情绪。

——用舌头顶住上颚发出“啧啧”声，往往是人们沉思或苦苦思索解决办法，集中注意力的一种无意识行为。

——沉默或无声状态，如有应该参与意见交换时出现不同寻常的长时间停顿或不时陷入无话可说的尴尬状态，很可能表明对方正在清理思绪，试图搞清楚刚发生的事并思考对策，往往是你刚说的话出乎对方的意料或令对方费解，对方处于不利地位，一时想不出扭转劣势的办法。

衣着服装也应作为一个因素加以考虑：如果谈判者不仔细选择你的服装，或你服装的质量或远远逊色于谈判对方的衣着，那么其在谈判过程中将会给自己的说服内容和对象增加说服的难度。想象一下，如果你的谈判对手是一个十分保守的人物，且穿着十分讲究和得体，而你穿着牛仔裤和T恤衫来主谈，其后果很难想象。

语言是强有力的沟通工具，它能极大地左右并影响他人的活动、行为和想法，掌握好语言也是进行成功谈判的关键之一。语言和语气也是一个重要的因素：语言可以用来强调共同点。比起藐视对方的观点或面对两者之间差异较大的谈判对手来说，如果你的讲话和站的角度（高度）与对方在同一水平上，就更容易获得对方的好感和认同。当然，顺着对方的话语往下讲是有一定限度的，但一定要发自内心，真诚的态度和恰当的表达是获得好感和认同的关键。

如果对方的谈吐条理井然，则表示对方有周全的准备和充分的自信；相反，如果对方语无伦次，至少表示对方心不在焉，情绪不稳定或准备不到位。

共同的利益、共同的兴趣和共同的爱好也同样可以在瞬间令对方产生好感。在谈判过程中，一些和谈判本身无关的细节，如个人的经历、共同爱好、相同兴趣点等，应引起必要的注意和重视。在谈到类似问题时，要表现出兴趣并注意聆听。如对某个收藏或挂在墙上的画表现出兴趣，同样也可以引出话题、创造出谈判的良好气氛。

女性天生就具有知道如何用非语言方式控制他人的本能。女性往往可以通过观察男性身体语言完全了解他们的想法。她们对男人的手势、体态、面部表情和声音更具感知力，能读懂他人的基本情感，从而拥有巨大优势。女性的直觉往往比男人准确，且女性对细节的观察能力也比男性强。如果团队中有女性成员，在谈判间歇进行集体讨论时，可让她们先发表意见，表达感受以及对当前形势和对方个体的认知。倾听她们的意见，往往会有意想不到的收获。

对谈判对手的好感或感觉，很大程度上取决于谈判者对偏见的理解和处理方式。每个人都有偏见。你的谈判对手可能与你对他的印象有截然不同的表现。建议不要试图扭转他的立场乃至偏见，不要去反驳他。因为人往往在获得认可和赏识之后，就比较心平气和，容易听得进他人的意见。你如果想谈判成功，就听取、接受或者婉转地表达不同意他的说法，而不是去试图打断或改变他。反驳，尤其是当场、直接驳斥，很快会导致他拒绝你的意见，或采取不合作态度，或者不开口。对方如因此不再开口讲话，甚至表现出“话不投机半句多”的情绪，谈判者就永远不会发现别人的要求、所需和企图。这是一条简单、但重要的谈判规则，必须予以重视。

在谈判、交流过程中，应注意人际交往中东方文化和西方文化中的谈话忌讳、礼遇忌讳、举止忌讳和语气忌讳，切记“己所不欲，勿施于人”。有关谈话忌讳主要有：个人隐私、他人履历、工资收入、婚姻状况、私人财产、衣着价值、批评尊长、非议宗教、种族歧视、嘲弄异性、荒唐淫秽。礼遇忌讳主要有：违背常识和习惯、打破常规和次序、未形成共识或事先商妥的执意安排、随意而不对等、衣着不整、冷落他人、一言堂、轻易表态、打断异议、纠缠不止、随意插话、强人所难、不告而别。举止的忌讳主要有：手舞足蹈、喜怒夸张、以手指直指对方、拉拉扯扯、左顾右盼、目中无人、频频看表、伸懒腰、哈欠不断、当众梳妆、歪斜躺坐、抖动腿脚。语气忌讳主要有：高谈阔论、大声喧哗、恶言恶语、恶意嘲讽、阴阳怪气、反复无常、激怒指责、出言不逊、争吵辱骂等。

2. 倾听

谈判过程中，谈判者必须谨慎地集中精神、专注地倾听和观察、密切注意一切相关事情、事态的发展。从观察中了解对方的感觉、动机及真正需求。倾听是无害让步，善于倾听，需要耐心和自律精神，可以了解对方期盼，引导谈判方向。一个善于倾听的人，一个倾听比说得多的人，通常也倾向于接受基于共同需求而非个人感兴趣的主意或想法，更容易得到对方的信任。真正懂得谈判之道的人总是能听出名堂、弦外之音。适时、得当、有针对性的反应比口若悬河的夸夸其谈更能解决问题；一名成功的谈判者一定要运用倾听的力量，用有效的倾听来扩大信息源、增加自己的学识、增强说服力，提高谈判的成功率。

倾听是沟通的“催化剂”，倾听是获得好感和汲取智慧的第一步，也是谈判成功与否的关键。在倾听的过程中，最重要的是了解对方的言外之意、其省略了的、那些没说的内容。当谈判者开始倾听时，也许就是其开始自问一些相关问题、注意细微的暗示、弄清对方话语中真正含义之时。

要进行“有效的倾听”，即给予对方机会来表达他们的感情、思想和观点。当对方阐述时，一定要闭上自己的嘴巴，即使不同意对方所说的话，也不要打断，同时，应该记住你不同意的地方，等待一个合适的机会给予回应。耐心等待对方把话讲完并轮到自己发言时再讲，需要很强的自我节制力。这不仅是对对方的尊重，也是谈判者需要养成的职业素养。

认真倾听对方的话，可以起到也让对方认真听你讲话的“回报”。而且你这么做，也能给自己多一点时间和缓冲，以把自己的反应及想法归纳成逻辑性更强而非感情用事的话，然后再讲出来效果更好。成功属于更有耐心和持续力的谈判者。对方会从被倾听与被了解中获得满足感。倾听的标准方法就是细心地听取对方所说的话，让他能够明确又充分地说明自己的意见。如果有不明确的地方，不妨让对方重复一次。倾听对方说话时，不必首先考虑如何回答或反应，要试着站在对方的立场上去了解对方所说的，体会他的愿望、想法和顾虑。当然，了解并不表示同意，你可以充分了解对方的立场，但却完全不赞成。但你的倾听，可以向对方表明，你没有误解他们的意思，可以在倾听的基础上主动引向问题本身，从而提出建设性解决问题的意见。

（五）开始谈判

把握谈判进程的要点是：注重开局和直至结束的每个谈判过程和细节。

1. 友好欢迎，建立信任

——友好欢迎、热情相聚、以礼相待是成功谈判应有的规律。通过良好的开局，双方诚恳相待、共同确定谈判目标，树立信任和信誉，使谈判走向双方希望的目标。

——开宗明义地阐述本方关切、观点、主张和立场。表述要开门见山、有理有据、合情合理，以对方能够听得懂的语言和听得进的方式阐述本方观点至关重要；利舌赢得百万兵（金），说一千、道一万，不如找准穴位、说到点子上。针对关切、表达诚意、互利共赢、寻求共同点，扩大共同利益和共识是关键。

——塑造诚实谈判者、值得信任的伙伴形象，了解、熟悉谈判对手，建立正常、良好的个人关系。尊重对方，尊重谈判对手，培养互信、建立伙伴关系而不是对手甚至对头的心理和气氛。本着将问题与人分开的原则进行谈判，对诚实的伙伴不使用诡计，沟通将更加畅通。

2. 解决分歧，求同存异

——将对方视为具有达成协议共同责任、并肩作战的同事，寻求彼此有利、公正解决方案的伙伴。

——不强加于人，双方各为其主，都有自身的不同利益、关切、需求、选择的权利和内在动因。

——没有争议的谈判是不存在的，正因为有争议，才需要双方坐在一起进行谈判。成功谈判的过程，就是互相接受对方观点中正确、合理、有利和被理解观点的过程。

——先求同、后解异，坦诚、直面问题，不回避分歧。明确表明本方理解对方的立场、利益、合理关切的诚意，力争改变对方预期，但又不过多地流露出本方的底线、渴望。问题是由分歧引起的，解决分歧也是双方的共同点和利益所在。

3. 换位思考，求同解异

——双方有多重利益，任何一种利益关系往往因为不同的立场、层面有不同的考量。对于不同的立场、观点，谈判者应在认真听取、真正理解的基础上，表示出解决分歧的能力和智慧，克服分歧、做大蛋糕、寻求共同利益。

——坦诚的含义为，诚实敞开心扉，而非美化、掩饰或夸大地表现自己的感情和想法。坦率与诚实是阻止别人对事实歪曲和蓄意误导的最好选择。

——引导开展以原则为重心的谈判，对事不对人，看重的是双方的利益而非立场，目标是在寻求彼此互利的解决途径，又不违背双方认同的一些原则和标准。如各方过分坚持自身立场，而将可能达成一致的原则立场置于纷争之中，则往往适得其反，反而达不成一致。

谈判的开局将给整个谈判进程留下烙印，而最初的负面印象是很难在谈判过程中纠正、补偿过来的。

为营造良好的气氛，有以下一些建议可供谈判者采用：

——以友好、热忱的态度欢迎对方。此时，肢体语言有着重要的作用。脸上有友好的笑容，真诚地直视对方，采用热情的语言、兴奋的姿态，郑重宣布会谈开始，并表示真诚的期待、兴致勃勃地和对方开始即将进行的会谈。

——称呼对方的姓名，以示亲近。

——强调你们之间的共同点。

——指出正在进行的会谈将给对方、双方带来的利益和好处。

——表现出本方信任、真诚、坦率的态度。

在会谈开始及整个会谈中关注谈判对方的神态和肢体语言：

——审视并判断谈判对方是否友好、开放。

——对方此时的表情、神态是否对你的行为举止有所呼应？

——在会谈过程中，他是否与本方进行呼应，他的表情及神态是否有变化？如果有变化，能否被用来进行互动？

——对方是否试图将你的注意力引向其他方向？

当对方讲话时，应认真听取，用心评判对手的目标和需求：

——他真正的、秘而不宣的目的和利益是什么？

——他有什么样的个性，其看重的是什么？

——他对达成协议有多大的兴趣？

——他对迄今的合作满意吗？

——他对你本人和他的竞争对手如何评判？

——他究竟需要什么？

为使谈判能够顺利进行，可以按照以下四个步骤进行商谈：

——从对方的观点来解读和看待问题，诚心诚意、透彻地分析、了解对方的需要和顾虑。

——认清关键问题和彼此的顾虑（而非立场）。

——寻求彼此都能接受的结果，照顾彼此顾虑，解决对方核心关注。

——商讨达成双方有利结果的多种可能途径。

在会谈过程中，提问和认真听取对方的意见甚至比自己陈述还要重要。

谈判的基本规律是：采用兔子原则，即在谈判中，对方讲话占三分之二，本方讲话占三分之一①。通过有效的倾听，谈判者能够捕捉到对方微妙的需求、确认对方的兴趣点、判断出坚持或妥协的可能性有多大。在此规律下进行的会谈，能得到对正在进行或此后的会谈十分有用的信息。

四、综述

在谈判过程中，我们不仅要控制、管理好自己的情绪，还要留意谈判桌旁其他人的情绪。积极的情绪能促使我们与对方合作，并使气氛变得更加友善。如果我们流露出积极的情绪，就会使对方感到很自在，也能让对方感到我们很大度，创造出一种使人们更为开放地去倾听的环境和氛围，使谈判各方变得更容易合作或妥协。如果我们表现出消极情绪，就会使自己显得好斗而不好合作。虽然我们每个人在不同场合都会产生某种程度的消极情绪，但我们必须学会管理它、控制它，因为情绪（尤其是消极情绪）“成也萧何、败也萧何”，它能够改变谈判结果，从可能达成协议逆转到谈判各方都退出谈判。

人是感情动物，在准备每次行动前，都希望知道此行的意义和好处。在谈话过程中，要采用“想象力”和“利益、好处”两点作为陈述和介绍的起点。而介绍“利益、好处”一定要从谈判对方的角度来看待或陈述（设身处地从对方角度设想）。换位思考，就更容易实现自己的目标。

——在陈述过程中，始终采用“您”等尊称，表示尊重和直接面对谈判对手。

——从对方角度来探讨和商榷问题。

——当出现争执、不同意见时，采用第一人称“我”，而在表达共同观点时采用“我们”较为合适。

——采用正面、积极的话语，尽可能避免负面、消极的语言，不得采用可能激怒对方的语言和词语。这不是鼓励人们不诚实，只是鼓励谈判者把握合适的时机和运用合理的措辞。管住自己的嘴巴，永远比不得体的直率更为有效。

---

① 兔子原则：兔子有两只耳朵，但只有一张嘴。

——当你意识到将要讲出的信息或不同意见会给对方造成消极影响时，说话要尽量婉转，“我要说的话可能使您不安，但是为了坦率和诚实，我不得不说……”等，当一句刺耳或批评的话加入“软化剂”来缓冲时，将会大大降低情绪激动带给人们的不利影响。

——内心应始终保持自省心态与关注举止是否得体，内心心态会影响肢体语言。将自身的心态调整到对会谈和谈判对方的正面情绪及心态上来，尊重对方，尊重对方利益的正当性。

——会谈前，回顾一下会谈的重要性及对对方的好感等正面因素。

——注意观察谈判对方的神态、举止和肢体语言，以及这些肢体语言表达的内心状态和内在关系内涵。

初次见面的印象很重要，故应力争设计得恰到好处，实现好的开局并努力建立信任关系。通常情况下，人与人之间，包括谈判者和谈判者之间建立信任关系非常困难，但失去信任却极其容易，并且很难重建。通过诚实可靠的谈判来证明你的可信度，将会使你的谈判工作更加顺利。

（1）应予以避免的、令人不快的话语：

① 不可能！（真的吗?）

② 我不再重复。

③ 我没说过这样的话。

④ 你们应该考虑以下因素……

⑤ 你们这是走错道儿了（判断错了）。

⑥ 这是不可能的。

⑦ 这里你们错怪我们（理解错了）。

⑧ 你这里我得纠正一下。

⑨ 这才符合逻辑。

⑩ 如果你们不考虑……就会……

⑪ 这对我来说无所谓。

⑫ 从理论上讲，你是对的。

⑬ 这不符合事实。

⑭ 这很简单。

⑮ 虽然是这样，但……

（2）在与上述（1）相对应的情况下，谈判对方可能的解读和误解为：

① 你以为我们傻吗？
② 我们是在学校挨训吗？
③ 我也没说过这话呀？
④ 我们就不该考虑……
⑤ 那你们也错了；
⑥ 那，让我们使它成为可能不就行了吗？（——较劲）
⑦ 是我犯傻了？
⑧ 是吗？那我哪儿错了？
⑨ 这么说，我说的就不合逻辑了呗！
⑩ 多么饶舌的家伙！
⑪ 那对我来说也无所谓！
⑫ 那从实际角度上讲又是什么呢？
⑬ 照这么说，我说瞎话了？
⑭ 我的天哪，我有这么蠢吗？
⑮ 我被当成一个傻瓜了！
（3）建议将与上述（1）、（2）相对应的话语，改成以下表述：
① 我看这件事是这样的；
② 完全避免采用类似的话；
③ 我认为……
④ 我请您考虑……
⑤ 避免说类似的话；
⑥ 我看是否有另一种办法；
⑦ 这儿我可能表达错了；
⑧ 从我个人的角度来说……
⑨ 我是这么看这件事的……
⑩ 放弃说类似的话；
⑪ 请您来决定……
⑫ 我暂时还没搞懂……
⑬ 这是我第一次听说；
⑭ 我的解决方案是……
⑮ 除了……之外，情况是这样的……

如下表所示。

应予以避免的令人不快的话语	谈判对方可能的解读和误解	建议改成以下表述
不可能（真的吗?）	你以为我们傻吗?	我看这件事是这样的
我不再重复	我们是在学校挨训吗?	完全避免采用类似的话
我没说过这样的话	我也没说过这话呀?	我认为……
你们应该考虑以下因素……	我们就不该考虑……	我请您考虑……
你们这是走错道儿了（判断错了）	那你们也错了	避免说类似的话
这是不可能的	那，让我们使它成为可能不就行了吗？（——较劲）	我看是否有另一种办法
这是你们错怪我们（理解错了）	是我犯傻了?	这儿我可能表达错了
你这里我得纠正一下	是吗？那我哪儿错了?	从我个人的角度来说……
这才符合逻辑	这么说，我说的就不合逻辑了呗!	我是这么看这件事的……
如果你们不考虑……就会……	多么饶舌的家伙!	放弃说类似的话
这对我来说无所谓	那对我来说也无所谓!	请您来决定……
从理论上讲，你是对的	那从实际角度上讲又是什么呢?	我暂时还没搞懂……
这不符合事实	照这么说，我说瞎话了?	这是我第一次听说
这很简单	我的天哪，我有这么蠢吗?	我的解决方案……
虽然是这样，但……	我被当成一个傻瓜了!	除了……之外，情况是这样的……

第三节　问话的种类和交谈的技巧

一、谁会发问，谁就掌握（会谈）主导权

成功的专业谈判者知道如何走进别人的头脑。他们会运用各种方法和技巧，去洞悉对方的想法、发现对方的需求、捕捉对方思想中的蛛丝马迹，以追踪、揭示对方的动机，犹如一位心理侦探专家。为了达到这一效果，要具备以正确的方式提出正确问题的能力，即掌握发问的技巧。出于了解对方需求的目的，提出打动人心的问题，有意识地获取对谈判有用的相关信息。

让对方正视问题的最好方法是告诉他们有哪些问题。过分武断地提供自以为是的答案容易引起对方的反感，找一些问题来问对方是比较可行的办法。不要直接将答案告诉对方，最好问他有关的问题，让他们自己去找答案。问一些如何解决麻烦的话是一种值得采用的有效方法。可将双方的注意力集中到彼此关心的问题上，找出能满足对方需求的可行办法以及公平解决双方差异的原则。

在谈判前的准备阶段，应挑选出最佳的“问什么”(What)、“如何问”(How)、“何时问”(When) 等问题，并反复演练。“问什么”要精准地探讨对方将要提出什么问题，以及将要提问的是什么人；“如何问”涵盖了仔细权衡所提问题的措辞；“何时问”针对的是提问的时机。提问是一种强有力的、有效的谈判工具，恰当的提问往往能驾驭谈判的进程，但必须审慎地加以选择采用。如果处理不当，会引发问题，并使谈判者陷入困境之中。同样，选择提问的时机也十分重要。如提出的问题过早地透露出对方的需求与实践需求的差别，你将使对方关上交流的大门，而一无所获。如何远离那些无法控制（答案）的问题，提出一些对方容易作答并能提供简单、明确信息的问题是成功谈判者的绝活儿。

二、提问的形式

基本的提问形式主要有以下几种。

一般性提问："你的想法是什么？""你为什么这么做？"，等等，这种提问没有限制，回答也可以是千差万别的，所以，提问者根本无法控制这类提问的答案。

直接性提问："谁能解决这个问题？""谁负责处理此事？"，等等，对方可以回答，也可以回避。与此相比，有效的提问可以是"您有什么建议？"等，有效的提问通常才会得到对方直接的回答。

诱导性提问："您同意……吗？""事实是……吗？"这类提问是提问者处在某种支配地位，使回答者限定在特定的范围内。

直奔主题的提问："哪里？""是谁？""何时？""什么？""如何？""为什么？"，等等，类似的提问是为收集信息而问。前三个问题无法被提问者所控制，而后两个提问有时可受提问者支配。

探寻式提问："您的看法是什么？""您认为……""您希望……"这些问题可以帮助你从另一个角度探寻对方最迫切的需求和不切实际的需求。

三、提问的类别

从提问的方式可以将提问按以下类别予以划分。

（一）沟通式提问和导向性发问

沟通式提问和导向性发问由于其目的不同而不同：

——在了解相关信息和对方立场时采用沟通式提问；

——导向性发问的目的是将谈话引向希望的方向（话题），面对谈判对方的不同意见，将会谈、谈话向本方主谈人希望的方向引导。

不要过度使用甚至滥用沟通式的提问方式。如果提问过多，谈判对方会觉得好像面临提审过堂一样，尤其是连珠炮似的发问，使对方很容易被激怒而变得不耐烦、不友善。所以，提问必须以聪明的方式提出。如果你能首先解释一下（"为使我更加准确地理解您的话语，请问……"）再提问的话，往往可以得到对方更好的回答。

以积极、正面的心态听取对方的回答。这就是说，集中精力、聚精会神地认真听取对方的回答，尝试理解对方的内心状态和感情，以达到了解对方内心深处信息的目的。

（二）开放式提问和封闭式提问

应将对方表述出来的立场和观点看成是一个了解对方的机会，而不是障碍。

根据问题的提出，可将提问分成开放式和封闭式两种。

1. 开放式提问

此类提问都是用疑问词“什么”“怎么”“如何”“为什么”等开始，无法用“是”或“不是”来回答的提问。这一类问题，可以诱导对方说出心中的话，并从中找出隐藏的动机。例如：

——您如何看待贵方未来的规划？

——您怎么看待我们迄今为止的合作？

——您怎么评价我方这个建议？

——您的意见意味着什么？

用认同的语气带出你的问题是很好的方法，表达了“我了解您的意思，我确信您这么做一定有其意义，您能向我解释一下吗？”的态度，面对你的关心和尊重，配上你的语气和面部表情以及其他肢体语言，对方一般都难以抗拒并避而不答。

开放式提问可以为你带来以下好处：

——促进思考；

——提出这类问题后，往往可得到新的补充信息和意见；

——有利于进行开诚布公的对话；

——为某个话题打开话匣子；

——给回答者留下开放的回答空间；

——不留下施加影响或强加于人的印象；

——为研究问题作好充分准备；

——通过开放式提问，尽可能避免对方说出决定性的“不”。

开放式提问的目的，是得到对方详尽的回答，并在放松、轻快的气氛下了解对方的意图和想法。在此过程中，尽可能少用“为什么？”这类问话，否则容易造成对方必须证明或捍卫对方观点的亢奋，甚至激怒对方或引起不快，引发对方抗拒和反击的心理冲动。

2. 间接提问

为了解相关原因，应采用间接提问法：

——您晋升到这么重要的岗位上，什么因素最重要？

——您的怎么被提拔到责任如此重要的岗位上的？

——您看起来很坚持，我很想知道为什么……

——请您详细地告诉我，为什么这一点对贵方这么重要？

3. 封闭式提问

封闭式提问是指可以用“是”或“否”来回答的提问。此类发问主要是针对口若悬河的对手的，它要求并迫使对方对会谈的问题和话题作出简单、明确的答复，但从对此类发问的回答中得到的信息量较少。此类提问往往是在谈判者希望了解会谈结果或对某个问题表示明确态度时采用，但此类发问存在将对方逼入墙角、让对方产生就是不回答的念头，故需审慎择机使用。

在面对媒体的封闭式提问时，政治家们往往采用开放式提问的回答方式予以应对，以尽量避免直接说“是”或者“不是”。

作为有经验的谈判者，应能从容应对这类局面，运用技巧、自在自如地回答这类封闭式提问。

封闭式提问的目的是：

——你需要了解对一个问题、观点的明确意见。

——希望将问题集中到某一点上。

——需要得到对方“行”或“不行”的明确答复。

四、提问的种类

1. 了解需求的提问

为了了解对方的需求，应收集很多信息，如原因、愿望和代表性等，故尽可能采用开放式提问。

2. 试探性提问

试探性提问一般采用开放式问句，从而了解对方的立场和观点，可以用来了解对方对于政治、工作环境，以及和会谈议题相关问题的立场，等等。

如“怎么做才公平呢?”等的提问，有助于转移彼此的立场，而使双方专注于寻求公平的结果；而“为什么不……”式的提问，比较适合对方不愿意说出他们的心思时，可以通过此种绕个圈子的迂回方法得到想要的答案。

了解了对方对于讨论的相关问题的观点及立场之后，在本方陈述时可以采用相关的信息：你可以强调与对方在此问题的一致性和共同点，以营造会谈的良好气氛与好感。同样可以采取避而不谈枝节问题上的不同意见和观点的做法，以避免节外生枝、引起对方可能产生的不快。

3. 澄清式提问

在会谈过程中，如果对某个问题没有理解其含义或不敢确定是否如此，可以及时提问。否则，如对某个问题或条件不清楚或没搞清楚其含义就贸然同意或否定，会导致出现重大失误。对谈判对方提出的技术术语和合同条款、条件要足够清楚后再表明态度，也是需要引起重视的一个环节。

有些人生怕由于提问或承认对某个问题不了解，会给人留下自己无能或无知的印象，进而采取不懂装懂的方式表示明白。恰在这时，你应设想，这可能是对手设的使你不自信的一个“套”。不是所有的谈判方都能以诚为本，一些谈判对手故意含糊其词、故意采用违反正常、合法条款、意在单方面得到好处的技术术语，从而谋取单方面利益的案例比比皆是。此时，你必须及时提问、加以澄清。你可以采用开放式或封闭式的提问弄清问题的实质，例如：“这个词、这句话后面的真实含义是什么?”“我这么理解对吗?”，等等。

4. 征询式提问

让对方参与寻求可行办法的讨论就是征求他们的意见，例如，“您能不能建议我该怎么做?”“如果您处在我的位置，您会怎么做?”，等等。被对方要求提出自己的意见，让人有受宠若惊的感觉，这么做，等于肯定了对方的能力和地位，解除了对方对立的心理武装，使对方进入“你”的问题后，扮演好你为他塑造的积极而又能干的角色。此种方法通常能为你找出一条可行的解决问题之路。

5. 回应式或反馈式提问

回应式提问能起到再次强调已阐述的观点的作用。例如，“您的意思是我们能就此问题达成一致?”“可以理解为您的同事还将重新研究此事?”“这就是说，你们将要增加生产能力?”等等。这类回应式反问或反馈式提问一般在一方面确认达成某项谅解、另一方面准备作出决定时使用。这类问话的好处一是表明你在积极听取；二是避免产生误解、误判，是找到阐述自身观点的一个比较灵活的方式。

6. 建议式提问

此类提问需小心使用，否则容易被误解为操纵和强加于对方。此类提问的特点是，问题的答案就在提问之中，而答案只有“是”或“否”。在此种类型的提问中，本人的意见无关要紧，重要的是提出某种建议，其背后隐含着向对手施加压力和影响的意图，使其难以拒绝或反驳。例如:“您，作为一个有经验的企业家，可以肯定作出类似决定、不需要再请示吗?”“这就是说，您同意在此情况下，达成君子协定就足够了?”应予以注意的是，当条件不成熟时，以这种方式提问，有强迫、操纵或过于施加影响对方之嫌。用得不好，此类问话会引起反感，招致强硬的拒绝，故应予以谨慎使用，尤其要避免滥用，以免破坏谈判气氛，使谈判走向失败。总之，这类问话只有当某项事情、条款等确已谈清楚时才使用。例如:“上次我们谈定，今天将商谈 ×× 和 ×× 条款吧?”。

7. 启发式提问

谈判过程中，当出现跑题、偏离谈判目的、对方注意力不集中或谈判出现松散、不连贯时采用此种提问方式，目的是将谈判拉回到原有的轨道上来。这类问话是比较外交的，可以克服谈判对方的抗拒和不情愿。如:“我们现在谈到哪儿了?”“我们对 ×× 已谈妥了吧?”“这个指标很有意思，但您不想先谈谈 ×× 条款吗?”

8. 肯定式提问

这类提问是对谈判对方的价值及作用的一种认可和肯定，从而有利于达成协议。其主要目的是保持良好的谈判气氛，引起谈判对方的善意和好感。对于类似的提问，此刻语境下的谈判对手一般会以开放、自信、正面的方式予以回答。例如:“您作为一名资深专家，如何看待这一建议?”“我观察到，您在这方面具有很高的造诣，您本人如何看待我们的出价?”等等。需要注意的是，在此类问话后，需留出一定的停顿时间，让对方陈述或反馈。

9. 导向式提问

导向式提问是针对双方协商的话题中，对方有正面回应的意见以问话方式加以引导、巩固成果的做法。其具体做法是以重复的方式加以表达，来强调或肯定、提请对方注意已许诺过的意见，以达到肯定和导向的目的。此种问话也可以在希望同谈判对方避免某个可能引起不同意见的话题时采用。例如:“您此前不是多次讲过要保持长期合作关系吗?”“您一直主张，合同期可以灵活吧?”等等。

10. 选择性提问

通过选择性提问，使谈判对方从诸多可选择的方案中进行选项，以利于双方达成协议。其目的在于给予谈判对方的自由裁量和决定权，同时明确其中每个条款、选项的确切含义。一般说来，本方可将对自己最有利或最希望实现的方案放在供对方选择方案中顺序的第二位。因为从心理学的角度上讲，一般对手在有自由裁量权和决定权时，容易选择（对方提出的）方案排序中位列第二的方案。

可以就谈判达成的全部或部分协议，采用选择性问话供对方选择。例如:“我想您可以签订有期限的合同或者带专门条款的无期限限制的合同。”“您想只要某种服务的单项价格、还是全套服务的一揽子价格?”“您希望本周继续谈，还是下周再接着谈呢?”等等。

在上述情况下，不能将两个答案截然相反的选择放在一起，例如，“您看是接受上述意见，还是中断合作?”这类的问话往往带有威胁性的含意，容易对接下来的谈判造成负面影响，起到适得其反的效果。

11. 反问式提问

采用反问方式回答对方的提问，往往容易给对方留下不礼貌甚至挑衅的印象；但在某种特定的情况下，由于你不了解或不确定某个问题而回答不了对方的提问时，也可以采用此种反问式提问来作为你应对某个对方刻意回避的问题的方法。如出现上述情况，你在谈判中的地位或在对方心目中的形象将大打折扣，因此建议尽量少用、慎用此种反问式回答。

但在下列情况下，建议可以考虑采用。

如果想进一步了解对方的立场或意图，可以采用此类反问。如在准备在原先妥协或让步基础上作更大的妥协之前，需要更细致了解对方意图时，可以采用此种方式的提问，以澄清对方的立场。例如：

对方发问："您还可以在价格上作什么样的让步？"

反问式回答："您希望的价格是什么呢？"

如果你为肯定某一件事而反问，你的对手一定会记住它。

当你为拖延谈判时间或你想重新商谈已谈过的议题时，也可采用反问式提问。例如：

对方发问："你可以提供什么样的折扣？"

反问式回答："我们能稍微晚一点再谈这个问题吗？"

另一种提出反问、又不易被视为挑衅的问法就是真正答疑式提问，这在很大程度上取决于你提问的身体语言或问话的语气。你的此类提问，必须以对方不会将本方此类提问作为挑衅（战）为前提。

在商业谈判过程中，反问式提问也作为避免谈判破裂的一种（战术）技巧而加以利用，其好处是不用回答"是"或"不是"，而将谈话引入另一个话题。有时，一方想结束谈判的迹象已经流露或表达出来，但由于未被理解或未引起重视而未能及时结束谈判。结束谈判的迹象可以从对方流露出的细节或关于让步的提问反映出来。此时，应在细心观察的基础上，迅速把握、做出适当的反应。可以通过反问式提问，将谈判进程引向结束或引向另一个话题。例如：

买方："你们接受支票支付吗？"

卖方："好呀，您用支票支付吗？"

买方："是啊。"

卖方："那就这么定了，我们来签合同吧。"

五、综述

问话的种类：

（1）沟通式提问（开放式和封闭式）。

——关于必要性的提问；

——试探性提问；

——澄清性提问；

——征求意见式提问。

（2）导向性提问（澄清、聚焦问题的提问）。

——回应式或反馈式提问；

——建议式提问；

——启发式提问；

——肯定式提问；

——导向式提问；

——选择性提问；

——反问式提问。

问话的种类	
沟通式提问（开放式和封闭式）	关于必要性的提问
	试探性提问
	澄清性提问
	征求意见式提问
导向性提问（澄清、聚焦问题）	回应式或反馈式提问
	建议式提问
	启发式提问
	肯定式提问
	导向式提问
	选择性提问
	反问式提问

法国著名的哲学家布莱恩·巴斯卡在300多年前说过“人比较会相信自己找出来的理由，而难以相信别人的。”——通过提问、让对方来回答，共同找出问题的症结，是谈判中一个行之有效的办法。

你怎么问，就决定了对方怎么答，如果你是以“是”或者“不是”，“能”或“不能”来引出你所无法用“不”来回答的问法，不少提问的方法就已经为你设定了“不”的回答。这是在提问时要尽可能避免的状况。例如用两边都行得通的问法，比方将“如何”“为什么”“为什么不”“什么”“谁”作为问话，对方将很难用简单的“不”来回答像“什么是这个政策的目的?”“谁有资格批准这个例外?”以及“如何才是我方应该做的?”这一类问话。你必须问对方一些没有获得“指示”（出乎对方意料）或超出对方预案的问题。你问的问题必须要引发他们的思考，使对方在考虑你提出的问题时，改变他们的想法，从而达成和解或协议。

——通过沟通式提问，了解对方的意图、条件、立场和代表性。

——通过导向性提问，表达在理解对方意图的基础上，将谈话引向所希望的方向。

——通过开放式提问，了解所需要的信息和问题、督促对方进行思考，而不是施加压力。

——封闭式提问，只有当主谈人想确定会谈的结果或希望谈判对方表明确切态度时使用。

——回应式提问或反馈式提问，为表达理解和信任、准备下决心时采用。

——启发式提问，建议只有在确认双方此前已就某个问题达成某种协议时采用。

——肯定式提问，其目的是在谈判中创造愉快的气氛。

——导向式提问，其目的是将曾经达成的某种协议、谅解重新提出来加以商谈，以正面影响对方，获得更多的信息。

——选择性提问，借助此种方法，达到引导对方结束或部分达成谅解的目的。

——反问式提问的意图可以是：

希望了解谈判对方的立场。

希望争取回答问题所需的考虑时间。

有需要澄清的问题。

试图避免谈判破裂。

对于采用上述任何提问方法来说，重要的是，在准备提问时，对于如何提问要三思。你要问问自己：“为什么我会首先问到这个问题?”——或许你就能从中获得一些宝贵的信息，并将此作为提问的开场白。例如，“为了更好地理解您的问题，我需要知道……”提问之前说明理由，可以避免一些触动可能引起的麻烦。此外，应避免一些指责和含有怠慢、傲慢之意的措辞，诸如“你的借口是什么?”或“现在，你还有什么要说明、补充的吗?”等等。只有这样，才有可能避免让对方认为你的问题令人不快并给予过激的回敬或反应。

第四节　谈判技巧

——取得最佳谈判结果的方法

一、谈判技巧

谈判技巧或谋略是指为实现某种目标提前筹划的，目的在于接近、达到谈判初衷的做法和计谋。

需要特别加以说明的是，所有谈判技巧的使用应建立在“互利共赢”的认识基础之上。以下技巧可以在谈判中加以使用，但要注意它们也可能被谈判对手利用，是双刃剑。了解这些技巧，有利于本方作出适时的判断和反应。了解并恰当采用有关技巧既可以不迷失主谈的目标，又可以避免受对方采用这些“技巧”所产生的迷惑而接受不利的结果。

当采用谈判技巧时，以下建议也同样重要和有效。

——采用谈判技巧时，重要的是不要失去“双赢”的核心理念。

——不管采用什么技巧，不能丢掉“诚信”这个核心，开诚布公是最好的谈判技巧。

——尽可能避免冲突，避免偏离谈判的主题、不假思索的反应，避免（生气时）情绪化的（自卫式的）反击、（气馁时）草率的姑息和退让、（畏怯时）采取的断绝关系或者逃离等下策。因为情绪化反应会导致争执不休、合作关系瓦解、两败俱伤，不但不能维护双方眼前利益，还会危及长期合作关系。

——情绪化反应将削弱你与他人和谐相处的能力，在谈判中则表现为削弱你据理力争的有效谈判能力。草率的姑息和退让，只会让你得到不满意的结果，只会让对方得寸进尺。轻易逃离或断绝关系反应模式的结果往往很严重：如果是夫妻，那结果就是离婚；如果是工作，那结果就是辞职；如果是合伙投资，那就是散伙……轻易与人断交的行为模式意味着你将到处碰壁，因为你总是从头开始。

——采用某项或某些技巧时，可能有利于更快地达到理想的结果。但如果你的谈判伙伴在谈判结束时感觉受到了欺骗或对达成的结果感到不满意，他将不会再和你进行商谈，长期合作也就无从谈起。

——只采用和你自身人格相符的技巧，否则，你的行为不会被认可，技巧将沦为伎俩，很容易被对方所识破，反而弄巧成拙、适得其反。

——技巧必须和具体情况相结合。哪怕你在谈判前就计划采用某种技巧，但根据谈判过程中出现的具体情况，应该对原拟采用的技巧作相应的调整，即行为（举止）根据现场谈判进展的状况而有所变化。所以，技巧一定要与人格、行为和现场具体情形相适应，否则会引起对方的怀疑，甚至会得到南辕北辙的结果。

——好的谈判策略只有在正确的时机、采用正确的方法时才会起到事半功倍的效果。

（一）“各让半步”的策略

根据“我为你，你为我”（你中有我，我中有你）的相互性原则，可将以“让步求让步”当作谈判策略加以利用。

在谈判开始前，先研究、判断好谈判对手需要的重大让步是什么，评估好这些让步对你来说代价大不大、是否可以接受或者可以用来进行交换。因为不少人都会采取“以让步换取让步”或“用好处换取好处”的做法，所以可以将各让一步作为技巧使用。

该技巧的目标是将你所作出的让步，被对方视作利好的让步，因此同意对你作出相应让步。

在你作出让步时，应清楚地表明，你作出这些让步是寄希望于长期合作，故从哪些点上给予什么优惠，你可以将让步作为礼物让与对方。

如果你提出的让步并没有引起对方应有的反应，你可以再次提请其注意此项让步，并指出作此让步的目的是达到对双方有利的结果。

与此相反的是，可能你的谈判对手向你作出同样姿态。对方在谈判之初就提出某项让步，这也可能是对手的一种谈判技巧，以换取你的某种让步。

此时，你可以表示感谢和满意，但并不急于全盘托出你的让步。

谈判者始终不要失去自己的主要目标和已计划好要作出的让步。可以在对方让步的基础上，继续作出原计划的让步，以迎合对手，但不要在一开始就亮出王牌来。

（二）“我无话可说了”的策略

当谈判对方提出某种过分的条件时，可以采用此谈判策略或技巧。

当你感觉或判断对手提出了过分或十分苛刻、根本不可能接受的条件，甚至连提出此条件的对手本身对此也心知肚明时，你可采用以下用语：

——您使我无话可说。

——我想您是在开玩笑吧？

此时，要注意对方听到你上述话语时的反应。如果他意识到自己提出的要求太过分了，你采用“我想您是在开玩笑吧？”的话语，会使对方比较体面或容易地收回已提出的要求。

如果对方不放弃提出的要求，那就要考虑谈判对手已将这些过分的条件视为合理和可实现的要求。出现此种情况，就要继续做出吃惊的样子，采用开放式提问，问他为什么、基于什么原因与考虑提出如此的要求和条件，为应对、反驳做好准备。然后，仔细听取对方的解释，分析对方之所以形成此观点或要求的原因，弄清对方的意图，并酌情解释本方希望的合理结果对双方的好处等。

在谈判过程中，如果你听到对方讲“我想您是在开玩笑吧？”之类的话时，你也应仔细思考：本方提出的条件、要求是否合理，是否与“双赢”策略相符。如果认为本方提出的要求或条件是合理且可实现的，那么就要及时地作出正面回应，用合情、合理的论据来加以支撑和解释。

（三）试探、摸底策略

一方试图从另一方获取更多信息是谈判中最常用的策略之一。

试探策略是指在谈判中提一些假设性的问题，从对方了解更多的详情，或者请对方作更深入的澄清，以便更好地确定对手的目标、可能妥协的程度，以及对方的底线。如果该试探、摸底策略使用得当，这也许是谈判桌上最重要的战术之一，它不仅能使谈判者了解更多的信息，也能有效地拉近双方的距离。许多口头表达方式都可以用来作为试探策略的铺垫，例如，“为了更好地理解贵方的立场……”“如果……那么……”“在什么条件下……？”等类似的提问可以帮助你从对方的回答里挖取丰富的信息，如对方需要什么、寻求什么、是否愿意妥协等。使用这个策略时务必注意，不要提一些咄咄逼人的问题，言语中不要有任何恐吓、冒犯对方之意，不要让对方感觉不舒服或生气，否则会使对方产生防御心理。

（四）“以退为进”策略

“以退为进”策略是你预料到谈判对手会提出某种反驳、批评或攻击时采用的技巧。

会谈前就应考虑到，双方合作的过程中是否有过龃龉、过节或有什么原因引起过对方的不满等因素。如果确实发生过类似的情况，谈判对方很可能会利用这些事实来达到削弱本方在谈判中地位的目的。

此时，建议主动将对方不满之处放到桌面上与其进行讨论，以刹住对方的不满，从而避免谈判地位被削弱、被动解释、应对的局面。

如果对方对过去支付不力表示不满并抱怨因此受损，你可以表示：“找到有经验的专业会计相当困难，幸运的是，从现在开始，我们已有这方面很好的财会人员。此前我方有过未能及时付款的问题，但好在这些问题已成为过去时了……”

如果你清楚地表明今后不会再出现造成上述不满或抱怨的理由时，本身就是对批评的一种保护。

如果你遇到上述情况，你要长时间记取迄今为止对方的不满，择机再次主动谈起造成这些不满的事由，并酌情加以正面解释。只有当对方认为今后这类不快将会被排除时，才会正面接受或迎合你所提出的条件。

（五）“杀手锏”或“亮底牌”策略

当你在谈判中占据有利的地位或你确信对方迫切盼望达成协议时，可以使用该技巧。如果运用得当，该技巧会对谈判进程产生较好的效果。

该策略的目的是使对方放弃其最初的目标。

例如：你的谈判对手报价 10 000 欧元，你很强硬，还价到 5 000 欧元。你希望的是，对手再作出一反报价（如 7 000 欧元），而该反报价已低于对方最初计划的 10 000 欧元的价格了。

采用此种技巧时，需要对本方方案提出后对今后双方合作的影响，以及对方可能的反应作仔细评估后才能打出。

谈判的结果对双方而言应该是体面的，合作对方也应该是满意的。因此一定要切记，谈判的结果一定要让对方也认为“谈判成功，做成了一笔好交易”，否则，即使谈成了某项协议，如果一方认为“吃亏”或“上当”，达成的协议也很难得到切实的执行，更不要说双方的长远合作了。

如果出现对方向你要求作出艰难的让步时，你不要轻易放弃、偏离自己的最初目标。此时，你可以考虑采用上述技巧，或者按照预定的方案表示“您让我无话可说”或者“我不谈了”，以守住本方的底线。

（六）“孤注一掷”边缘策略

“孤注一掷”策略可以造成谈判对方的无所适从感或疑惑，从而吸引对方认真考虑本方意见。这时，应该清楚地说明没有可以谈判的余地了。

采用此策略时，可附以必要的肢体语言，如收起桌子上的文件、起身站立，甚至向门口走去等。

当然，采取此策略之前，必须认真考虑这样做可能有不欢而散的风险，以及可能对你本人的形象造成难以挽回的损害等其他因素的后果。

采取此策略的必要条件是，你手里有王牌或确信对方对此谈判志在必得和非此不可，而你手头有对方舍此无奈、不得不考虑、甚至“就范”的某种方案。

一般来说，此种策略是一种危险的游戏。如对方采取上述策略，你的反应是应该留出让对方重新考虑决定的空间，让对方体面地回到谈判桌前，而不是恼羞成怒，使谈判中断。此时，你可以强调，双方迄今为止合作良好，相信能共同克服目前出现的困局等。

（七）“不接招”“关门但不锁门”策略

该策略隐含着与“孤注一掷”策略相同的意味，存在着影响你形象的可能性。

建议仅在下列情况下采用这种策略：

——只有当你拥有十分有利的谈判地位时。

——你掌握良好的替代方案时。

——你确信谈判对方还会回到谈判桌来接近你的目标。

采用上述策略时可以辅以肢体语言，例如，你为此次谈判花费了那么多的时间与精力而感到十分沮丧和失望。从而表明，尽管本方释放了那么多善意、让步，但仍然无法达成预想的结果而深感遗憾和不满。

如果遇到对方采取这一策略，你可以表示对于对方的态度和诚意予以质疑等。此时，你可以表示，本方的报价和条件是应该予以接受的，可以询问对方，期待什么样的报价和在哪个方面体现等。

在采用此策略时，要注意留给对方回心转意的可能。否则，对方有被逼到墙角的感觉，可能碍于面子，不再回转，使谈判无果而终。所以，你可以转而强调一些与达成协议无关紧要的枝节问题，先从容易解决的问题，或比较接近的意见着手，缓和气氛，避免僵局，将难点放到最后去谈。

（八）“遍地开花”策略

“遍地开花”策略的初衷是，只要你的问题覆盖面够广，你就有可能“广撒网，多捞鱼”，一定能在某处成功。

具体做法上就是尽可能多地提出问题，相信其中总有一些会引起对方的关注并得到相应的解决，且能够在此基础上，以对方某一点上的让步换取彼一点上的进展。这一策略的要点是从多方面向对方施压，使对方看到各种各样的问题，产生了只有解决其中一个或几个问题谈判才会有进展的感觉，而一旦中招，就会暴露出更多的弱点，更难防备你方的攻势。

（九）“软硬兼施”策略

此策略也可称为“好消息、坏消息”技巧，其目的是使谈判对方处于不自在、不自信的状态。

采用“硬”或“坏消息”的策略，使谈判对方产生谈不成的印象，然后紧接着给他一个同一话题的“好消息”，从而迫使对方考虑在某种条件下作出让步，才有可能达到预期的目的。

例如，你作为旅游公司主管，想延长同某家旅馆的合同，但你希望对方降价。此时，可采用此策略：“公司领导想将贵旅馆从旅游饭店名单中删除，我们坚持希望领导不要作出这一决定。只有这样，我们才可以继续合作并续签合同，但条件是你得降价5%……”

如果遇到对方采用同样的策略，你首先应有的反应是，该策略的目的是制造不确定性，你不要被此种策略所影响。最好从一开始，你就对这种策略不予回答或理睬，以不变应万变。你内心应衡量一下，对方是在要手段还是在介绍实情。

在谈判过程中，先冷静评估一下具体情况，不要急着作出让步。如果判断对方讲的坏消息是真实的或事出有因，可考虑作出必要的让步。

（十）制造“假象”

大多数谈判都贯穿三个要素：隐藏、揭示（真实意图和需求）和转移视线。声东击西、制造“假象”是转移视线的一部分。当一方打算把另一方的注意力从某个问题或事情上转移时，就会采用此策略。

如对方接近主要信息源或即将触碰某个非常重要或敏感事件时，你可以采用此转移视线策略。有时，此策略可被用来加深对方错误印象或通过故意的“失言”或“说漏嘴”来完成。例如，“我没有授权来谈这些内容，但……”一些假装无意识地透露本不该说的信息等，构成极好的诱饵，更好地吸引那些希望获得更多信息的对手的注意力，或将他们的注意力从你未知的领域转向你熟知的内容，保持你专业或知识上的优势及话语权。

（十一）“先易后难”策略

谈判过程经常会在某一个或几个焦点上卡壳，此时可以考虑将这个或这些僵持不下的焦点搁置，采用“先开口子”和“将硬骨头放一放”的策略。

此时，可征得对方同意，先谈其他相对简单问题的解决办法，将其他可商谈成功的问题或条款先谈完后再回过头来商谈搁置的议题，这样可能反而更利于原先难题的解决。与此同时，也可以保留在你认为适当的时机将这些难点提出来讨论解决的选择权利。此策略也可在本方通过商谈其他条款、改善本方在谈判中地位或态势时采用，为转过头来再讨论这些难题留下空间。

反过来，如果对方采用此策略对付你时，你要注意判断谈判对手由于何种原因搁置这一问题：是对方不同意讨论问题本身，还是对方想从搁置这一问题或条款的讨论中得到何种好处。

如果你的结论是对方采用此策略会给你带来不利的结果，那么你的策略就是继续要求谈判对方商谈希望“放一放”的话题。

（十二）求同存异

当谈判中有时会出现看似无法继续的僵局，或者谈判必须迅速结束时，求同存异策略就该登场了。

使用此策略的谈判者会说“让我们撇开分歧，签下这份协议吧”或者“我们愿意作以下让步……”一般在谈判双方都做好了解决问题的准备、没有一方威胁着要退出谈判，特别是当谈判背景情形、时间发生实质性变化或财务方面处于紧急状态、需要迅速结束谈判时，运用这一策略能起到明显的作用。

（十三）“小步走”“集小胜为大胜”策略

采取此策略的初衷是“在重要性较小的多个方面取得多重让步”，而这些让步一般是谈判对手不太看重、可以相对容易取得的让步。

该策略的要害之处是，必须对每个细节都详细商谈，斤斤计较、寸步不让，以获得每个细节中的好处，使谈判对手处于疲惫状态，从而作出更多的让步，而将这些让步加在一起，可以在谈判的终结时汇集成较大的利好结果。

遇到对方采用此种策略时，你要想到积沙成塔，众多小的让步即可能成为本方大代价的念头，同时对于对方想通过此策略拖垮本方的心态保持足够的警惕。

（十四）“往下凑个整”策略

当进行价格谈判时，此策略往往很有用。你的谈判对手往往容易对小的数字作出让步、向下浮动，而不愿意作出大数字、大跨度的让步。

建议在使用此策略之前，心里要仔细盘算一下，你能要求的让步究竟有多大。如果你的谈判伙伴提出类似的建议，你可以毫不迟疑地拿出计算器，计算向下浮动的小让步对整个交易产生的影响和比例。但这一般不要在谈判开始时就使用，因为这往往容易造成的整体印象是对方已接近你的底线。

（十五）沉默

沉默是谈判中非常有影响力的一种手段。在谈判桌上适时保持沉默可展现谈判者的自控力、自信、自律，以及冷静的特质。

要成功地说服对方接受自己的主意或观点，就必须掌控好说话和倾听之间的平衡。话太多有时会暴露本方太多的信息，而使自己说的话成为自己的敌人。谈判者应懂得何时需要大胆表达，何时需要停止谈话。当谈判者已完成预定目标，开始想着继续“扩大战果”时，掌握好沉默这一策略尤为重要。

有时，为解决麻烦所做的提问只能发挥一半的作用，另一半可以起作用的是来自于提问后适当的沉默。适时发挥沉默的力量、给对方作建设性思考的时间，让对方去绞尽脑汁思考如何回答你提出的合理的、无法置之不理的问题，此时，必要的沉默和不安将会发挥点滴的作用。对方最后可能会因此说出他们关心的问题，提出一个可行的办法或一条合理的标准。一旦他们这么做，就表明他们已经冷静地坐下来谈判了。与此同时，只要对方给你一个回答，你就可以借题发挥。如果一个问题不能达到预期的效果，你可以再问另一个，达到直面沟通的目的。无数成功谈判案例证明了此方法的有效性。

（十六）“授权有限”策略

面对重大而敏感、本方谈判者没有得到充分授权或授权边界不清晰时，或者在诸多客观条件限制的情况下，你可能无法对正在进行的谈判结果承诺太多。有些情况下，可以派代理人或副手与对方进行谈判，让代理人或副手名正言顺地和对方玩“我无权作那些让步”的把戏。通过此战术，由代理人尽可能收集对方的信息，搞清对方的目的、需求和底牌，为你思考决定最后方案赢得时间和空间，以做出最终的决定和判断。

（十七）“唱红脸和唱白脸”策略

该策略一般在同一个谈判班子里有两个谈判者时采用。此时，一人“唱红脸”，一人“唱白脸”，两人的共同目标是为本方争取最有利的方案。采用此种策略，可以使谈判空间和回旋余地显得比实际的要大。

如果对方向你提出某项要价，“唱白脸”的可以断然决然地予以拒绝并扬言宁可不成交也不可能同意；而“唱红脸”的适时出来缓和气氛，防止谈判僵持或破裂，以达到对本方有利的结果。“唱红脸”和“唱白脸”的两个角色，均为自己留下后撤的道路，可以为达成妥协、全身而退做好铺垫。

如果你遇到上述场景，最关键的是要保持冷静，保持对自己谈判目标的清醒追求。你可以对于上述表演无动于衷，你心中明白对方在演戏，尤其不能中“唱红脸”的计，错将谈判引向他们所希望的方向。

（十八）“匍匐前进”的审慎策略

该策略的目的，一方面了解谈判对方授权的底线范围，另一方面可以让对方提出解决问题的方案。从对手的反应可以看出对方是否有诚意合作解决这一难题。

该策略一般在进入关键阶段、核心争执、谈判有可能进入无果而终时采用。当谈判过程中，如果你遇到一较大障碍，你担心由于你的要求过高，对方会被激怒时采用此策略。此时，你可提出一个试探性问题来了解对方的灵活性，以决定你下步可采取的策略。

该策略是防守型的，为转圜留下了空间。如：“让我们认真地从头来核对一下所有条款，怎么样?”“您看我们如何才能跨越这些障碍?”“如果我方作出这个重要让步，贵方同意签约吗?”

（十九）克制

在谈判过程中，克制通常意味着保持冷静和耐心、强忍焦虑、施加自我控制力，等待时机，直到思考出应对策略为止。

谈判者面对对方的迷惑、对方故意激怒自己或采取不诚实的手段企图设套时，克制策略是很好的应对办法。克制力需要很长时间和经历很多磨炼才会不动声色地克制内心的冲动、鲁莽的言行。谈判者应始终保持平静的心态和以谈判核心利益为最终目标的行为模式，以免为此分心或影响最终谈判结果。

（二十）弦外之音

美国最高法院大法官路易斯·布兰代斯（Louis D.Brandeis）说过，“生活中发生的各种重大争执，十之八九是由于误解，由于一个人不能理解在别人看来是至关重要的事实，或者是他没能领会别人的观点。”人们往往倾向于按照自己对于文化、理性的看法去行动。我们的判断理由通常是以我们是否知道并理解一个人的行为为前提和标准。

在谈判中，要注意听取对话中的“言外之意”。谈判中经常会出现这种弦外之音，例如，我们经常听到“顺便说一下……”“哦，我差点忘了……”说话者似乎想让我们相信，他要说的话值得一提，但又不太重要。实际上，他要说的事情十有八九相当重要。他是通过先说这样一句话、用漫不经心来掩饰所说事情的重要性。我们应当认真读懂这漫不经心背后的话外之音，了解对方的真实意图。但是，当一个人用“老实说……”“告诉你实话吧……”或者“坦白讲……”等词句来提起话头，往往是此人既不坦率、也不诚实的表露。我们认识到这些词句心理上的意义，它们提供了对方内心活动的线索，顺藤摸瓜就能了解其真实意图，减少误解、误判。

二、综述

尊重谈判对手是成功谈判者必不可少的特质之一。在谈判过程中应始终清醒地认识到本方和对方谈判者的所有言行、策略均是“各为其主”，各有各的出发点和各自追求的目标与核心利益。作为谈判者，你必须敏锐地意识到对方的角色扮演行为。在采取谈判策略或技巧时，脑海里始终保持“双赢”的理念至关重要。适时妥协和及时变化是为获得预期“收获”理所当然的行动，关键是要在保持终结目标（底线）范围内、有计划地分步骤实施本方既定的策略。

在下列情况下可采用的谈判策略（技巧）有以下几点：

——当你希望从对手那里得到让步时，采用“各让一步”的策略。

——当对手要价太高时，采用“我无话可说”策略较好。

——当你预料对方要抨击、批评你时，采用“放低身段、以退为进”策略。

——当你在谈判中占据有利地位，你想乘胜追击时可采用“杀手锏”“亮底牌”的策略。

——当你占据有利位置时，为制造对手的不确定、不自信心态，适时采用“孤注一掷”边缘策略，或者采取“你应该提出更好的建议”“软硬兼施”“好消息、坏消息”的策略是有利的。

——当谈判僵持在某一焦点上时，最好的办法是采取“搁置争议”“先易后难”“先吃肉、后啃骨头”的办法。

——当你想在很多点上取得小小的进展，以积少成多时，可以采取“小步（快）走”的策略。

——价格谈判过程中，如果小小的数字也能对整体计划起到大的作用时，可以采取“往下凑个整”的策略。

——双人主谈时，可采取“唱红脸”“唱白脸”策略。

——当谈判遇到障碍时，可考虑用“匍匐前进”的审慎策略。

上述策略可根据你的个性以及谈判中出现的具体情况加以灵活采用。

第五节　应对不诚实和难缠的谈判对手

认清对手，承认面对的困境，正面加以应对不诚实、难缠的对手。

无论是生活中，还是谈判里，总有一些很难打交道、只在得失上计较的同伴和对手。你必须要能发现、判断那些采用不公正的、狡猾手段和伎俩的、一心只想谋取单方面利益或好处的谈判对手，采取相应的策略来加以应对，维护本方的利益、达到本方的目标。这些人往往采取绕圈子、胡扯、说大话、瞎蒙、谎言或制造陷阱等拿手好戏，通过摆不到桌面上的小动作、施加影响、操纵谈判进程等手段，在谈判和生活中以损害他人利益的方式来“获取胜利”。说谎是弱者的拙劣战略，从长远看只会得到身败名裂的结果。有些人为了掩盖自己的贪婪与挑衅，会特意表现得自作多情或高人一等，作出一些不诚实的举动。这些人往往很容易“遗忘”过去发生的一些令人不快的事或未来自己要承担的义务。生活中，这些人一般很会伪装。故从谈判伊始，就要有这样的防范心理，你的谈判对手，也可能就是这样一个人。你首先需要用洞察力和理解力予以认清，只需要心中有数，并备有应对之策，但不要有任何流露。

应对不诚实的下作伎俩，最基本的办法是洞穿并认清它们，采取有针对性的方法使诡计失去效果，排除它得逞的机会。在古老的神话里，你只要能叫出邪灵的名字，你就可以免于他的干扰、采取有效的防御措施。只要你平时进行自我训练，随时能识破不公正的伎俩或手段，辨别出对方可能使用伎俩的类型，就容易打掉其干扰的效果。

一、常见伎俩

通常，在谈判中不诚实的谈判伙伴采用的伎俩一般有以下几种形态：刻意的欺骗、心理战、立场性压力、攻击或威胁、要诈，以及回避实质等。

——刻意欺骗：是对有关事实、权限或意图作虚伪的陈述或介绍，用虚构的事实或伪饰的数据和企图进行误导。如制造假象，让你误认为他有充分的决定权，但当你作出单方面让步后，对方突然表示还要再“请示”；过分强调本方诚意，隐瞒真实意图，对实质性问题虚与委蛇，抢占谈判优势，“言之太甘，其中必苦”。

——心理战伎俩：是以令你深感不舒服、不自在，而萌生尽快达成协议、作出让步、结束谈判为目的的诡计。如刻意违反客观、原则的方式，安排令谈判对手感到不自在的谈判环境和场所，采用故意让你等候，冷落谈判对手，暗示你是生手，强加不合理的排序，使用语言或非语言让你感到难受，出演带有欺骗成分的红白脸游戏、滥用语言施压、采取预谋的拖延战术、寻找有利契机、以时间压力换取利益或威胁退场等。

——立场性压力：是谈判者以极端提案或开价拉开谈判序幕的伎俩。采取此种伎俩通常用来应对策略性讨价还价的对手，以得到本方追求的理想结果。具体做法是僵硬坚持自认为拥有优势的立场和既成事实、毫不让步，请君入瓮、没有任何商量余地、采用逼迫战术让对方就范，竭尽可能推、拉、拖，不管你提什么建设性建议，对方就是持否定态度。

——攻击或威胁施压：攻击就是采用充满压力的战术，让你有害怕、不自在的感觉而屈从对方要求的战术。对方采取虚张声势、步步为营、久战不退的办法对你施压，质疑你的谈判地位和代表性，如“我们想找真正能解决问题、能做决定的人来谈”等，以达到困扰、羞辱、激怒你的目的，让你屈服于压力。

——要诈：包括骗你就范的花样繁多的做法。对方利用假话、玩文字游戏、利用错误、伪造模糊不清的数字、偷换概念等欺骗你，或者是利用“得寸进尺”的诡计，在你认为终于可以签订协议的前一刻，他们又老鼠拖秤砣地提出额外要求，通过虚拟“老板”的口吻，提出进一步“蹬鼻子上脸”的要求；或者当你作了实质性的巨大让步之后，他们才告诉你，对方真正能做决定的另有他人，必须答应对方更高的要价、甚至推翻被认为已经解决的问题才能获得背后虚拟“老板”的同意，力图乘胜追击，扩大战果。

——回避实质：采取避而不答、闪烁其词伎俩的谈判对手的目的是为了掩盖某种东西。例如面对一个直接的问题，对方用一些模糊的字眼或故弄玄虚的辞藻，回避直接的答复。其采用不诚实伎俩的目的，往往在于对你进行误导。该伎俩往往因演技高超和对手的判断力有误而发挥作用。一般来说，谁也不应该在冗长的说辞中不回答对方的问题，却提出一些反问。但在类似情况下，经常出现的结果是，提出问题的人已忘记了自己提出的问题，反而被对方误导或牵着鼻子走，上了对方的当，按对方的思路去和对方商谈或争论对手感兴趣的问题。

面对上述可能出现的伎俩或诡计的最好办法，就是在采取克制态度的同时，采用以下四个步骤予以应对。

1. 洞穿手段，识破伎俩

首先需要识别对方的战术，洞穿对方的手段，识破伎俩，排除使它得逞的机会，不成为这些伎俩或陷阱的受害者。一个被识破的伎俩或策略就不再是策略了。如果了解对方恶意的中伤、人身攻击是为了使你丧失冷静的判断力，那么你就可以不为所动，使他自出洋相，白费气力。

2. 正面回应、不为所动

一旦洞穿对方的伎俩，就可以当面指出（如“唱红白脸”等），正面提出立即讨论、检验对方挑起的问题、揭示对方伎俩。在回应过程中，采取心中有数，不上当、不走火、坚守互相尊重底线的做法，坚持原则、适度反应；既不要一味忍让，也不要以牙还牙，要注意分寸和度，不攻击对方的人格，有意识忽视对方的过分行为；在保持对方不失面子、不恼羞成怒、心存敬畏的状态下自动撤退，使对方原本希望发生的效果化为零，从而迫使对方终止其战术，达到让谈判进程回到坦诚协商轨道上来的初衷。

3. 交锋，改变态势

交锋的目的是打破对方借用伎俩改变谈判的规则、程序或方法的企图，但不能偏离谈判的焦点。此时，你可以发问“您为什么透过媒体发表极端立场？是为了避免他人的批评还是扩大您的声势？如果我们也来这一手，对双方有利吗？”或者你还可以建议，“在达成协议之前，双方都不要对媒体透露任何消息，好吗？”……在此种场景下，如果对方的诡计被你洞悉、他又不承认，而以对等原则奉还、他又不接受，你可以利用事先自备的台阶，离开谈判桌，挥手叫停。如果对方真想达成协议，必定会说服你回来谈判，从而改变谈判的态势。

4. 采取针对性措施使诡计失去效果

——对付立场施压的关键是打破对方蓄意制造的只有单方面才能做有效让步的态势。

——面对威胁，可以把本方对此心知肚明的讯息传给对方，表示克制或故意轻视对方的威胁，适度点出威胁对双方均无好处。

——对付要诈的方法就是早一点问一些问题，以确认他们背后是否还有人要作最后决定等，要求对方给予明确的答复。如果对方表示不能做主，则一定要问清楚，是谁做决定，以及等多久才能知道是谁等。

——为防止对方吃着碗里的、看着锅里的，得寸进尺地提出额外要求，你可以问“您是不是认为我们需要重新商谈？”或“那我们将此作为额外条件另行讨论，我们不作任何承诺，各自回去报告，择时再行商谈，如何？”以此打掉对方的此种伎俩；如果遇到对方试图采用刻意欺骗、虚与委蛇的伎俩进行误导时，你要准确判断对方害怕什么，为什么避而不答，其中最大的可能是对方有一些隐情，不希望说清楚这些问题。此时，建议你坚持要求对手回答试图回避的问题。你心中要思忖：为什么诚实的谈判者不难回答的问题，对方却刻意回避？

如果在谈判进程中，果真有事实证明你的怀疑是对的，谈判对手确实在回避什么，那你就应该坚持让他作出清晰的回答后再继续讨论下一个话题，或者，偶尔装傻也是对付一些伎俩的利器。你可以通过“抱歉，我没听清楚，我不太确定你所说的话，请你再说一遍好吗？”等，争取到一些时间来思考，放缓讨论的速度，用有效的对策加以应对。

简而言之，在谈判过程中，无论如何要在判断对方是否有诚意进行谈判的基础上，洞察对方的谈判风格、言行特点，分辨正常的战略战术与诡计、伎俩的界限和表现，随时准备迎战诡计或伎俩。有时，你可以强硬对强硬，甚至比对方更坚韧、顽强。需要强调的是，笔者认为，坚持、遵守原则比采用诡计更容易；识破、应对伎俩比采用伎俩更明智、有效；笔者主张养成诚实谈判方法，同时，练就、识破、应对诡计、伎俩的能力，而不主张采取不当战术、施诡计、要伎俩获取单方利益或所谓的成果。

二、说谎的对手

在众多诡计中，谎言是最令人防不胜防的一种。虽然巧加掩饰的对手具备善于言辞的技巧，可他们却无法有效地控制其声音所显露出来的焦虑，也掩盖不住脸上的不安和不自在的笑容。谎言往往伴随着不值得信赖的表情焦虑的暗示，可以通过提高警觉、细心观察予以识破。

如果你的对手开始说瞎话，那你就处于一种困境。此时，你只有一种办法：将你在谈判开始前准备阶段所掌握的所有信息集中起来，在谈判过程中，及时判断、识破对方的谬误及不合逻辑之处。

如果你的初步印象是对方在撒谎，你可以对正在商谈或已谈过的话题提出一些细节问题，从中判断其中的不一致之处。因为撒谎的人往往喜欢用“人人相欺”的心理进行自我安慰，一般不知道或不记得此前他们说的或许诺了什么。如果此时你发现谈判对手当下的话题或此前的话题中对同一问题的表述出现相互矛盾、牛头不对马嘴之处时，你就可以断定其中的谎言。

说瞎话的人，一般可从肢体语言中表现出来。大多数说谎的人，说谎时，眼光会避免和你对视，交流、举止上多有不自信的表现。

通过仔细观察和分析，你可以准确无误地判断对方是否在说谎，并作出相应的回应。有一个方法能证明你的怀疑是不是正确，就是问他们你已知道答案的问题，你可以从他们如何反应上得到很多信息。萧伯纳（Bernard Shaw）曾经说过：“对撒谎者最重的惩罚，莫过于他再也无法相信任何人了”。对于说谎者，不需要应对，只需要判断，因为说谎者一旦被识破，他便不攻自破了。

三、恶意操纵

与故意施加影响不同的是恶意操纵，此举的目的在于执意以损害他人利益为前提，谋取单方面的好处。

当谈判过程中出现此苗头时，你必须清醒地认识到这种操纵对你自身目标会有损害。操纵者一般有以下表述：

——我们二人都是具有经验的高层次谈判人员，我可以肯定，您也认为我们必须就每个小问题进行细致的商谈。

——我很高兴和您这么有经验的对手谈判，不少人都害怕马上作出快速决定，一个团队的反应速度或作出决定的时间往往会成为决定成败的关键，所以，我想您会同意，我们今天、现在就能作出此决定。

上述表述往往是向谈判对手施加压力，让其作出对对手方有利决定的一种操纵法。

对付此种伎俩的办法是：不要受他要求快速决定的影响或压力控制，再次仔细掂量采取此种决定的后果，忽视对方的建议口吻，直面应对，直接以进取姿态应对此种操纵意图。例如：是的，我喜欢快速决定，但我们公司之所以取得如此大的业绩，正因为我们每次决定前都深思熟虑……

四、虚假引用和假设

另一种伎俩是对你实际没说过或第三方没说过的话作假设引用，或断章取义地加以引用。

如果出现上述情况，你应该力争在不影响谈判整体气氛和目标的情况下，婉转但不失清晰地立即作出反应，加以澄清。

五、防守型或进攻型对手

防守型或进攻型的对手都是难缠或难谈的对手。防守型的对手，一般有怀疑和不信任的心理，他们大多数态度僵硬，怀疑情绪严重，在一定情况下，甚至充满敌意。这种人往往在其自身周围筑起一道墙以保护自己。遇到这样的谈判对手，首先要做的是，使他相信谈判将会公正、有诚信地进行，双方均会从中得到好处。

有一些人在谈判中无缘无故、莫名其妙地发飙，他们将自己的怒气迁移到无辜者身上，将对话者当成他们的出气筒或替罪羊，利用人们的弱点牵着谈判者的鼻子走，以达到自己见不得人的一己私利。

还有一些人喜欢先发制人，他们往往遵循“最好的防守是进攻”的原则行事，首先发难、发起进攻，向谈判对手显示“我是谁”。在这种情况下，他们只想赢、不想输。

如果出现上述情况，你不要受对手的影响，不要按照他的思路去被动地应对其进攻或防守，而是采取“你打你的，我打我的”的策略或既定方针，按照自己的策略引导谈判向预定的目标前进。

六、艰难谈判的一般原则

和一个不诚实、不讲信用的对手谈判是一件十分困难的事。在谈判中，时常会发生不诚信的对手想欺骗你、占你便宜、扯你后腿，或协议临签之前又得寸进尺地“狮子大开口”、提出额外要求，或者抓住对方弱点、采取超高要价等方法，用说谎、施压、心理上的策动、触犯法律、不道德、使对方产生不快等手段来获取不正当利益。

和不诚信的对手打交道，必须事先做好准备、研判好与此种不得不打交道的人打交道的方法，对可能出现的场景、可能的结果做出多种预案，不按对方的节奏和时间表出牌。对于类似的艰难谈判，一般可采取以下原则加以应对。

——始终保持清醒的头脑，认清对方所玩的把戏，争取时间考虑对策，仔细掂量是否要中断此种谈判或避开和此类人谈判，还是以其他方式继续谈判。

——花点时间好好地认清自己的目标，专心于为如何达到目的而努力。对谈判结果也要有清醒的预计：对本次谈判不抱希望，寄希望于为其他谈判尽可能多地获得有用的信息。

——不对对方过激行为作出相似的反应，避免上当、陷入愤怒的泥潭，可以采取冷静应对、带领你的团队远离暴躁等过激行为。

在任何情况下都不要失去自己的目标：不要急于开始谈判。延缓一下你最初的第一反应与冲动，客观、冷静地考虑你的决定。你要设想，对手也拥有说服你的法律手段和他所掌握的依据。如果能达成令双方满意的谈判结果、必须是以坚持诚信为原则的谈判，不应该出现一方被迫让步或者强制放弃某种核心要素的状况。你最大的敌人就是自己所做的草率反应。不管结果如何，只有你自己才会作出使自己后悔莫及的让步或决定。不要动怒，不要报复，只求达到自己来谈判的目的。否则，你会后悔在对方进攻面前作了让步。所以，在任何时候都需要保持清醒的头脑，明白自己要做的事，不是如何去掌握对方的行为，而是如何控制、管理好自己的心态和情绪。只有用心商谈、仔细研判，才能实现自身的利益、目标和选择。

让不诚信谈判对手出乎意料的一般规律为：沟通学的一个基本原则是正面刺激引发正面反馈，而负面刺激引发负面反馈。如果不诚信的人在谈判过程中采用欺诈、说谎等做法赢得蝇头小利或短期利益，最终结果将是致命的；如果在商业环境中和谈判过程中采取此类不诚信行为的话，那你很快会失去重要客户、失去合同、失去信用。

谈判中的铁律是：争吵带不来任何协议和谅解，而达成协议和谅解是我们的初衷。力争达成一致的最好办法是千方百计避免陷入类似的陷阱和局面。过激行为容易成为你应激反应模式的一部分，而使自己陷入情绪的泥潭。一方在生气或遭到威胁时，会更加坚信他们是对的，听不进去对方的任何意见。如果对手试图采取挑衅的方法引起你的失态或冲动，你的冷静应对、控制局面和应变的能力会出乎对方意料，因为破坏性的情绪很容易将谈判弄僵。

可作的选择：

如果出现上述情况，你可以采取以下做法和选择。

——静心平气，恢复自己的心理平衡，帮助对方稳定他们的情绪，营造一个能让双方心平气和坐下来继续商谈的环境。

——认真聆听：如果你的初步印象认为谈判对手不诚实，或者你总受到攻击或反驳，你就采取兔子原则（两只大耳朵、一张小嘴），继续采取耐心的态度、认真听取对方意见。这是十分重要的，倾听是你所能做到的、最无害的让步。每个人都希望别人了解自身的期盼，如果能满足对方此种期盼，便能将谈判的方向扭转过来。

——倾听表白：让对方把话讲下去，不要打断他。倾听对方的意见需要耐心和自律精神。人在说出自己的感受或宣泄自己心中的不平之后，都会得到一种难以言喻的满足，从而能更理智、专注于解决问题的谈判。

——换位思考、洞察其意：思考他的利益点在什么地方？他追求什么目标？为何有此种反应？

——判断立场：提出问题，分析、判断、确定谈判对手的立场。

真正懂得谈判之道的人总是听的比说的多。只有认真听取对方意见，才能获取更多的信息，为此后的谈判作好准备。

——消除误解，接受不同的意见。必须从一开始就要接受并习惯这样的观念：谈判各方各为其主，应该赋予谈判对手拥有自己观点、意见和表达的权利。但仅有这一点，距离接受对方的观点还有很长的路要走。必须将不同的意见作为在谈判中引入新因素、新动力的观点来看待。因为正是由于存在多种选择，双方才有可能作最佳选择。

七、忠告

对于谈判过程中可能出现的各种困境，笔者给予的忠告是：

1. 面对责备，冷静应对

如果谈判对手和你意见不相同，并对你进行责备，那么你要保持冷静头脑，牢记自己的目标，并按下列方法行事。

——向你的对手表示出认真听取的态度，让对手讲下去、不要打断。

——尽可能认同对方观点中合理或中性的部分，甚至表示某种赞许。寻找实际上和相关事宜一致、相近的部分。只要你办得到的，就接受它们。你可以明确表示同意的部分，并用肢体语言予以表达。此时，对方往往会更加开放、继续商谈讨论此前双方存在异议的问题。

——在谈判过程中始终保持冷静、自信、控制局面的能力和耐心。通过肢体语言和语音、语调、节奏，表明你是自信和有力的。对方的抨击和反复很容易造成你偏离主要目标，但只要不将对方的不同意见、表现加上个人的色彩，你就比较容易控制自己的情绪、沉着加以应对。保持耐心就是在你很失望的时候，你依然能够控制自己的沮丧情绪，共同克服彼此的焦虑情绪，消除彼此的疑虑，用合作与妥协来取代疑虑。通往成功的路径往往是由“耐心”和“坚持”铺设的。

——当对方失态地抨击你时，你可以友好地提醒他注意举止。此时，采用第一人称“您”最为妥帖。例如，你可以表示：“我的感觉是，您的抨击带有很大的误解和个人色彩。我的意见是，如果我们进行有针对性的商谈，我们可以很快得到双方所希望的结果……”

——适当保持沉默，发挥沉默的力量。在谈判中，在所有对情绪的影响力中，适当的沉默有着很大的作用。一方面，面对无厘头的争执或佯装的愤怒或强词夺理的攻击，最为有效的策略就是利用好沉默的武器——退出争执；另一方面，话太多容易暴露太多信息，夸夸其谈是谈判中的忌讳。这是另一种自我约束，也是一种以静制动。当对方提出明显的不合理要求、做不适当攻击或不正面回答你认真的询问时，你可以静静地等待。你的沉默往往会使对方感到不安。此时的沉默，也是一种无声的陈述或回答，会给人一种谈判陷入困境的感觉。（自觉理亏的一方）会感觉不自在而打破自己引发的尴尬，冲破沉默、开口说话。但此时说的话很可能无意间就会透露出其本来不会说的信息，或者对方退到仅仅希望从谈判中得到维持现状这一需求底线。其结果对方不是回答了你的问题，就是不得不提出新的方案，从而为谈判提供新的契机。

——通过表达歉意来消除因提问造成的不快。我们不要忽视抱歉这种单纯的力量，这是表示自身感受最有力量的方式。例如，“我很抱歉，也许是我的表达方式有误，也许是我没说清楚，我的本意是……”。这样偶然性道歉的表达方式，不必低声下气，也不必自责。你主动道歉可以引发对方的自觉理屈，进而促使彼此开诚布公地对待问题，使谈判以建设性气氛继续下去。

不管对方抨击或生气的原因和理由是否站得住脚，采用上述致歉的方法都有利于向对方表示诚意，即本方愿意以相互理解的心态来进行商谈，从而有利于双方回到谈判的主题并进行建议性的商谈。有时候，不需要你作任何让步，只要你专心地和对方讨论你们同意的一些看法，寻找任何可能的机会表示赞同，就可能平息争执。因为要对方去攻击同意他们看法的人是很难的。伺机表示认同，是化解对方的争强好胜心理、平息不必要纷争的良方。

2. 创造性破解难题

——打破常规的思维定式，创新克服障碍。多提出一些对方会回答“yes”（肯定回答）的问题。“yes”充满了神奇的力量，是解除对方心理武装的利器。尽可能找机会用“是”而不是用让步来回答对方。例如“是的，那是重点。”“是的，我同意……”多积累一些“是”，会成为谈判的正能量。通过对方的认可，创建继续谈判的有利气氛。

——在谈判极度困难，甚至互相敌视的情况下，坚持不懈、毫不动摇，朝本方既定目标保持行动。坚持不懈是指需要时可以转变方向，但不要对你的基本目标失去注意力，以保持行动能力。适度合理的坚持会产生一种更加令人满意的、更富有成效的结果——关键是把握坚持不懈的程度和火候。

3. 多种策略，打破僵局

谈判出现僵局是经常发生的一种状况。此时，谈判双方都无话可说，谈判进程也无从继续，好像进入了“死胡同”。只有打破僵局，才能克服障碍，使谈判回到沟通的轨道、得以继续进行并取得双方希望的结果。

打破谈判僵局的万全之策是，多准备几种解决方案或策略，尝试尽可能多的方法予以处理。对于化解僵局而言，力求客观，设法建立一项让双方都认为是公平、易于实行的办事原则、程序或衡量事物的标尺作为客观标准，往往是解决问题的总钥匙。

以下是为打破僵局建议采用的部分方法。

——回顾成果：双方可尝试着一起回顾以往合作的成果、此次谈判迄今为止已达成的共识等一些双方感兴趣的话题，讨论并澄清争议或分歧的确切原因。此时，往往会发现双方已达成的成果比各方预想中的还要多，双方离达成协议甚至只有一步之遥。只要双方讨论这些积极的话题，就会激发双方寻求进一步解决方案。

——关注利益：关注利益比关注立场更能解决问题、实现初衷。谈判者是为自身利益坐在一起谈判的，谈判者往往根据自己的判断和认识希望通过坚持自己的立场来“赢”得谈判，而忽视潜在利益，造成僵局。如果能将注意力调整到立场背后的利益，谈判容易出现转机和希望。

——指出后果：终止谈判对谈判双方来说是一种有百害而无一利的结果。考虑适时讨论并指出谈判破裂对双方的消极影响和后果，会激发双方解决问题的决心。当一方试图用语言勾画出谈判破裂的消极影响时，另一方会从维持积极自我形象出发来消除谈判破裂的消极影响，采用较前更为积极的态度来对待分歧，使谈判峰回路转。

——表达感受：当你诚恳地表达了自己对谈判僵局的沮丧，向对方表达本方的感受之时，也是显示本方善意与诚意之时。对方有可能触动其内心完全相同的感受，卸下心理防备的盔甲，表现出乐观的合作者的姿态，进而投桃报李，使谈判重回合作的轨道。

——主动换位思考：谈判本身就是一个先给予然后获得回报、获得回报后再继续给予的过程。当你在谈判中被对方或某个条件卡住时，以开放的心态、换位思考的角度、感同身受的语言表达本方对对方意图正面理解的善意，要求对方以同样的方式予以理解也不失为一项策略。当对方充分理解压在你身上的诸多限制后，他们的感受有可能会发生变化，从而作出不同的决定。

——尝试迂回战术：更换主题，先易后难。遇到双方僵持不下的难题时，可暂时搁置捆住双方手脚的问题，设法将话题转换到另一个问题、观点或方法上，从谈判解决其他相对次要、比较容易满足的一些要求着手，先易后难，做好铺垫，放松气氛、减少对抗、打破僵局，为最终迂回解决难题创造条件。这种将难题搁置一边“冷处理”的办法对谈判继续进行非常有效。

——求同存异：僵局的形成往往由于一方或双方一直忙于争夺有利位置，希望速战速决。求同存异既是一种有效的谈判技巧，也是打破僵局行之有效的手法。此时，不管对方对你使用的策略采取接受、拒绝，还是提出其他方案的反应态度，僵局事实上就已经被打破了。

——讨论替代方案：死马当作活马医，试着转向其他替代方案，尽量大胆发挥自己的创造性，力图将谈判带出死胡同。能否发掘创造性思维，根据谈判进展情况，找到替代方案，是成功谈判者与失败谈判者的最重要区别，因为对于成功谈判者来说，任何艰难的谈判，只要用心、努力，就永远存在替代方案，等待我们去用心挖掘。

——在基本框架内行动：尽管谈判双方的需求不尽相同，但彼此的需要是双方坐到一起进行谈判的基础，且双方都有共同的兴趣与需求。当谈判陷入僵持阶段时，可以依赖谈判开始阶段表态要遵守的共同目标规定的双方最根本初衷和共同需求，例如，“我们双方都同意必须共同努力达成和解……”“我们都清楚彼此需要对方，且同意就任何分歧进行坦诚讨论……”一般说来，只要能找到共同的需求点，谈判的进程也就自然矫直了。

——造就需求：对于当前需求的谈判关注往往容易使谈判双方忽略了以往的合作与未来的需求。事实上，我们所有的需求都逃不出以往、当前和未来需求这三个范畴。在占据双方关注中心位置的当前需求谈判“卡壳”时，如果能转换时空概念、指出一种或多种满足对方未来需求的可能性并被对方所接受，从而换取和他们达成目前协议的可能性，也是一种很不错的谈判筹码。

——休息暂停：当谈判陷入困局或僵局时，可采用体育赛事“叫停”的方式，要求适当休息或暂停。如果你是单独谈判，可以离开谈判桌去看看窗外或去洗手间方便，重新思考会让你产生新的见解；如果是团队作战，可以利用暂停和团队成员讨论相关问题，以便变换心情和环境，重新调整行动。

——改变地点或程序：有时候，可以试着更换谈判地点或程序，站起来到处走走，思考一下此次谈判的真正内涵，调整一下定位、清晰分析谈判的方向，或者提议到现场转转，参观生产工艺流程，都有可能帮助双方调整视角、影响谈判者态度、改善气氛、协助双方走出困境，挽救谈判。

——互惠妥协：虽然“妥协”这个词传达的消极意义多于积极意义，但适时表示妥协并且向对方提供一些好处确实被证明是打破僵局的有效方法。为了满足自己和他人的需求，使谈判走向成功，我们必须学会妥协。在本方预定的范围底线内，以合适的时机、方式向对方作出合理的让步，在互惠、利益对等的前提下，保证重要、长远目标的实现，也是谈判技巧的重要组成部分。

——退出谈判：这是万不得已的下策，但也只能是实在没有办法的最后办法。除非你确信已山穷水尽、绝无谈下去的可能，你的离开会给对方造成震撼、迫使对方让步，哪怕是只为了自己的利益着想，一般不要采取这种选择。否则，一遇到困境就冲动起身走人的后果，可能是你今后仍会面临不得不面对“得罪”过的对手、并且还要和他打交道的局面。那时，再去屈辱地认错或收回过激的言语比此时冲动要更难受。

总之，当谈判处于僵持状态时，尽管没有什么灵丹妙药或锦囊妙计可以解围，但也并不是一般人所认为的只有将球踢给对方或逃离现场这两条出路。完全可以发挥创造性思维，提出方法多样的策略和解决方案，打破僵局，使谈判走向双方希望的解决需求之道。

八、达成共识，适时结束谈判

通过综合、灵活采取以上做法，达成协议就成为可能。

1. 创造条件，及时达成协议

此时，双方需要：

——重新回顾、整理谈判对方的主张，使之看起来更加确切。

——诠释谈判对方的主张和论据。本方可以强调理解对方的表述，并将每个主张的理解和诠释的内容落实到相关的文字表述上。

——列出应加以解决的疑问。

——列出谈判对方要求的条件和所作的选择，同时提出其他备用方案。

——请对方帮助和提出建议。

——提交有利于达成协议的建设性建议。站在对手的角度上思考并寻找其中暗含的利益：

（1）他成功谈判的目的是为了在上司面前证明自己的能力（表功）?

（2）也许因为他的自身谈判地位较弱，故采取此种抨击和反复无常的表现?

（3）他可能受到来自上司、同事甚至下级的压力，志在必得。你用哪些有说服力的理由加以应对?

你需要思考，面对这样的谈判对手，如果不能达成协议，什么样的选择方案是最有效的？你拥有选择比最好替代方案更好的协议空间和可能吗?

——在不激怒谈判对手的情况下，表达你的观点。采用第二人称“您”提出你的观点，使用有力论据论证、强化你的观点，说明能给双方带来的好处。

——请求对方给予明确回应，促使谈判对方对继续谈判和其他方案持开放态度，并在自己的内心保持定力，不管对方如何回应，也不会影响最终协议的达成。

此时，你要考虑的其他因素包括：你的谈判对手需要或想要保持自己的声誉和面子，需要以胜利者姿态或地位来结束谈判。

谈判过程中往往会出现这种情况，尽管你的建议方案很好，甚至高出了对方的期待，但对方仍不愿意接受。此时，可能的原因是，并非由于本方的提案令对方无法接受，而是对方为避免感到屈居下风而予以拒绝。因为如果对方接受了你的建议，则意味着你的方案好于对方的方案，有可能损害对方看重的面子或声誉。因此，此时的方案应改变表达上的方法或词句，至少应该从形式上需要包含对方的部分意图和表述。这样的提案，即使主旨和内容不变，也更容易被对方所接受。

在许多谈判实例中，不少谈判是因为对手感觉丢了面子（声誉）而坚持不让步导致谈判失败的。认可是人的最重要的激励动因之一，面子问题与谈判者自己希望塑造的形象有着深切的关系，不能忽略其重要性。当你的谈判对手感觉需要捍卫自身的声誉、自身价值和荣誉不受伤害时，再好的方案、即使对本方更有利的方案也不在其考虑、接受之列了。

所以，一定要注意让谈判对手在同伴、同僚面前感觉有面子，认为并认可他在谈判中取得了好的结果。

2. 价格谈判中的窍门

——为了能够迅速进行价格上的谈判，应了解所有的支付条件、支付方式和价格。

——尽可能避免在价格上作出让步：可以从产品质量等其他角度说服谈判对方。一个对你产品质量深信不疑的客户是不会把降价作为主要或唯一目标的。

——寻找出客户要求降价的动因，是为实现个人的雄心？为了向老板证明自己的谈判能力？根据对动因的分析，作出是否让步或让多少以及如何让步等考虑。

——换一种算法，使你的价格或数字看起来缩小。例如，用 18 000 元举办一个研讨会显得太多的话，可以改成 10 人参加该研讨会、每人出 1 800 元费用的计算方法，则显得更加有吸引力了；又如，3%的折扣，就比降价 1.5 万欧元的要求听起来更加容易接受等。

——要非常小心地降价，一旦下降就很难证明回到原先价格是合理的起点。

——尽可能做间接让步，可以提供原材料的折扣或者同意提供免费的宣传资料等。

——如果降价已不可避免，应该宣传此项降价为“一次性的、特价、促销性降价”等，以便在此后能说明此项降价不成为其他合作项下的先例。

——尽可能将你的每项价格让步与对方的某项让步捆绑起来。

——最好能和对方达成有条件的折扣或降价协议，如销售达到一定量时，折扣才兑现或追溯，达到该销售量之前，仍按现行的价格执行等。

3. 评估失利的谈判可能产生的负面影响

为了使艰难的谈判最终顺利结束，必须周全地提前考虑谈判一旦破裂可能带来的负面影响，充分认识谈判破裂对双方带来的种种后果。此时，采取有针对性的措施，考虑共同防止出现双方不愿看到的结果也是很有必要的。此时，忌讳的情况是，欲速而不达，以非达成协议不可的急迫心情，使自己骑虎难下，困陷于进退维谷的境地，从而自乱阵脚，进退失据，无厘头让步或作出自己后悔的决定。

进行谈判的目的，在于期望可以得到能比不谈判理想的结果。此时，应认真向谈判对手解释谈判失败的可能结果和达成协议对双方的好处；沉着冷静地列举如果不能达成协议，各方还有哪些替代方案。在表述上述观点时，一定注意不要被对方当作威胁或施加影响。在谈判过程中，始终要避免发出让对方产生受到威胁感觉的错误信号。因为人一旦感觉受到威胁，第一反应往往是拒绝和反击。采用威胁手段达成的协议，也不可能起到长期作用（比如，以不涨工资就辞职相威胁的人，永远得不到领导和上司的重用和信任，就是生活中的现实）。采用威胁的做法，会影响你的形象和口碑，使你成为笑料并使人们不把你当回事。

如果你不想回避对方可能的威胁，那就直接面对。本方可以明确地表示，如果未达成协议，本方一定会另寻其他途径加以解决。

对付谈判高手的最有效策略是，事先研拟好自己的最佳替代方案。提前拟定协议谈不成时的替代方案，不仅可以决定自己最低限度可接受的协议，而且也能避免接受限度以下的协议。否则，对方的谈判力强时，你却陷入与对方实力的竞争，那么，即使你不上对方的当，也势必是在备尝艰辛后，尝到空手而归的苦果。

九、综述

——当你的谈判对手试图采用说谎、恶意操纵、欺骗等手法，抨击或闪烁其词时，一定要认真听取他的话，注意观察他的肢体和语言，并冷静应对，以挫败他的计划。

——不上当，也不要硬碰硬、针锋相对地去争执，而是冷静沉着地应对：注意听他讲下去，表示出理解等出乎其意料的举动，择机予以点而不破。

——如出现不同意见，可寻找其中能被接受的意见，表明你同意或部分同意的态度。

——坚持不懈，是指对目标、本方利益追求的不放弃，不失去自己的方向和目标，而并非对自己的意见、立场、观点固执己见。在需要作出让步或妥协时，顽固和执拗会使谈判者变得呆板、僵硬，使谈判陷入僵局。真正懂得运用自身能力的谈判者很少固执己见或拒绝妥协。

——冷静，控制自己的情绪，针对对方的不同意见和个人抨击作出理智反应，友好地提示对方注意举止和用词。

——有效处理（包括及时披露相关信息）是影响力的真正所在。善于通过渐进地向对方披露信息而逐步占据谈判优势是必须通过用心学习和反复磨炼才能掌握的一种谈判能力。

——向对方解释你的观点，点到为止，并考虑将对方的意见作为可以选择的一部分，加上本方意见作为补充方案提出。避免过多地就对方引发的问题作防御性解释，避免激怒对方，避免流露出对培养双方合作氛围毫无好处的情绪化气话，避免偏执、言过其实。漫无边际、夸夸其谈的人说得越多，他说话的效果就在成倍地衰减、越缺乏说服力，越容易被对方认为是被用来掩饰不利因素的说辞。成功的谈判者面对任何挑战，都会用最简洁、最直接的方式给予回应。大堆官腔和模棱两可、令人费解的话只能起到败事有余的效果。

——以尽可能接近谈判对方意见的形式提出建议或协议方案，尽可能给对方以获胜或赢得谈判的感觉。

——懂得如何首先打破沉默、打破可能出现的尴尬，将沉默当作是传递默许和同意的非语言信息来正面处理，适时掌握火候，掌握将谈判引向正确方向的主动权。例如，在经历了一段时间的沉默后，微笑着说：“既然您没有提出任何异议，我认为您认可了双方就此达成的协议……”此方法往往被证明是有效的。

第六节　求同存异，弥合分歧

积极正面应对不同意见和观点。

你难以想象，在谈判过程中你的谈判对手不提出任何异议，毫不犹豫，立马就同意你的意见，你可以不费吹灰之力就达到自己预定的目标。如果真的出现类似场景，你反而应该第一时间自问：是不是本方目标定错了，制订得过低？抑或是哪儿出错了？所以，没有争议的谈判是不可能的，有争议才有谈判，有不同意见才需要坐下来谈判。因此从谈判开始前、准备方案时就应该对谈判的难度有相应的判断、充分考虑对方可能提出什么类型的不同意见，你该如何应对等。

如果你在谈判过程中，双方经常谈到某个话题，那你最好要将对方提出的异议记录下来，同时要将你对这些问题的反应记录下来。经过长期积累，你就会从中挖掘到经验和阅历的宝藏。同时，你可以将不同的观点和反辩的论点，以及表达方式列举出来，从中加以分析、选择和积累。此时，需要注意的是，你对不同观点的反应，应该适合你本人的一贯风格、谈判对手的身份和谈判的氛围。

一、借口和异议

寻找借口和表达不同意见，表明谈判对手不接受你提出来的要求。一般说来，对方之所以表示不同意的原因大体有以下几类情况：

——对你提出的论据有怀疑。

——不同意报价、条件和让步的要求等。

——对你本人不了解并存在疑虑。

——对本方建议带来的好处和必要性尚不清楚。

——对所谈的内容不感兴趣。

——对合作内容不感兴趣。

——选择的谈判时机有误。

在整个谈判过程中，应做好充分的心理准备，听取对方的异议和各种借口。应对出现的预料中的情况，重要的是：耐心听取对方的异议和借口。只有当你了解不同意见或借口的真正原因时，你才能做出正确的反应，从而解决分歧，达成一致。

此时，了解异议和借口的区别是很重要的：

——异议，是指当你提出的条件没有相应的论据、数据和信息所支撑，不被对方所接受，从而产生的不同观点或意见。

——借口，是防守的办法，其采取防守的真正原因不愿被披露，而寻找其他的原因和说辞。

寻找借口可能有多种原因：

——一个无支付能力的人，肯定不愿意透露其支付困难的原因，而往往以对此交易不感兴趣为借口以隐藏真正的苦衷。

——也许你在无意中伤害了谈判对手，对方宁愿以某种借口中断谈判而不愿直接提出原因所在——相互不喜欢的人往往会公开说出这个事实。

了解问题的原因成为解决问题的关键。异议或不同意见是可以直接面对、加以解决的；而往往由于不了解借口背后真正的原因，借口很难排除。

如果你的谈判对手采用下列话语：

——我没有时间；

——我不想谈这件事；

——这和这件事没有关系；

——这不适用于我们的情况；

——我不需要……

上述说法，可能是异议或者借口。判断是借口还是异议的方法为：你首先作为不同意见加以商谈、排除。如果经过商谈，这个借口刚被排除，他又提出另一个借口或同一个借口，此时事态就明了了。

只要借口背后的真正原因没有被排除，任何论据、理由或让步都没有意义，也不起作用。因此，如果遇到不同意见，首先要判断的是对方表态是不同意见还是借口。为此，可以采用“如果……您……”的办法加以提问、予以澄清。例如：如果您今晚有时间，我们可以接着谈吗?

如果对方是真的有不同意见而非借口，他会回答“行，可以”由此认定对方提出的是问题而非借口。如对方回答“不”，那可以肯定对方此前的表述是一个借口，此时就要力争了解对方借口背后的真正原因。只有了解到真正原因，并加以解决，谈判才能向前推进。此时，你可以表示："看来，您不同意继续会谈还有别的原因吧?"

按照有经验的谈判老手的做法，只有一种办法可以将异议与借口区别开来，以识别借口背后的原因。这种办法就是耐心、谨慎地了解，并解决对方借口背后的真正原因。

消除或减少借口的5个步骤如下。

(1) 表示理解：向你的谈判对手表示已经或正在认真听取他的意见，这样可以减少对方的抵触情绪和可能的反击。对付一般性的借口，用一般性的回复即可。例如：我很高兴您能向我详细介绍了贵方观点……

(2) 减少借口：排除诸如对没有时间、不感兴趣等类似说法的借口。作为信息接收方，很大程度取决于你如何诠释这些话语。例如：我们可以在您方便时商谈，以便……

(3) 提出正面、积极的建议：提出使双方都满意的积极性建议，这将使谈判对方对会谈持正面、积极的心态。例如：我认为您肯定对我方的建议感兴趣……

(4) 介绍利益和好处：介绍本方的方案有哪些好处及附有哪些条件，其中哪些是对谈判对方尤为有利的地方。例如：您若有机会直接参观我方生产线的流程，您肯定会……

(5) 邀对方参与：邀请对方正面、主动地参与进来，你介绍的情况采用类似"这样行吗?""不是这样吗?"等征询意见的话语来互动，使对方能够参与意见和商讨。

如果此时你发现对方仍处于消极状态，这表明他是不想商谈了，无论你怎么试图说服都无法改变这个决定了。此时，最佳的办法只能是中断会谈。

二、探讨分歧的基本规则

规则一：认真并友好地听取不同意见。

你可以设想，在谈判过程中，对方不断地提出不同意见。这些异议主要来自于以下原因：

——谈判对方尚不能肯定是否可以同意或不同意本方的意见，他需要更多的信息和论据。

——他对你的解释不放心、尚有疑虑。

——他对你的解释不满意、认为不符合他的需要。

——他关心的问题并未解决。

——通过提出异议，希望得到相应的让步。

只有当你能够回应或解决谈判对方的内在需求时，异议才会消除。你越了解对方的需求，才能越容易地找到说服对方的论据并作出合适的解释。一个内心被说服的谈判伙伴一般就不会或很少再有反驳意见。耐心地听取对方陈述，有利于你分析对方提出异议的真正原因。

正确对待不同意见：提出不同意见并不等于对方不愿和你达成一致。事实往往正好相反，如果谈判对方带着一些不同意见来谈，说明他是希望达成协议的，正所谓“褒贬是买主，喝彩是闲人”。提出疑问或异议是为了得到更多的信息或让步。对于你来说，这正是商谈、解释报价、条件或说明对对方有利之处的机会。因此，可将对方提出的每个不同意见，看成是一个积极、正面的信号，并有意识地加以利用。如果对方不提出异议，你还没有解释或重复、补充的机会，要感谢对方通过提出不同意见或者质疑，给你提供了介绍、陈述、表达本方意见的机会。

规则二：除非挑衅，不反击对方、不辩论。

面对对方采取强硬态度，一再提出异议或不同意见，很容易刺激你批评对方、拒谈对方提案，不少人选择立即进行反驳。一方的提案一旦被批判，他会极力辩护、强力防御，反击对方的攻击，形成“拒绝对方立场，只会增加对方坚持立场；防御自己的立场，只会增加自己固执立场”的恶性循环。一味保护自己，谈判会变成彼此的冲突、中伤与较量，而后陷入彼此的攻击与防御的怪圈。这样，双方均费时费力、伤感情，却无法解决需要谈判的问题，降低谈判解决分歧的成功概率。诸如“这不是真实情况”“我想说的不是这意见”等话语，只能激怒对手，只能使对手感觉到他是无能的，从而伤害他的自尊心，使你难以取得谈判的成功。

同样，谈判不同于辩论与竞赛。辩论是要驳倒对方的观点，竞赛是要战胜对方，而谈判更多的是向对方说明你自己的观点和立场能给对方（双方）带来的利益与好处，通过有效的沟通、消除误解或异议，让对方接受你的观点和立场。把问题的责任推到对方身上，并指责对方，无助于问题的解决。在谈判过程中，必须清楚地了解并承认彼此对各自关注的问题状况有着不同的解读和判断方法，而只有双方均了解对方的主张，并认定彼此是为了一同寻找对双方有利又公正地解决问题、坐下来谈判的伙伴而非对头，才能完成互动的、有效的沟通，把问题按照它自身的实质或价值来加以解决。

此时，哪怕你感觉到对方的某个不同意见完全是多余、无理甚至荒唐的，也要十分注意让对方有自己辩护和回转的空间，留给对方面子和余地，除非面对恶意的挑衅，永远不要把对方逼到墙角、无地自容、奋起反抗的地步，使谈判不可避免地破裂。

避免攻击与反攻击恶性循环的最佳方法是只坚持自己的立场、但不反击对方。如果对方企图用攻击的手段来给你施加压力，你无须逃避或拒绝。对方批评你的提案，你无须立即防御；对方对你进行人身攻击，你无须动怒奋起。不立刻反击对方个人，是闪避对方的攻击，避免与对方硬碰，是要使用技巧，探究对方的核心利益与软肋，将对方的力量化为自己的能力，将反击的力量聚向问题的本质，选择双方获利的条件，采用柔道的打法，借力打力，化解矛盾，取得进展。

规则三：弄清异议的真正原因。

为了通过提供补充论据来消除对方的异议，应该首先了解对方异议的真实原因和意图。否则，南辕北辙式的补充说明可能成为多余之举。只有了解异议的真实原因，才有可能正确反应，并加以消除。

如果你的谈判对手表示你的报价太高，那可能有多种原因造成。例如：他不相信该报价的性价比，或者他有其他供货商的报价，又或者他的资金不够购买此报价产品。如果遇到上述情况，建议采取开放式提问，以了解异议的真实原因。

比如——

对方：“报价太贵了！”

提问：您和什么相比认为太贵呢？

您说太贵，想说明什么？

依您的看法，应该是什么价格？

您按什么标准来判断价格？

对方：“我对这价格没兴趣、我对这产品没需求……”

提问：那您的需求是什么？

您对什么感兴趣?

规则四：补充信息，消除异议。

经过对异议进行认真的分析研究后，你可以继续会谈。

——引导对方以问题本质为基础进行谈判，双方互相讨论实质利益选择方案及客观标准，而非热衷于将自身利益维持在最大化的限度，才是开拓成功谈判的大道和捷径。

——当对方提出他的立场或方案时，不必立即表示同意或者拒绝。可将对方的立场视为一种选择方案，观察对方立场背后的利益与潜台词，构思可以加以改良的办法，并坦诚与对方讨论，如果接受对方的主张，结果将是如何。

——如果对方对性价比仍有疑虑，你可以针对对方的异议，提供本方报价性价比的新论据，正面加以说明。因为强推或逼迫对方接受或拒绝某种方案，往往适得其反。有效的方法是让对方说出到底哪儿不理想。此时，你可以询问“这个方案中，您不同意哪一点？为什么?”，力争把批评改为建设性的提示与征询。此时，要注意不要过于坚决或武断地断言，否则容易引起对方的反抗，但可以用询问的口吻。询问并非批评，而是启发，表示以积极、开放的态度等待对方的回答。

——如果对方有更低的报价，你可以用本方报价与它进行比较。对方价格也许更低，但质量是不相同的。经过比较后，决定是向谈判对方提供更多有说服力的信息，还是作出价格让步。价格往往不是唯一决定性的因素，好感和信任感在某些情况下往往起重要的作用。

——如果确因对方资金不够，决定本方可否减少一些原先提出的服务，以降低报价或作出进一步让步以利成交。

你不可能消除所有的异议：你往往可能遇到一些现实中实实在在存在的、你没有能力通过解释予以消除的问题。如果遇到此种情况，那你就干脆接受这些不同意见，正面予以采纳或者通过妥协来消化、化解异议。

规则五：积极探求替代方案。

——站在客观、标准、实事求是、互利原则上构思、开发最佳替代方案，谈判才容易成功，而不至于迷失或败阵。预先拟定无法达成协议时的替代方案，则容易对问题的本质进行谈判。对谈判过程中出现的其他较可行方案，如经改良或改善后可以成为更加实用的替代方案，应以开放的心态予以积极选用。你可充分利用所拥有的一切资源、信息、时间、人力、财力及智慧，开发、设计一套独立于对方意愿之外，而对你最为有利的替代方案。同时，不畏随时中止谈判，则可以立于不败之地，对谈判结果的影响力也会愈强。只有进行提前的研究、全盘的整合、周密的布局和开放的预案，才能满足双方各自的利益、各取所需，稳操胜券。

三、消除、回敬异议的其他方法

如果你了解或预见到对方将提出某种异议，就应提前作出预测，思考对策，予以消除。

比如：某旅游代理想订 30 张床位以取得 25%的折扣，他就可能说："您也许觉得打折后价格太低了，但如果您考虑入住率的提高和客人的消费等，那还是一笔很好的生意。"

（一）肯定法

采用肯定法，强调谈判对方的价值。你可以夸赞、感谢对方提出的不同意见，从而使谈判能继续下去，而谈判对方也会对你的进一步解释持开放态度。

比如：

——这是一个很重要的指数，请允许我从这个角度给您解释一下贵方可以从中得到的好处。

——我看得出来，您是这个领域里的行家。

——您提出了一个很重要的问题。

——您的提问很及时（有用），我们可以明确一下相关的情况。

——我很高兴您在谈判中提出这个问题，您说的"尽量"应该如何理解呢？

（二）回敬法（引而不发法）

通过此法，出乎意料地把异议返回谈判对方去，并使对方产生希望了解更多的信息和论据的意愿。

比如：

对方说：“我们不想延长合同了，贵方的价格太高了。”

此时你可以表示：

——正因为这一原因，我们才坐在一起谈呀。我们已为贵方准备了一份你们肯定感兴趣的方案。

——您和我谈这件事正对路，我本人就主管此项工作并专为此事而来。

（三）提示参照法

当谈判对方提出不同意见的原因是由于对本方的报价半信半疑时可以采用此方法，可以提出曾接受类似条件并有过良好合作成果的其他伙伴的经验，供对方参考以消除疑虑。

比如：我们非常理解贵方的疑虑。×× 公司也曾提出类似的疑问，后来经他们仔细研究，发现我们的报价性价比最好，最后双方合作十分愉快，一直持续至今。

方法：开放式提问。

——提问目标：准确的、有针对性的论据。

——对策：增加了解、增信释疑。

——举例：我们曾经和 ×× 方有过类似领域的成功合作，如果您不介意，请……

四、把握谈判结果

本方提出论据、作出解释之后，必须要了解是否起作用，对方的异议是否真正消除了。此时需要注意对方的肢体语言。对方皱着眉头或双臂交叉在胸前，就表示你的说辞没有达到目的。会谈过程中经常发生的情况可能是，你的解释并没有满足对方的期待或解决对方心中的问题。此时，如果你不敢确定，可以询问一下对方是否对本方的回答感到满意，以消除可能的任何疑虑。而要做到这一点，必须对对方的所有疑虑或异议都心中有数。为了得到明确答复，可以采用开放式提问，以提出需要回答的问题。如你提出“您还有别的问题吗?”等一般性泛泛的问话，你可能得到对方沉默或摇头等表示。如果此时你提出具体、明确的问话，例如“在这一点上，您还有问题吗?”会引起对方的思考，并给予详细、具体的回答。

五、综述

——不同意见和借口是对本方提出的报价或条件的反应和异议。

——借口是自我保护的一种办法，其中一般隐藏着不愿明示的真正原因。

——异议可以消除，但借口难以消除，因借口的真正原因难以了解。

——如果一个借口被作为异议对待、解释、消除了，对方又重复同一借口或提出另一个借口，那就可以判断为“借口”。

——如果对方提出异议，要友善、认真地听取对方的意见，不要反驳，要提出开放式问题，弄清楚异议的真正原因，采用合适的论据和补充信息，争取说服或消除异议。

——当你预判对方会提出不同意见，可以主动将异议提出，加以积极消除。

——通过肯定法，承认对方不同意见中的合理部分，或感谢对方提出不同意见，然后再作进一步解释。

——再次确认，通过消除异议的各种方法，你是否回答了所有问题，是否消除了对方的所有疑虑。

第七节　结束谈判的征兆和技巧

在谈判中，有一些可以结束谈判的技巧，但这些技巧谈判人员永远不要单独使用或对待，应综合多种因素、适时加以采用。

实际上，谈判伊始就开始了谈判结束的进程，但是如果你得不到谈判对方的好感或认可，你是谈不出结果来的；与此相反，你从一开始就获得对方的认可或举措得当，好的开始就为谈判顺利结束做好了铺垫。

成功结束谈判的另一关键点是，具有说服力的论据和消除异议的能力。

你只要成功跨过这两个台阶（取得对方信任、认可和拥有说服力的论据及理由，并以对方可接受的方式表达出来），那你就离顺利结束谈判不远了。

一、认同结束谈判的征兆

一定要注意，不要站在结束谈判之路的当中，自己挡自己的路，即对方已认同谈判结果，认为可以结束谈判时，你却浑然不知，继续滔滔不绝地画蛇添足，成为结束谈判的障碍。

一般自认为敏感的人，往往会浑然不觉地忽视以下信号（征兆）：

——谈判对方已暗示同意某种方案，但你仍然滔滔不绝，错过了最佳时机。

——你在错误的节点上作过多的、无用的坚持，甚至试图迫使对方作出同意的表态。

——你没有抓住谈判的感觉和节奏，在可以加快节奏时却建议谈判对手重新商谈、咬文嚼字地推敲已商定的条款，等等，这可能导致谈判对手改变某个方面的意见或主意。

——在决定性的时刻，你表现出拿不定主意或迟疑不决，从而造成谈判对手不安全或不信任感。

结束谈判的信号（征兆）可以出现在谈判的过程中，也可能出现在谈判伊始。

你可以设想，如果谈判对手一直对你报价采取不阴不阳、怀疑态度，但今天却友善地表示“很高兴今天见面，我们仔细研究了贵方建议，我还想提出一个问题……”在此情况下，你应该立即抛开原先的计划，给予对方结束会谈的信号作出迅速的正面反应。

这时，你应该毫不拖延地回答对方的问题后，直接引导会谈结束。否则容易节外生枝、拉长话题，并错失时机。

你可以通过谈判对方的许多举动和外在表现来认定对方已准备结束谈判。

(1)“人之将离，其言也善”，当对方对其行为作出合理化的友善解释(用美化往事的方法来重构过去、解释自己的决定、发泄自己的感情、提高自己在同行心目中的地位、为自己曾经的言行作出合理化的解释、褒奖与肯定谈判对手等)，就意味着即将谈判结束了。

(2) 开始思考达成谈判意向之后的进一步设想（如对方想将房屋连同屋内设备一同购买，此时，已开始考虑室内家具如何处置等细节问题）。

(3)准备结束谈判的征兆(信号):

——对于对手提出的介绍和论据表示赞同(目光流露出赞同之意,点头、垂下头等姿势)。

——开始思考协议的结果及相关事宜。

——询问有关具体细节(执行方法、数量、期限等)。

——要求综合、综述迄今为止达成的所有协议或商定一致的内容。

——目光不自觉地转向、并多次停留在要签的合同、文件上,关心文本的具体措辞、核对包括标点符号在内的各种细节。

——谈判对方向他人讲述将签署合约或达成协议(对其)有利的论据。

——更多地采用"是、对、行"等肯定词来回答问题,并提及已达成一致的有利部分。

——更多地从正面询问下步如何谈、如何办、如何执行等细节问题(如购房者会提出如何付款、交钥匙或装修工人何时到位等具体问题)。

二、及时对结束谈判信号作出最佳反应

对于结束会谈的信号,可以根据谈判的具体情况和谈判人的个人风格来采取多种不同的具体反应。但不管采用何种谈判技巧,必须考虑到下列因素:

——及时回顾、评估开谈时双方的目标差距,目前的情况及进展,对双方的努力和分歧的缩小或弥合作出正面评价。

——在终局让步时机的选择上,应对主要部分的让步可安排在最后期限之前,次要让步以对方的目标为依据来确定本方是否让步以及让步的最大幅度。

——一定要避免流露出取得巨大胜利后、难以抑制的欣喜和将对方说服甚至战胜的胜利感和优越感。因为这会引起谈判对方的不信任感甚至反悔,很容易会认为是否吃亏了、考虑是否需要重新翻盘等。此时,最好表现出是否走得太快、对会谈结果能否得到上级批准没有把握等,类似的表现有助于双方以正常的心态顺利结束谈判。

在认为可以建议结束谈判时,可以直接提问,提议结束会谈。此时,可先列举如达成协议、按照已达成一致的条件给双方带来的所有好处和优惠,必要时可列举出如果没有达成协议,可能给双方带来的不利之处等,适时将

谈判引向结束。

在此过程中，不要流露出对签约、实施日期、期限等的迫切心情。否则容易被对方所利用，要求你作出更大、更多的让步。

此时的提问可以更多地以“如果我们合作，您看合同何时生效、施工期是什么时期?”“假如我们签约，何时开工?”等方式表述，尽可能采用“如果”“假如”，而避免直接使用“不”；也可以让对方从若干个可能性中作出选择的提法，引导对方来提议结束会谈，如“您看我们是草签还是正式签署此份协议?”等。

三、协议、合同的准备与签署

与外方谈判时，应主动争取由本方准备、起草、制定会谈协议的文本。因为本方更熟悉本国的法律法规，这样可以确保对于本方来说十分重要的条款与核心（利益）条款以正确的方式列入协议，使本方拥有优先挑选本方愿意采纳的表达方式形成文本的可能性以及一旦发生纠纷需要引用法律条文的主动权。此时，可以在确定以本方文本为谈判文件的基础上，请对方来补充有关细节或作必要的修改或增删。在此种方案下，如果对方提出的某些修改或改变与双方实际会谈的结果不相符，本方更容易在文本内保持准确反映双方会谈结果，或回到符合双方达成协议初衷的表述中来，避免节外生枝，避免由对方利用起草协议文本的机会在合约中埋下使我方上当的“伏笔”，避免因模棱两可的表述引起不同的诠释，也可避免我方过多的修改或异议导致谈判进程受挫。

在商谈、确定合约文本时，应注意合约文本的公正、实用性和准确、协调性。所谓“公正”是指所获得的利益与所承担的义务要均衡；“实用”是指合约条款实在、利于执行。这就要求字斟句酌地推敲合约全文，注意语句简明扼要、用词准确，避免任何误会的可能；注意明确界定、确认专业术语和习惯用语的含义，确保准确表达各方的意愿；注意合约文本中对同一术语、规定采用完全一致的用词贯穿全文，注意相关条款前后协调、互为补充，避免节外生枝。

——合约的签署是为了得到执行，只要达成合约的事项没有最终执行，谈判就不会结束，而谈判的过程贯穿于协议的磋商至履行的整个过程。对于契约阶段来说，签署的合约必须考虑执行中可能出现的各种因素，例如，一方的违约、对合约条款不同的诠释、理解、不可抗力事件的发生等，必须采用相应的条款加以明确，以确保签署并生效的合约能够得到执行。

如果本方未能成为合同、协议起草方，或未能制定出双方接受的会谈文件文本，那就一定要十分仔细地审核所有商谈的内容与达成一致的条款，以及相关的正确、准确表述。尤其需要注意的是，经过长期、令人疲倦的会谈和文本的起草、讨论、删改、商谈之后，在此阶段很容易出现忽略对本方来说十分重要、甚至是核心关切的疏忽，使谈判成果前功尽弃的失误。此时，一定要将本方的主要目标、核心条款、各方的责任、权利、义务和文本中相关的表述仔细的推敲与落实，翻译有责任和义务作逐字逐句的认真核对，确保本方的目标已经达到，并准确地表述双方的意图和达成的协议。

四、综述

结束谈判的技巧作为谈判技巧的一部分，不应与谈判本身割裂开来单独使用。实际上，从谈判一开始的整个过程中，就已隐含着谈判过程结束的征兆。换句话说，从谈判一开始，就应始终注意谈判技巧在整个谈判过程中的运用。

——专业性地采用分析、研究结果、有说服力的论证、顺利地消除对方的疑虑或异议是成功结束谈判的基础。

——注意在对方表达希望结束谈判时，不要人为拉长谈判结束进程或忽视对方发出的信号，迅速地作出正确反应，否则会有节外生枝、失去最佳机会的危险。

——对对方希望结束谈判信号的最佳反应是，直接询问是否可以结束谈判。可以采用“如果”“假如”“是否”等问话，由对方来回答、证实可以结束谈判。

——如果为了保证谈判不偏离主题和主要目标，从会谈一开始、从商谈文本起步就围绕、涵盖本方的关注与利益表述。应尽量采取本方草拟的文本作为会谈的基础文本，由本方起草要签署的文件、协议或合同，从而确保本方关注点、双方商定的事宜可以完整、准确表达，并保留按照本方意图形成文本的自由裁量权。

第五章　如何进行成功的谈判

第一节　成功谈判的标志

一、合作共赢才是真正的成功

国际知名谈判专家科恩·赫伯特说过，“成功的谈判并非以一方的独得为赢，而以双方各有所得为赢”。美国谈判学会会长尼尔伯伦格指出“一切成功的谈判，每一方都是胜者”。美国前总统吉米·卡特说过“除非双赢，不然任何协议都不会长久”。国际条约和谈判达成协议的有效性，是以各方是否自觉遵守为客观评判标准的，协议的有效程度，就是看各签约方、当事方遵守达成协议的程度。成功的谈判是通过沟通、协商，满足、解决当事方的需求、问题，取得双方或多方都企盼、接受、满意的双赢或多赢结果，也必然是兼顾各方利益的多赢谈判。所有成功的谈判必然是按照各方“认真准备＋充分沟通＋理性务实协调（妥协）＋准确把握利益＋灵活运用谈判策略＋取得各方满意结果＋加强交往各方人际（合作）关系＋开启或继续长期合作”的建设性路径得以实现的。

圆满协议的要素必然包括有共同或互补的利益、有关方的利益差距能得到补偿的方案。其标志是建立在双方了解各有独自的、共同的多重利益，并在互相协调的基础上，理智找出问题的核心与达到双方可以接受的办法，满足对方利益，提高本方利益的双赢、共赢的结果。对于某些谈判来说，某参与方谈判地位的改善、自身资源得到充分发挥、争取到参与竞争资格等相对较好的局面或结果（在糟糕局面下闯出较好的境遇），本身就是谈判、合作的成功结果。换言之，利益的落脚点决定谈判的满意程度，对谈判的满意程度决定协议的执行程度，而协议的实际执行程度又决定了各相关方关系发展的可持续程度、深度和广度。

成功谈判的艺术在于通过理智、利益和感情心灵的沟通，通过换位思考、理性商谈达到互利共赢的结果。对谈判结果的衡量应与双方最初的意向、与谈判的目标相比较，以谈判结果是否令各当事方满意、达成的协议是否得到当事方实际落实为标杆，并以协议各方关系是加强还是疏远、是否愿意继续此种合作关系为标志。谈判因满足当事方需求、双方均有利益需要协调、满足时而产生，成功的谈判必然是以追求自己的需要为出发点、通过协商、共同寻找各方都能接受的方案、达成各自利益得到相对或相当满足的过程。谈判的成功绝不是战胜对方、你输我赢的零和游戏，任何以损害、减少对方利益、通过施加压力、最后通牒、迫使对方就范、只满足单方面利益或诉求的结果乃至“完胜”，都不能被视为成功的谈判。即使在某些特定条件下、能够达成的某种城下之盟，也最终难以得到执行或落实。从根本上来说，这是由人内心对安全和认同的追求，是人性根本、基本需求这一点所决定的。除了利益，人渴望心灵的交流、渴望真诚和友谊。真诚是最好的沟通钥匙，坦诚有助于培养好感和信任度。国际谈判中，各方代表的是各自的国家，但谈判者的坦诚与魅力，同样可以建立深厚的友谊。忽视这一点则难以达成任何各有关方认真加以执行的协议。只有兼顾各当事方利益的谈判，才是令各方满意、可以加以实际执行并具有实际效率的可持续协议。说到底，维持长远合作关系比谈判个案更为重要，因为良好的合作关系才是持久合作的保证。

谈判是人们为满足某种需求或改善某种关系而进行的活动。谈判，最简单明了但最容易被忽视的重要前提是：谈判是人与人之间的谈判、交流。谈判踏实而圆满的结果，无一例外都是由不断地有效沟通而达成的。无论存在什么样的问题、纷争，所有的协议必须由各有关方共同努力才能达成。所以，只有各方利益得到大体平衡、各方都有所得的谈判才能被各方视为成功的谈判，也才是能得到很好执行的谈判结果。与此同时，若要谈判成功，必须懂得人、懂得人的需求。谈判者必须凭借观察力和理解力去发现谈判各方的具体需求，从而进行有效的谈判。对于人需求的研究，是进行成功谈判必不可少的前提。了解不同类型的需求，能为洞察对手行为提供有效参照，帮助你识破假象和掩饰、了解真相和对方的真实需求。如果不懂得人和人的需求，就难以引导谈判各方为达成共赢的协议而努力。

谈判不是单方面追求自身利益的过程，而是各谈判方通过不断地沟通、调整各自的需要，互相接近、最终达成一致的过程，也是各方不断提出要求、作出调整、让步、妥协，直至达成协议的过程。谈判是一个充分沟通的过程，其过程的长短，取决于谈判方在沟通过程中对各自利益的认识和对各方利益冲突的理解程度。谈判不是无限制地满足自己的利益，每个谈判方都有自己的利益边界，有关方要保护本方的利益，只能在自身可能争取到的、对方同意的界限范围内运作和行动。任何谈判方都必须满足对方的最低需求或利益，这就是谈判的“临界点”或“底线”。这一方面说明，无视谈判对方的最低需求、一味施加压力，逼迫对方超出此底线会得到适得其反的结果，使迄今为止获得的利益和努力消失得无影无踪。这也从另一方面表明，谈判者对于自身和对方利益的理解和事前对“临界点”或“底线”的研判以及临场的把握，也是能使谈判取得成功与否的关键性因素。

双赢合作是成功谈判追求的目标。谈判的目的在于满足自己或本方的利益。谈判是一种当事人之间交流、研究、寻求能使双方需求都得到满足解决方案的一种互动。谈判不是互拼胜负、甚至你死我活的罗马竞技场，也不是唇枪舌剑一比口才的辩论场，更不是审判场，而是说服对方、谋求解决共同关注、需求的场所和形式。以双赢或多赢的理念、建设性态度、贯穿整个过程是进行成功谈判的关键。辩论只应占整个谈判过程的一小部分，否则会对谈判的走向和结果产生不利影响。必须把对方看成是协调意见的同僚，彼此是为共同问题努力、寻找对彼此有利、又公正解决方案的同伴。必须清楚地承认彼此对所谈事项的判断与方法有差距。只有站在对方的立场上了解、审视对方的基本立场、主张、诱因和需求，加以双向沟通，才有可能换来对方对本方需求的理解与满足，据此达成双方可接受的协议并遵守执行。将解决不了问题的责任推给对方并加以责备，完全没有用处。只有彼此视对方为解决共同问题的伙伴，同舟共济，才能调整对立的利害关系、增加彼此的共同利益。成功谈判的目标不是一方独得胜利、另一方完全失败，而是为了满足需要、协调行为、改善关系，使参与各方都感到各有所获，得到不同的、但相当的满足。换言之，只有双方满意，否则，谁也得不到单方面的好处和利益。如果不采用换位思考的方法，去了解、考虑对方的利益，只顾及本方利益、立场、主张，对对方的利益视而不见或把主要精力放在过去芥蒂的辩论上，是很难达成双方需要的结果的。不思考使对方满足的方案是短视的、自我的、本位的态度，它会使谈判者站在偏颇的立场上寻求强硬的、单方面有利的、片面地试图解决本方需求或关注的尝试，其结果必然碰壁或者即便勉强达成协议也难以执行。

所有成功谈判背后的共同因素和经验，必然是在正确谈判理念指引下，切实用心、全身心的投入，努力采取有针对性谈判策略的结果。在驾驭谈判进程的过程中，从双赢的理念出发、巧用谈判技巧，捍卫本方利益、把握本方底线、使会谈朝着本方预期、双方认可的目标和增进各方合作关系的结果发展，对大多数谈判来说是至关重要的。

二、衡量谈判是否成功的标准

国际谈判界普遍认可的“原则谈判法”用来衡量谈判是否成功的客观标准是：“如有达成协议的可能，就应产生明智的协议；谈判应有效率；应改善或至少不损害与相关方的关系”。

衡量谈判是否成功的标准，应是实现预期目标、代价、执行度和长远合作等的综合考量。衡量谈判成功的首要和主要标志是能否达到互惠合作的初衷（预定目标）。其综合评判标准主要是：通过合作型谈判解决了多少核心关注的问题？捍卫了本方哪些实质性利益？调解了哪些存在和潜在的纠纷？改善了哪些方面的哪些关系？取得了哪些实质性进展？取得的谈判成果能否得到落实？通过谈判达成的协议能否经得住时间的考验？本方预期的目标是否、在多大程度上得以实现？各方是否获得比谈判之前更多的满足？

衡量谈判是否成功的标准主要有：

1. 目标评判

目标评判是指谈判协商解决需求、互利合作共赢的初衷是否达到、本方核心目标和利益是否实现、能否用较小的成本（本方的妥协和付出的代价）实现包括兼顾对方利益的结果，即预期收获和实际结果之间是否还有差距。

评价一场谈判是否达到预期的目的是衡量谈判行为有效性的重要标准。

谈判是人们为满足某种需求或改善某种关系进行的活动。谈判的目的是满足需要，谈判过程也是一个满足需要的过程，即在谈判开始阶段满足生存、安全的需求；交流磋商阶段满足社交需要和尊重的需要；谈判结束、达成协议阶段满足谈判参与各方实际利益和改善关系需求的需要。成功谈判的过程是一个从低层次需要向注重实际、具体需要、最终到高层次需要的满足过程。

通常，双方当事者的需求不同是问题或纷争的主要原因，而双方的分歧和差异正是解决问题的关键。各方寻求利益时关注点往往不同，这也就形成了不同的关注和分歧。就同一个问题而言，甲方可能关注的是问题形成的原因、有关的经济、内部、表面、近期的问题、关心政治因素结果、物质层面、社会进步、是否有先例、有关人的威信、名誉等；而乙方关注的却是问题的实质，有关政治、外在、实际、未来的问题，关心团体利益、双方的关系、精神层面、尊重传统、个案、事态的结果和实效。只要双方对于利益、信息、时间、预测、风险、责任观等存在歧义，双方对达成的协议必然产生差异和分歧。只有通过整合不同利益、寻找共同利益才能找到双方满意的谈判结果。

2. 成本优化、实现预期

谈判必须付出为达成协议所作出让步的“基本成本”，为谈判所耗费的人力、物力、财力、时间等“直接成本”，以及因参与该项谈判，可能失去其他机会、损失获得其他价值的“机会成本”，也包括达成的协议在实际执行阶段结果的衡量标准。如何用较小的让步，即较小的“基本成本”，获得实际收益与预期谈判收益相符或接近的结果；以较少的“直接成本”，即较少的人力、物力、财力和时间获得预期的结果；在把握谈判的“机会成本”、不失去其他获利机会的情况下达到预期的目标；所达成的书面协议能得到切实的执行，即为取得该预设目标所作付出的基本成本优化，也是衡量谈判是否成功的重要标准。

谈判踏实而圆满的结果，无一例外都是由不断的有效沟通而达成的。无论存在什么样的问题、纷争，所有的协议必须通过各有关方朝共同目标的努力才有可能达成。共同参与、共同认同的结果，比作为旁观者、非参与的当事方被告知的结果，更易于得到各参与方的认可和落到实处。所以，只有各方利益得到大体平衡、不同程度地满足参与各方的预期、各方都各有所得的谈判，才能被各方视为成功的谈判，也才能得到良好执行的谈判结果。

3. 促进人际关系、有利合作交流

评判一场谈判成功的标准之一是谈判是否促进和加强了双方的合作关系。成功谈判的重要结果或标志是合情合理地解决当下双方关注的问题、双方增进了了解与友谊，为长远合作奠定了人文、感情和认知基础。

人际关系是实现利益的基础和保障，也是影响本次协议商签与今后合作的重要因素，应引起谈判方的必要重视。着眼长远、树立重视谈判者之间人际关系的谈判意识有助于调和相互间的关系，有助于达成协议并建立长远的合作关系。谈判的双方代表，受本方利益、需求的委派，很大程度上是本方利益的代言人和捍卫者，所作所为大多是职务行为。但会谈进程和结果往往因主谈人的个人理念、经历、判断、处事风格、分析问题、谈判能力等不同而留下不同的影响和痕迹。在驾驭谈判进程过程中，如何从双赢的理念出发、巧用谈判技巧，把握本方底线、捍卫本方利益、使会谈朝着双方希望的目标和结果发展，最终达到促进有关方长远合作关系的目的，对于成功谈判来说是至关重要的。

建立和保持良好人际关系的基点是互相理解。若要进行有效的谈判，必须懂得人，懂得人的需求，必须解决问题。如果不懂得人和人的需求，就不能引导谈判各方为达成共赢的协议而协同努力。对于人的需求的研究，是进行成功谈判必不可少的前提。了解不同类型的需求，能为洞察对手行为提供有效参照，帮助你识破假象和掩饰、了解真相和对方的真实需求。谈判者必须凭借其他参与方的行为观察力、对所有参与方人员和行为的理解能力，去发现和理解谈判对方的具体需求。

美国著名的社会学家戴尔·卡耐基曾经说过“一个成功者15%靠专业知识，而85%靠他良好的人际关系和为人处世的技巧”。进行谈判这一人与人之间的交流活动时，应有的理解是，双方或多方坐下来就各方关注的事项进行商谈，本身就是在谈判场所这种平台上进行人与人的交往、交心、交情、交友，观点与观点的交谈、交流，利益与利益的交融、交换，立场与立场的交涉、交锋，但不是交战的过程。成功谈判基本而有效的方式是，与对方保持良好的人际关系，把谈判涉及的问题按其事实或实际价值处理。对于问题的商谈可以采取对问题本质（本方核心利益）采持强硬（捍卫）立场、对人采取富有弹性（友好）、对立场采取灵活态度的做法。这意味着力争本方最大的利益、固守本方核心利益，让对方利益减损至最低；将人和问题分开、将利益与立场分开，可抨击问题，但并不忽视对方的见解和利益，支持对方合情合理的诉求和利益；清晰表述本方立场、认真倾听，以积极、换位思考的态度对待对方的意见和对于利益的关注。处理意见分歧时，可据理力争，但不意气用事也同样重要。

应重视谈判中人的感情因素，重视做人的工作。谈判首先是人与人之间的交流，谈判者作为“人”的感情、根深蒂固的价值观、文化背景、道德观念等都会对谈判起着不同程度的影响。全面地了解、正确地评估对手的文化背景、职业生涯、感知认知程度、对破坏性负面情绪的控制能力等，对于化人为因素为谈判助力而非阻力的能力并非可有可无。重视谈判伙伴的感情因素、善用感情，能得到事半功倍的效果，运用不当，会适得其反。

谈判的结果不应只体现在物质利益的得失上，还应该体现在人际关系上，即看谈判是促进还是削弱了与相关方的长期合作关系。良好的人际关系有助于谈判双方绕开冲突性利益而寻找共同性利益；对立僵硬的人际关系会拘泥于立场寸步不让，大大削弱谈判成功的可能性。成功谈判的重要结果或标志不仅包括双方基本利益的实现、合情合理地解决当下双方关注的问题，还包括通过谈判双方增进了解和友谊，建立相互信任的关系，互相成为“愿意打交道的人”，为与对方长远的合作奠定人文相近、感情交流、利益共享和品质认同的基础。

4. 解决问题、达成可执行的协议

每场谈判都有各方坐到一起来为之而谈的目标，有着各自和相互间目标、关系和利益之间存在矛盾、冲突需要解决的问题。能否部分或全部解决为之而谈的问题、增进或改善了各相关方的关系、达成可加以执行的协议或谅解是衡量谈判是否成功的实质性标志。

谈判的首要目标是解决各方关心、困扰各方的主要问题，协调、扩大共同利益，力争在主要或大部分问题上达成一致，其次是达成一致的“高案”目标无法实现时，就退而求其次，尽量管控分歧，通过明确阐述本方立场和核心关切，进行充分的沟通和交流，增加相互理解，减少隔阂、对立、误解和误判，维持和改善相互间关系，以免影响双方长期目标和长远合作的实现。

谈判是不同利益主体之间就共同感兴趣的问题进行协商的一种社会活动。谈判的成果——协议本身是一种承诺，在达成协议过程中的互相理解关切的程度、合作解决问题的态度、最终结果达到预期的比例和对谈判的满意程度直接关系到并影响协议的履行。事实上，谈判场上的协议即使签了，谈判仍在以不同的形式延续，谈判事项未实施、完成，谈判尚不能视为真正意义上的结束或成功。

只有在共赢理念下进行实质性努力、采取一揽子行之有效的方案并辅以正确采用的策略，实现化解矛盾、解决关注、增进关系、达成各方将切实认真执行协议并有望取得实质性结果的谈判才是成功的谈判。

5.有利于建立和维护各方长远合作关系

在谈判中，除了利益关系、双方的人际关系、达成协议的执行程度以外，对今后合作的铺垫等对双方整体合作的影响等长远合作关系目标，即谈判过程和实际执行结果是否有利于建立、维护和增强各方长远合作关系，也是衡量谈判成功的重要考量。

着眼长远、树立重视谈判者之间人际关系的谈判意识，有助于调和互相间的关系，有助于达成和落实协议并建立长远的合作关系。成功的谈判，不仅包括双方基本利益的实现，也包括通过谈判建立互相信任的人际关系。对于谈判者来说，达成协议只是合作的开始；认真履行协议、建立长期友好合作关系，才是成功谈判着眼的更长远目标。

谈判者应具有整体、全局的战略眼光，不计较也不过分看重一城一池的得失，而是着眼未来，着眼长远，与谈判对方保持良好、良性的互动关系，注重建立和维护与对方的友好合作关系。无数事实证明，如果成功构建和保持良好的合作关系，长期合作的潜力和实际收益肯定会大于眼前勉强“争”来的短期利益。

第二节　如何进行成功的谈判

成功谈判的重要因素是人，谈判意识直接影响谈判方针的确定。正确的谈判意识是成功谈判的灵魂，谈判意识的正确与否和谈判方案得当与否，直接影响谈判能否顺利进行并取得成功。

成功谈判的精髓在于互相尊重、平等沟通、理性思考、和谐相处、准确判断。说到底，成功谈判是正确的谈判意识，以及方针（合作共赢、着眼长远利益、扩大整体利益）及有针对性的谈判策略（营造公平、公正、合理竞争局面）和得体的谈判行为（积极、建设性、创造性工作和恰当运用谈判技巧）三者有机统一的过程，最终达到共赢的正当目标结果。

要进行成功的谈判，应努力做到以下几点：

一、以双赢思维为主线，建设性讨论利益

谈判是协商，其目标是满足各方的利益需要，是通过充分理解彼此的利益需要、在肯定双方一致利益的基础上，经过共同努力找到能使双方各得其所，协调、改善彼此间关系和利益，使双方都得到满足、即双赢的过程。树立双赢而不是争输赢、高低或零和的谈判理念，对于谈判的顺利开展并取得成功至关重要。

真诚、真实是谈判成功的首要条件。在谈判逻辑中，真诚、真实包括：公正、公平、恰当、合情、合理、合意，为双方所认可。其中，合理和合意占有重要地位。

谈判的永恒任务是寻找使对方也能满足的解决方案。如果要自己满足，也要使对方有某种程度的满足，问题和纷争才能得到圆满解决。谈判解决问题的办法万变不离其宗，那就是寻找共同利益。只有先确定共同的利益，才能将共同的利益设定为共同的目标，经双方共同努力使谈判走向成功。

应以双赢而不是零和的观念贯彻谈判的始终，要营造公开、公平、公正的竞争格局，扩大本方选择余地，找到最合适的合作伙伴与最大的利益结合点；善于打破单一和垄断，准备多种选择，避免“把所有的鸡蛋放在一个篮子里”。在很多情况下，善于营造几方竞争的局面，对于在公平竞争中与合适的合作伙伴达成公平合理的双赢结果是有效的。

谈判方的利益是指前、后台各相关方各种不同的利益。而共同利益不会显现在表面，需要双方来发掘、掌握。在此背景下，了解自身真正的利益和

发现对方公开与隐蔽的利益也是十分重要的。诚然，只有在了解并加以认可的基础上，这些利益才具备在解决方案中予以考虑的正当性。

建设性讨论双方利益的做法是：表明并争取本方利益，同时设身处地考虑对方的实际利益。对于共同的利益，不同的立场有时可以采取对人让步、对事坚持立场的办法加以转圜，以达到共同解决问题的目的。只有彼此针对相互利益进行明确的讨论才有可能达到谈判的目的。通过沟通、协商，满足、解决当事方的需求、问题，取得双方或多方企盼、接受乃至满意的双赢或多赢结果是成功谈判的基本标杆，这意味着既要实现自己的合理利益与合作目标，又要满足对方的基本诉求和利益。

在谈判中正确的做法是，以双赢的理念引领谈判整个过程，与对方相向而行：强硬坚持的只是本方的核心利益与立场，本方必须自始至终充分关注、理解谈判对方的关切和利益，采取灵活、务实的态度处理对方关切，以取得对方的理解并接受本方的利益主张和关切，这对于谈判实现双赢的目标至关重要。

二、成功的谈判从准备阶段开始

“兵马未动，粮草先行。”要取得谈判的成功，必须提前做好包括各种备案在内的多种方案的准备。谈判的准备工作应该是系统的、从长计议和深思熟虑的。在方案准备时，应有可选择性，不能一套方案走到底；方案应既满足自己，又让对方接受，具备一定的灵活性和弹性。

谈判人员从接受任务伊始，就应用心参与谈判标的事项的酝酿、研究、筹划工作，它包括收集资料、信息，明确谈判主题、设定目标、分析立场，安排团队、酌情预演等。应深入了解谈判对手的背景、双方主要观点的差距和立场的分歧、本方核心需求、探讨、商定可能采取的具体策略、步骤和技巧，一揽子筹划对内的协调和对外的商谈步骤。要对进行艰苦、曲折的谈判有充分的思想准备，研究形成多种具体预案（高、中、低方案和几套备用方案）并确定本方的底线。对谈判中可能出现的焦点和僵局预先作准备，就可能会成为会谈难点或焦点的核心问题和底线方案作出预评估，提出具体的建议解决方案，及时请示上级、争取得到充分授权后方可对外商谈。只有进行充分的事前准备，才能在谈判中心中有数、沉着自信、有条不紊、临危不乱、有备无患，进退有序、灵活使用谈判策略，紧紧围绕核心利益，驾驭谈判进程，按既定方案应对出现的各种局面，达到预期的目标。

三、知己知彼是谈判成功的万全之策

每次成功谈判背后的共同因素必然是切实用心的努力和全身心的投入，长期积累经验的灵活运用。

谈判是双方主谈人及谈判队伍之间会前各方练“内功”（家庭作业）所下的功夫与自身拥有和岁月、经历积累的综合素质与能力的较量与博弈过程。这其中包括谈判前的准备阶段双方团队对本方和对方数据、观点的收集和论据的掌握、谈判路径（战术）的设计、主谈人对本国和对方国家国情、相关问题背景了解的深度，以及对本方内部的综合协调能力；包括主谈人现场谈判过程中对本方核心利益的把控、对商谈实质精髓的判断和掌握，对谈判进程、谈判主线的把握能力、对主要问题决断力，驾驭谈判进程和全局的控制能力，也包括主谈人选择谈判切入点、表述观点、坚持立场、说服对方的能力，克服难点、创造性解决问题、化解危机、突破僵局的能力，以及交流、交往、交锋能力、幽默化解困境、气氛烘托能力、心理稳定能力（直觉感知力、预感力和现场感觉、判断力、唇枪舌剑语言表达、反应能力、情绪控制力等）、生理（精力、体力、打消耗战、熬夜、战胜时差、打边缘牌）等综合素质与能力。

除具备上述各项重要能力之外，知己知彼是成功谈判的关键。对于谈判者来说，知己知彼是指了解立场背后的动机、对方诉求症结所在。孙子曰：“知己知彼，百战不殆；不知彼而知己，一胜一负；不知彼，不知己，每战必殆”。无数谈判实践证明，世上没有确保谈判成功的万全之策或锦囊妙计，只有事先周全准备多种方案，知己知彼的考量、判断，避免犯下不是低估就是高估本方和对方实力的双重错误，坚持将问题的解决纳入更具建设性的方向，依照客观、公平、互利、双赢的原则，准备多种合宜的替代办法，通过积极用心的沟通，耐心听取对方意见、立场，随机应变的灵活立场才是找到双方都满意的可行办法、使谈判走向成功的关键。

四、建立、培育互信关系

谈判是看结果不看过程，但过程是对结果起重要乃至决定性作用的活动。在谈判过程中，除了（获胜）目的性很强、被视为策略的谈判技巧外，谈判人员需以积极的心态、稳定的情绪、恰当的语言、得体的举止展现良好的个人修养，以代表本国、本民族、本组织在国际交往中的形象。在谈判过程互相建立信任关系，坦诚相见，互相成为能够沟通、理解、可以打交道的人，对于进行成功谈判是至关重要的。

营造建设性谈判氛围、建立互信关系的重点是内心互相尊重、交往中平等相待，利益上合理分享，举止行为上注重从自身做起，从细节做起，贯穿交往的始终。

谈判人员应塑造诚实谈判者、值得信任的伙伴形象。要了解、熟悉谈判对手，尊重对方，尊重谈判对手，建立双方正常、良好的合作、互相信任的关系。将对方视为具有达成协议共同责任、并肩作战的战友，寻求彼此有利、公正解决方案的伙伴，变陌生人为熟人谈判，营造是伙伴而不是“对头”的心理和氛围；安心、守时、言行一致、具有和蔼可亲、善解人意的人格魅力，创造通力合作、解决共同关心问题的气氛：合作从内心尊重谈判伙伴，举止友善；尊重从耐心听取不同意见开始；在商谈问题、解决分歧过程中用心听取对方不同的立场和意图，关切理解对方利益，避免漫不经心。人在被倾听与被了解过程中获得的满足感和被尊重感有助于双方互相理解；坦率承认引起分歧的问题，善解人意地表达通过谈判解决分歧的诚意、细心解释本方观点、温文尔雅、以理服人的态度更容易得到对方的认可；始终保持诚实作风，直面问题，不清楚就问，弄懂对方含糊其辞的原因，说谎是弱者的伎俩，会身败名裂，而及时、坦诚认错也能赢得对方的信任。只有能获得对方信任的谈判者提出的倡议、方案才有被理解和接受的可能；见机行事，施展策略，表达理解对方关切、解决共同问题的诚意、创造友好协商、坦诚相待的氛围，为谈判向双方希望的共同目标发展打下良好的基础。

五、营造氛围，尊重认可

谈判人员既要坚持互利双赢、换位思考的方式，又要善于观察判断，随机应变，巧妙、得体地营造互相尊重、互相信任的谈判氛围，因为大部分信息是以传递、交流的模式在进行沟通，传递及接受信息的氛围和方式往往比信息内容本身还要起作用。

在营造友好合作、坦诚协商、解决共同关注的建设性氛围的方法和策略中，一个需引起重视的因素是，谈判从一开始直至达成协议，均应注意为对方保留面子，不要忽视给予对方荣誉、面子和承认对方能力的价值及作用。及时肯定、认可并接受对方建议中的积极、有利成分，对于营造正面气氛、双方达成共识有促进作用，同样，对对方理解和认可本方方案也有意想不到的效果。与此同时，一方以胜利者姿态表现出来的兴奋往往是对另一方面子的伤害，无助于谈判的最终成功和双方关系的推进。面子代表着自我价值的尊严、荣誉感、言行一致、不能轻易放弃立场和坚守原则的形象，一方溢于言表的庆贺会引起对方吃亏的猜疑和面子的伤害，而将双方满意的结果作为对方的成果呈送，有助于协议的良好评估与执行。

六、充分沟通，求同存异

谈判是满足双方不同需要的过程，必然充满了竞争和博弈。谈判者应具有全局思维，分清主次利益，善用妥协、实现谈判整体目标。与此同时，谈判是各方因共同需求、共同意愿和共同的追求目标而坐到谈判桌前，使谈判主题具体化、实现各方利益最大化或均沾的过程，利益需要的具体内涵是可以调节的。充分沟通，求同存异，把握主要利益是进行成功谈判的重要环节和必经之路。

任何一种利益关系通常会有令人满足的好几个方面。在充分沟通、互相理解对方立场、力争改变对方预期的同时，应着力发掘双方潜在利益或多重利益。相信双方拥有足够的能力和智慧克服分歧、做大蛋糕、寻求共同利益，这需要双方相向而行。理解、寻找共识、协调利益往往比协调立场还要重要。我们需要固守的是底线利益，不是立场。不少“谈崩”的谈判，往往是由于将两者混淆所致。诸多谈判结果表明，针对利益的谈判比针对立场的谈判更容易达成协议。

对于谈判过程中经常出现的各方对同一问题的理解和期望值差异大、各自坚持自身立场使谈判举步维艰、陷入僵局的情况，应本着合作共赢的理念、灵活坚持“立场背后的总体利益和目标”，进行明智选择，通过积极、创造性的工作，提出建设性方案，善用妥协，而非固执表面的“立场”之“己见”，以保证合作的更多和更长远的利益与机遇。

面对谈判中出现的矛盾和分歧，正确的路径是开好头，创造“以和为贵”的气氛；先易后难，先求同、后解异；理解各方都有自身的不同利益、关切、需求、选择的权利和内在动因，坦诚、直面问题，不回避分歧；保留不同点、寻找共同点，不制造、不扩大分歧与争论，不强加于人；积极、创造性地开展谈判，提出建设性方案，做出必要的让步；对难点和死结可先围而不歼，扫清外围后，再一鼓作气趁热打铁；调节双方利益和着力点，不拘泥于立场，绕开冲突性利益、寻找共同利益点，在实质问题上坚持原则（底线），在程序性问题上变通处理，着眼于长远利益与合作；让各方相信“自己得到的是可能争取到的最大（一块）利益”是采用策略的艺术。事实上，大多数成功谈判的过程，就是互相理解、接受对方意见和方案中正确、合理、有利成分的过程，也是谋求“双方利益交汇点之相同”、留存“通过妥协才能消除之异议”，逐步加以解决的过程。

七、减少争论，管控情绪

在交流过程中，保持理智、始终把握谈判主要方向和本方主要利益不偏离轨道是谈判能力的临场体现，尽可能减少争论、管控情绪，聚集双方共同建设性解决分歧的努力是成功谈判的重要因素。

谈判是不同想法、观点、立场、利益和需求交流、碰撞、沟通的集合。没有争议的谈判是不存在的，正因为有争议才需要谈判。谈判只有经过观点碰撞，甚至交锋，才可能有进展。沟通，只有经过“沟”才有“通”。真正踏实而圆满的结果，无一例外都是由不断而充分的沟通所达成的。只有充分交流、互相理解、善于妥协才有可能通过“说”达到“服”的唯一正确途径。

——要自始至终本着平等协商、心平气和、冷静理性的态度对待谈判场上出现的各种状况。遇到分歧或交锋时，注意掌握节奏、分寸、火候，以柔克刚。要有理、有利、有节，有理不在声高，有利不在气壮，数据远比华丽的说辞、辞藻更有说服力。

——恰如其分、言之有物、平和、明确、得体地表达本方的观点是应把握好度和分寸的。过于急切、强烈地表达渴望、一成不变的视角和僵硬坚守观点，反而构成了本方的弱点，于达到解决问题的初衷不利。志在必得往往会变成必失；一方越希望得到什么，反而成为本方的弱点，反之亦然。

——要避免辩论式谈判。辩论只应占整个谈判过程的一小部分，要避免将谈判变成辩论、而非解决问题的场所。辩论中任何一方都不会作出妥协或让步。谈判是协商、满足各方利益的需要的过程，不是互拼胜负、你死我活的罗马竞技场，不是互相逞强、攻击的殊死战，也不是唇枪舌剑一比口才的辩论场，更不是一方责问另一方、口诛笔伐的审判场，而是说服对方、谋求解决共同关注、需求的场所和形式。逞一时口舌之能、图只言片语之快的言行，推卸责任等情绪化行为和过激反应，只会阻碍会谈，对解决谈判初衷、取得双方想要的结果、达成可执行的协议、实现长远合作的目标有百害而无一利。论战式的指责解决不了双方的关切，只会强化对抗情绪、恶化合作气氛，后果只能是离谈判的目标越来越远，不利于实现各方坐到一起来解决问题的初衷，应予以力戒。

——要管控好情绪，避免置双方目标不顾的情绪型、反应式会谈。避免鸡同鸭讲、各说各话，不听、不愿意去听，也听不懂对方在说什么。在辩论中任何一方都会振振有词地去“说”，即坚持自己的观点，不会作出妥协或让步，不追求“服”的目标和可能，更不会“服输”。一旦陷入为辩论、驳倒对方而争论的情绪或陷阱，双方注意力只集中在不改变自己主张的论据上，容易忽视谋求共同点，必然会忽视谋求潜在利益。双方各执其辞，谁也说服不了自己和对方，南辕北辙，离谈判的目标渐行渐远，从而对谈判的走向和结果产生负面影响，就不可能达成任何有效的协议。

——即使避不开争论，也应以和为贵、斗而不破、不指责对方，点到为止，给对方保留面子、留有台阶，也给本方留有解决问题的余地和空间。即使对方失态，蛮横指责，甚至威胁、下最后通牒，也要冷静应对，避免落入坏情绪的怪圈，互相指责。即使面对挑衅，也要防止落入圈套，保持心态平和、理性客观、态度平静，据理力争，有礼有节的反应、不做过激反应或反击，不偏离合作的主要目标。

——遇到激烈、强势、难缠的对手，攻击型的对手、纠结的难题，应把人和事分开，直面问题、对事不对人。应以柔克刚，不被不良情绪所左右，不纠缠一城一池得失，对于对方的纠缠不一一反击，而是抓住时机和要害，对关键问题予以澄清。否则，如果对方认为受到人身攻击，必然采取自我保护，不再听取对手的任何主张，共识无从谈起，而威胁只会带来反抗的恶性循环。

——纠缠过去，不如展望未来；抓住不同观点，不如发现共同利益加以实现。谈判中应始终清醒固守的是本方的利益，而不是立场。

——在争论分歧的交锋过程中，必须管理和控制好自己的情绪，克服破坏性负面情绪对谈判的影响。在谈判争执发生的具体背景和特殊语境下，处理情绪（感受）比处理分歧本身和话语表达还要重要，应保持理智、始终把握谈判主要方向和本方主要利益不偏航。为数不少的案例表明，不调整好谈判心态、管控好情绪、搞“僵”了谈判者之间关系的局面，比谈判因问题本身谈不拢而出现的僵局更难收拾。

——正式谈判出现僵局时，可及时要求休会，利用非正式、场下沟通方式有时会出现意想不到的结果。出现成果时，要注意让意在追求尊重和认可的对手以胜利者姿态结束谈判。

——本方一如既往的尊重，冷静处理争执过程中可能出现的情绪化表现，会使对方产生愧疚感，增强本方谈判地位，有利于谈判按既定目标进行。

谈判高手能在面对错综复杂的难题和紧张的压力之下，发现苗头、减少对立、缓和较劲，管控情绪，公正、理性地对待对方要求，抓住实质利益和需求，寻求共同点，满足双方利益，化“危”为“机”，开展长远合作。

八、理性平和，善用妥协

人类共同的理性及感情是跨越时空、国界、纷争和鸿沟的桥梁。

谈判中各方追求的目标不同，立场各异，各为其主，各方的视角和表述方法必然差异很大，但各方交锋的只是观点，不是当事人本身。各方充分、完整阐述各自的立场、观点、选择是各方的权利和义务。你可能不同意对方的观点、立场，但一定要尊重对方完整表达的权利，开启考虑、兼顾对方利益的建设性交流与谈判。你应该坚持本方的利益，有效的方法是换位思考、了解问题或分歧的实质和诱因、站在对方的角度上去考虑问题，满足其要求的合理部分、相向而行、共同采取措施解决各方的关注。应本着将问题与人分开的原则、采取对事不对人的方法进行谈判有助于谈判问题的解决。

谈判目标是将双方紧紧联系在一起的主线。谈判是要求对方让步和自己向对方让步的过程，或者说就是双方协商、相互妥协的过程。谈判的结果是合作双赢，则皆大欢喜；僵持、无果而终或“杀敌一千，自损八百”式的“获胜”，实质仍是两败俱伤，没有赢家。谈判中，合作比竞争更重要。为了实现各方对核心利益、长远、共同需求的满足，既需要双方的互相理解、坦诚相待、紧密合作，又需要在具体问题和利益上公平竞争、互相满足，善用妥协是进行成功谈判必须采用的基本技能之一。

善用妥协，共同寻找双方相同的利益，这是双方的共同点和利益所在，也是打开谈判成功之锁的“万能钥匙”。圣雄甘地指出，“所有的妥协均基于权衡得失”。善用妥协，就是积极寻找隐藏在各自立场背后的共同利益所在，在具体问题上采取灵活的态度、变通、替代、折中、让步的办法，消除障碍、化解危机和僵局、实现谈判初衷。经过必要判断、认为为了达到既定目标必须改变立场时，可以采取有效的妥协和策略性退让、对等交换等方式在达成一揽子协议中予以体现。让步，不一定就意味着必须接受谈判中的不利条款和因素。此时，判断是否妥协需要把握的标准是，只有在非原则问题上的必要妥协才是可行的，在原则问题上决不能退让的底线必须坚守。只有是有原则的妥协才是成功的妥协。

罗宾逊（C.Robinson）在 1992 年版《赢得谈判》一书中指出，在作出让步时，从一开始就要遵循以下原则。

——互相妥协、对应让步。在你自己必须作出让步时，尽量要同步换取对方更多、更重要的让步。

——步步为营，且战且退。根据对方的反馈和对等让步的情况，逐步让步，要将主牌或大牌留到关键时刻使用。

——以小搏大，让中求进。根据你的判断，将对于对方来说十分重要、而对你本身无足轻重或较小的让步，逐步让出，求得对方的让步。

——以形式上的让步，求得实质上的进展。作出必要让步时，要让对方感觉到你作了（比实际让步）更大的让步。你要让对手感觉到，对方谈得很好，他得到了很大的成果，这样对手更容易接受你提出的条件。

——围绕目标，利益对等。始终注意将你的让步与要求和对方的让步绑在一起，出让非核心利益，确保实现本方的核心利益。

总之，在主动让步时，要出其不意、软硬搭配、声东击西、纵横交错、以退为进，围绕达到整体目标利益。

九、先烹有米之炊，再谈合理分利

谈判的目标永远是解决分歧、协调关系、调整利益。成功的谈判必然要能够解决为之而谈的问题，必须紧紧围绕整体利益，解决各方之间的分歧。

通常，双方当事者的需求不同是问题或纷争的主要原因，而双方的分歧和差异正是解决问题的关键。各方寻求利益时关注点往往不同，这也就形成了不同的关注和分歧。就同一个问题而言，甲方可能关注的是问题形成的原因、有关的经济、内部、表面、近期的问题、关心政治因素结果、物质层面的损益、对社会进步的影响、是否有先例、有关人的威信、名誉等；而乙方关注的却是问题的实质，有关政治、外在、实际、未来的问题，关心所在团体利益、双方的关系、精神层面、尊重传统、个案、事态的结果和实际效果等。只要双方对于利益、信息、时间预测、风险、责任观等存在认知上的歧义和判断的不同，双方对达成的协议必然产生差异和分歧。

谈判本身是解决双方利益、立场协调、求同存异的过程。首先要共同做好“有米之炊”的文章、发掘各方的潜在利益、放大现实共同利益、探寻双方合作的远期利益，扩大双方的共同利益。其次是通过互相妥协，寻求双方都可接受的方案，再商讨共同利益的分享问题。既然要通过谈判来解决双方的利益，谈判中的议题、方案、标的、立场、条件等大多数问题并不是“自古华山一条道”，只有一种解决方案、一种路径、一种出路，也不是你死我活、你赢我输的生存、输赢问题，是可以、也应该通过协商、互相沟通、理解、互谅互让、寻找合理方案找到解决办法的。真正成功的谈判，并不是只将全部注意力放在大小固定的蛋糕上，把主要精力只放在先下手为强、瓜分到大的那一块大蛋糕上；而是要设法将这块蛋糕做得更大，能够更充分地满足双方的要求，使各有关方得到各自想得到的那一块更大，在做大共同利益的基础上，再讨论和确定公平合理分配的比例，从而使谈判走向合作共赢的成功之路。

双方既然有共同利益，也有共同的风险，需要共同采取措施减少冲突、树立共同控制风险的意识，采取各自承担、合理分担和利益交换等举措，防止单方面转嫁风险。只有通过互相真正理解对方的核心需求、整合不同利益、寻找共同利益，找到满足各自为之而来的实质性需求和切实解决问题的路径或方案，作出正确的抉择，并进行有效的谈判，才能通过具体合作，达成双方满意、增进相互间关系的谈判结果。

第三节　控制风险、破解僵局

成功进行艰难谈判的保障是备有多种谈判构想、方案，多种选择预案在手，保持弹性，随机调整。要力争做大蛋糕、着力发掘双方潜在利益或多重利益，在强调和争取自身利益的同时，不忽视对方利益和见解，相向而行、共同努力扩大谈判双方的谈判领域和空间，寻求多领域的共同点和共同利益，创造性地解决难题、克服分歧，避免危机。

一、控制风险

在对外谈判中，风险可谓无处不在、无时不在。从谈判伊始树立起风险意识，正确对待出现的问题，进行必要的交流、交锋，妥善处理争议是谈判能否成功解决问题的关键。学会控制风险，妥善化解僵局是谈判的必修课，也是优秀谈判者的“独门功夫”和“看家本领”。

不少对外政治、经济谈判的标的是历史或时间遗留下来的难题，解决的过程要经过风云变幻的时间考验、历经波涛汹涌的“拉锯”式磋商和艰难曲折的反复考验。涉及当事方重要立场不一致或重大利益碰撞的谈判常会出现危机和僵局。合作和谈判过程中，时常遇到或出现的、必须加以考虑的风险主要有非人员（客观、环境）风险和人员（主观）风险。非人员风险主要有政治风险、经济市场风险、社会文化风险、法律合规风险和自然风险等，人员风险主要有素质风险、技术风险等。

——政治风险，主要指由于地缘政治、国别内政外交、政策局势、政府更迭周期的变化与冲突给合作和谈判活动参与者带来的危害及损失，也包括由于合作上的不当或误解造成国家间关系上的不良影响。

——经济市场风险，主要包括政府主权担保评级、融资成本、债务风险、通胀风险、汇率与结汇风险、利率风险、外汇汇出风险、结算货币贬值、汇兑损失、价格风险、协议违约风险；其中，利率风险是指国际金融市场上各种商业贷款利率的变动给当事人带来的损益风险；价格风险不仅包含作为外汇价格的汇率风险和作为资金价格的利率风险，还包括持续时间长、投资规模大的项目中过早确定固定价格对于因市场波动、原材料、人员工资、汇率、利率变化引起的连锁反应所带来的风险。

——社会文化风险，主要包括宗教信仰、文化差异、饮食习惯、原住民习俗、国内地区发展差别政策、土地所有纠纷和拆迁风险等。

——法律、合规风险，主要包括法律体系、立法执法、尽职调查、腐败整治、财务声誉代价、诉讼执行，入境签证和工作许可管理制度等。

——环境保护风险，主要包括环保立法要求与实施，监管与执行力度、环保投入与成本、自然灾害防控等。

——资源与基础设施风险，主要包括项目所在地的地质资料信息、配套基础设施对投资预算的增加、合作伙伴资信等引起的风险。

——经营风险，主要包括对外国投资的优惠政策、税收环境变化、资源税率变化、本地劳工雇佣、最低工资标准等。

——公司治理风险，主要包括伙伴国对公司股份比例限制、政府金股设置、董事会内表决权、股东席位、小股东保护机制、监事会地位、劳工等。

——传统与非传统安全风险，主要包括社会治安、动乱，恐怖袭击、突发事件危险、安全防控与成本等。

——人员素质风险，主要指谈判、翻译人员经验不足、管理水平、谈判水平欠佳、急于求成、无端自亢自卑、刚愎自用、自我表现欲强、作风粗糙、犹豫不决、不敢担当等内在素质缺陷。

——技术风险，是指合作伙伴选择不当、技术上过分追求“高大上”和自恃“优势”或实力强人所难等人为风险。

在谈判整个过程中，应“防患于未然”、增强风险意识，力争规避上述各种风险可能造成损失的概率，采取事先预控、事后补救的办法，尽量避免、减少和降低有关风险造成的危害程度。

——需要事先预控的主要指“软风险”，即可通过提高谈判人员素质、主动请教专家征询针对选择合作伙伴、汇率、利率、价格、技术条件等专业问题的意见等方法，既坚持合理要价，又不提过分要求，规避人员因素的风险；也包括可以采用保险市场和期货、期权、信贷担保工具等技术、财务手段消除、规避市场价格风险。

——对于难以预测的由于国际政治、经济危机、世界性、地区性金融危机、自然灾害等因素引发的“硬”风险，必须事先请教有关方面的专家、了解相关国家政治、经济金融、投资环境等有价值的信息，防患于未然，并在合约谈判过程中，以符合国际法、相关国家法律、国际通行的政治共识方式、经济技术手段来共同防止可能造成的“双刃风险”，未雨绸缪，提前考虑一旦发生这些“硬风险”时，为挽救或减少损失应采取的方法和途径。

二、破解僵局

在谈判过程中，双方的立场、观点交锋持续不断，利益差异显现。当谈判进入实质性阶段，各方就会亮出自己的底牌。一旦谈判双方的期望或对某一问题的立场和观点相差甚远，利益冲突变得不可调和时，就会出现双方都觉得无法再进行退让、各方都不愿再作出让步、谈判无法进行下去的局面，危机或者僵局就会出现。不同的谈判主题随时都可能出现表现时机、形式、对峙程度不同的僵局。此时，应迅速作出分析和妥善处置。不打破僵局，谈判会演变成一场徒劳无益的空谈，甚至走向变成双方都难以挽回、不愿见到的“败局”。

避免僵局、破解僵局的关键是分析成因、找到突破口正确路径。首先应冷静分析，从错综复杂的因素中分析产生僵局的主要原因，找到出现僵局的症结所在，分析僵局的具体内容和原因，分清楚谈判在哪些环节上产生了分歧，判断僵局的类别。应在力争改变对方预期的基础上，着力分析、判断僵局形成的原因，分辨、把握立场和利益的本质，区分表面的立场和真正的诉求与关切。这需要双方认真地商谈、耐心地倾听、冷静地分析对方的发言和其提供的信息，仔细推测、敏锐地鉴别，千方百计协调解决双方合理的关注，作出准确的决断。

归纳起来，产生僵局的原因主要有以下几点：

(1) 各方合理要求（预期内）之间的差距，各方利益不同，诉求与目标预期均不相同。

（2）立场争执。注意力过分集中在坚持各自主张、忽略利益产生的立场争执。在立场争执中，真正的利益往往被表面的立场所掩盖，双方谈判人员容易将一些法律、经济问题贴上“政治化”标签，成为自己不能让步、对方也不能碰的僵持点，结果某一方为维护自己的面子，不愿作出让步，反而会迫使对方改变立场，使谈判变成了一种意志力的较量与拉锯。久攻不下，直接损害了谈判者的信心、兴趣和感情，使谈判破裂成为此种立场争执低效率谈判的代价。

（3）沟通障碍。这是指谈判双方在交流彼此的情况、观点、立场、合作意向、条件过程中，由于主观与客观原因造成的理解、沟通障碍。这种沟通障碍第一种可能是出于双方的文化背景差异、偏见、语言翻译、特定词语理解等客观原因引起对同一事实的认识上的不同所造成的；第二种可能是由于对方知悉但未能理解另一方提供信息的真正含义，或者接受信息方因其职业习惯、不同人生经历(或受教育程度、专业知识）所限，主观理解片面或“满拧”；第三种原因是一方只顾表明自己的立场，却不在意对方的关注，或某方谈判人员不能正确理解对方表达的意见，不知道各方观点的实质差异和共同点，造成谈判气氛恶化，形成一方虽然已理解对方的解释或观点，但感情上就是不愿听取或接受对方意见的心理障碍或状态。

（4）强势谈判及应对。这主要指某一方恃强威胁、逼迫对方就范的强迫手段及引起的反应及应对。在谈判中，经常出现的僵局是由某一方恃才傲物、恃强威胁、逼迫对方让步的“强势”所造成的。这种局面的风险在于另一方觉得接受对方强加的风险损益或责任不均会演化成屈服强权、接受不公平的“弱势”。任何有原则的谈判者都会从捍卫国家利益、保护本方和自身尊严出发，予以抵制。结果是像拍皮球，越压越反弹，僵局越难破解，甚至影响谈判的整体走势。

（5）人为因素。人为因素是指谈判人员的基本素质、知识经验、策略技巧不足和失误，以及谈判作风不正等涉及的人员素质障碍。谈判人员的自身价值观、对谈判目的、谈判责任、担当、自己看重什么等涉及谈判人员深层次原因，以及涉及相关人员的涵养、举止、作风、知识经验、策略技巧、翻译水准等，谈判人员的素质与谈判能否顺利进行也存在很大的关联。尤其是当双方合作的客观条件良好、共同利益一致时，谈判人员“人为因素”的作用则显得更加突出。此时，如果双方人员由于自身对于谈判方案的预案、谈判风险的预知、结果的预期、利益的预判和分配等的差异判断与把握出现错误，不适当地采取隐瞒真相、乘胜追击、强势逼迫就范等手段，是造成谈判受阻、感情受伤、出现僵局乃至败局的重要原因。

上述原因中，除了因各方利益与谈判目标实质性差距和分歧所产生的僵局，是难以协商一致或通过“灵活变通”加以通融或挽救，是真正意义上的“僵局”之外，其他导致出现僵局的立场争执、沟通障碍、（一方）强势谈判造成对方捍卫尊严或利益的强硬应对、人为因素等原因造成的僵局还是有“救”的，是可以得以化解的。

一旦出现僵局，应立即分析、判断出形成僵局的主因和类别，分辨出是协议文本与本国政策互相矛盾、立场分歧掩盖下的实质利益冲突，还是文化背景不同抑或翻译错误造成的理解误差？是责任分担不均导致的拒绝“吃亏”，还是强势威逼造成的强硬应对？在找出造成僵局的症结后，应及时分辨、把握立场和利益的本质，区分表面的立场与真正的诉求及关切。此时，我们要认清自己在谈判中的授权和制约（如国家政策制约、谈判时间制约、本方资金制约等），主动做好内部的沟通、协调工作，寻求理解与对可能采取的进退方针的认可。与此同时，我们要力图找出对方在谈判中起掣肘、重要作用的关键人物，因人而异地开展工作，化解僵局。在上述工作的基础上，我们要认真研究突破僵局的具体策略，开出对症下药的处方，克服难点，破解僵局，化解危机、创造性解决分歧，并辅以必要的谈判策略与技巧，比如提供新方案（备用方案）、多管齐下、改变策略、改变谈判环境（休会、调整谈判日程）、更换谈判队伍等针对性强的措施突破僵局，确定整体行动的方案并加以实施，使谈判重新走向成功。

——对于谈判过程中经常出现的由于各方合理要求(预期内）的差距大、各方对同一问题的理解和期望值差异明显等原因，各自坚持自身立场，使谈判举步维艰、陷入僵局的情况，应本着“从不同的、有区别的立场出发，通过合作共同解决双方需求和利益”的理念出发，明智选择灵活“坚持立场背后的总体利益和目标”的做法，而非视总体利益不见、固执坚守表面的“立场”之“己见”，通过做大蛋糕、合理分配利益、规避风险，开展积极、创造性工作，提出建设性（替代）方案，以保证合作各方有更多和更长远的利益与机遇。

——出现立场争执时，通常的办法是换位思考，理解对方立场的合理之处与本方利益的契合点，将双方的注意力集中于对立立场背后存在的共同利益，当双方认识并使得共同利益大于冲突性利益时，僵局就出现了突破的契机。

——对于谈判过程中经常出现的因误解、沟通困难或障碍、从不同角度或方式阐述实质上并不矛盾的观点等原因或“假象”产生的僵局，谈判人员应在分析、找到沟通困难的原因和造成误解根源的基础上，采取有针对性的方法予以化解。如果是因为一方在交流中的言行举止或表达方式造成的“蛮拧”状态，需要立即采取措施，消除误解，使谈判回到建设性解决问题的道路上来。有时候程序比规则重要，这好比在一个家庭中，兄弟俩为分蛋糕争执不下，谁都想得到最多的蛋糕，其父亲调停的办法是，兄弟两人中一人切，另一人先挑蛋糕——简单的程序性建议使兄弟俩停止了争吵，互相谦让起来，类似的纠纷采用此种办法化解屡试不爽。

——对于强势谈判及应对造成的僵局，遇到“天生”的领导者、居高临下的谈话者、支配欲强的强势谈判者时，可采取以柔克刚的方式予以化解，找共同点而不让步，承认其表现欲，引用对方话语，尽量采用使对方点头、只能说“是”、而非“不”的技巧，营造出让对方对本方建议说“是”的氛围，拱手相让原先确定方案内的成果，满足强势对手的显示能力和化解其内部压力的需要，让对方成为“胜利者”，通过减少紧张与冲突来化解僵局。

——对于人为因素造成的僵局，应综合分析、准确判断双方的人员因素对谈判的影响及程度。如果确因本方人员由于自身对于谈判方案的预案、谈判风险的预知、结果的预期、利益的预判和分配等的差异判断与把握出现误判，造成谈判受阻的情况，可以采取包括重新研究、更换谈判方案乃至更换本方人员在内的措施加以调整；如果是由对方人员不适当地采取包括隐瞒真相、乘胜追击、强势逼迫就范等手段，感情受伤、出现僵局的原因，则需要采取有针对性的策略予以周旋或化解。

可以酌情采取各种策略保证本方目标的实现，或提出高方案、争取中方案、确保低方案，或提出置谈判于死地而后生的办法，或步步为营、留有余地，或高开低走、提出拆屋顶以达到对方同意墙上开窗让阳光进屋的办法；或引而不发、坚守底线，让对方知难而退，步步为营，以小博大、适时收网，避开节外生枝的纠缠，虚实结合、等待出牌时机；或趁热打铁，抓住有利时机扬帆，以有理有据、合情合理、言之有物、对方能够听得懂的语音、语速、语调和听得进的方式阐述本方观点，达到“利舌赢得百万兵（金）”的效果；或耐心倾听，惜字如金，找准切入穴位，拿捏好共同利益点、引起共鸣、激发互利共赢的共同兴趣，形成共识。谈判场上的情况千差万别，瞬息万变，要化解随时可能出现的危机和僵局，没有包治百病的灵丹妙药。谈判策略与技巧的使用，仁者见仁，智者见智，关键在于灵活、准确和针对性强，唯有以诚相待，见招出招才是上策。

面对长期遗留难解的纠纷或经验丰富、诡计多端、持强硬立场的对手，要做好打消耗战、持久战和轮番攻退的心理及方案准备，手上一定要留几张好牌，适时、适度把握本方手中的牌，酌情出牌。不到关键节点，不轻易亮底牌。只有在摸清对方底线与核心关切后，视谈判进展和对方态度，或对等交换，或表明底线、亮出底牌，换来对方的妥协和退让，促成互谅互让、达成一致。

解决难点问题，要步步为营，选择适当的谈判时机开展谈判，应备有多种谈判构想、方案、选择预案在手，保持弹性、随机调整，是成功进行艰难谈判的保障；强调和争取自身利益，但不忽视对方的利益和见解，尽量扩大谈判双方的谈判领域或空间，寻求多领域的共同点与共同利益。这和打牌是同样的道理，一手好牌出不好未必能赢，一手烂牌能赢才是难得的局面。

突破僵局的技巧林林总总，谈判高手各有高招，如利益置换、换位思考、据理力争、利用矛盾、巧用外力、借题发挥、找替罪羊、临阵换将、抓住要害、釜底抽薪、以退为进、有效退让，等等。笔者始终认为，基于“互相理解、互谅互让、平等互利、合作共赢”的谈判总指导思想，我们在包括僵局突破等危机处理的整个谈判过程主动采用的策略（包括识破对方伎俩、酌情应对，对诚实的伙伴不使用损害对方利益的“伎俩”等原则性理念等）均应建立在“合作共赢”的理念之上，这使得我们采用的策略和技巧具有道德上的正当性，也必然会提高谈判具体事项的成功和促成长期合作的概率。

总之，要成功进行一场事关重大、结果良好的谈判，是需要综合运筹的复杂工程，包含多方面的因素。首先，要在平等互信、合作共赢的理念基础上，尊重谈判伙伴，从礼宾、礼仪等方面给对方以合情合理的关注；其次，通过认真的国别与合作领域的专业分析研究和扎实的谈判方案准备，事先确定谈判的目标和实现路径，设置合理的谈判底线和谈判筹略；再者，在谈判过程中，谈判现场的人员用心、专业的商谈与用对方听得懂、听得进的语言诠释本方立场并进行有理、有利、有节的坚持，理解对方的诉求和合理关注，千方百计协调解决双方合理的关注。应自始至终注重平等协商、平等互利、以双赢而不是两败俱伤、建设性的态度对待各自内部的问题与对方的立场，辅以必要的谈判技巧，就能以实际行动和能力赢得谈判伙伴的平等谈判（心理）地位、敬业和专业（职能）的敬重，坦诚合作、做大共同利益的蛋糕、化解危机、破解僵局，从而使许多艰难甚至看起来难以完成的谈判，在维护本方利益的基础上，商谈出双方都比较满意的结果。只有本着平等合作的理念、着眼长远、扎实准备、用心努力，善用策略，才能实现共赢的预期。

第六章　为祖国利益谈好判

要进行成功的对外谈判，必须有杰出的领导人，制定正确的谈判方案和策略，组建角色互补、综合素质高的谈判队伍，挑选道德修养、知识结构和谈判能力与谈判目标重任相适应的人选当谈判代表、配备合格的翻译。

涉及国家利益的重大谈判是关乎国际政治、国际关系、国家命运、人民安危的重要政治和经济利益的博弈。著名的政治家、外交家往往同时也是谈判大师，在处理复杂政治事务中发挥着无可替代的重要作用。重大谈判的主持者集国力与领导人智慧和权威于一身，承担着维护祖国利益的千钧重担，其一言一行和相关决策，事关国家的利益乃至福祉，其作用不亚于指挥千军万马、决定战争胜败的将军，这绝非故弄玄虚、危言耸听。成功的谈判可以兵不血刃、实现战场上难以达到的目标，也绝非戏言。谈判领导者的品质、意志力、视野和决断能力，对谈判的走向和结果起着决定性的作用。

第一节　谈判领导人的核心品质与能力

谈判领导者可以是谈判场上的首席代表，或是运筹帷幄的后台指挥者，也有可能是把握对外合作关键环节的权威人士。他们也许并不总是直接参与谈判的活动过程，但都是谈判的核心人物，是富有经验的谈判高手和实际决策人。

一、独特视野、权威与控局能力

成功的谈判领导人所特有的品质和能力：有着独特的全球视野、业已形成的权威与对所谈事项的控局能力，有独到的表达和不同寻常的决断能力。

一个好的对外谈判者，首先必须是一个强烈的爱国主义者，国家意识强烈，祖国（本方）利益在心中至高无上，具有捍卫本国（本方）利益的坚定意志；具备高度的政治敏感性、全局视野、世界眼光、中国视角，有丰富的涉外阅历和经验；具备丰富的对外打交道经历和历史、地缘、文化乃至专门领域的知识，综合判断、决断能力强；谈判目标明确，既有运筹决胜的谋事能力，又有善于沟通等令人信服的人格魅力。主谈人最好与会谈对手有一定的渊源、交往或交集。

在对外谈判、交往史上，党和国家领导人满怀激情地为祖国的核心利益寸土必争、寸金必较，千方百计地捍卫、坚守祖国利益，争取本方利益的最大化，对外进行了成功、卓越的谈判，堪称典范。

——1982年9月22日，邓小平和时任英国首相撒切尔夫人在谈到香港问题时，开门见山、开宗明义、斩钉截铁地表明："香港是中国的领土，我们一定要收回来的"，进而表明了中国政府的三点原则性意见，"①香港问题可以谈，但主权不容讨论；②希望在一两年内解决香港问题，否则到时候中国将单方面宣布自己对香港问题的政策；③与其今后解决，不如现在解决，假如香港出现了不可收拾的局面，那么我们将重新考虑收回香港主权的日期"。明确地表达了中方恢复行使对香港主权以及排除一切干扰的坚定信念和决心，打消了英方尚存与中方就香港主权问题讨价还价、指指点点的侥幸心理，使此后的22轮谈判按照双方的事先约定，只谈香港回归祖国的时间表，并于1984年12月19日正式签署中英香港问题的联合声明，为香港的顺利回归奠定了基础。

——前副总理吴仪率团赴美就知识产权等问题进行磋商期间，面对美方罔顾中国在知识产权保护领域取得的重大进步和采取切实措施逐步规范、保护知识产权的现实，指责中方"剽窃西方知识产权，实质为小偷"时，吴仪奋起反击，"历史上西方列强和帝国主义国家到中国烧杀抢掳，将大量金银财宝、有价值的文物抢走，陈列在博物馆里，这些行为是强盗行为……"她的铮铮话语获得西方媒体冠以"铁娘子"的赞誉。吴仪勇敢、得体地捍卫了中方的立场、形象和利益，赢得了包括谈判对手在内的国际社会的尊重与敬仰。

二、深思熟虑，运筹帷幄

对于主持谈判者来说，每场谈判就像志在必得的战役，需要深思熟虑、运筹帷幄、设置底线、巧用实力、用心驾驭、把握进程，实现意图。

高瞻远瞩、对谈判的实质与核心利益了如指掌，准确把握谈判的核心底线和重大原则，是领导任何一场谈判、实现本方意图的关键；精心筹划、打有准备之仗，认真准备每场谈判，细致熟悉谈判的背景，亲自下马摘梨尝梨，参与、钻研相关问题，弄清问题的来龙去脉和症结，耐心听取同事及下属汇报、不同意见的解释，允许下属简明扼要地把（复杂）问题报告清楚，关键、核心问题上敢于担当、善于决断是领导人能够进行成功谈判的法宝；谈判桌上主谈人运用宽阔的视野、独到的视角，集国家软硬实力、意志与形象代表于一身，用不同凡响的说辞、引经据典的论据和有说服力的数据，展现主谈人独特的内涵素养、阅历经验、个人魅力，是相关谈判成功的关键。

在国际谈判领域，美国是公认的深谋远虑、长袖善舞，而俄罗斯作为苏联的天然继承者，战略意识强、经验老到；有强大的战略智囊和谈判班底，经常以小博大、奇招百出。我国领导人在和美国、苏联的外交史上留下了丰厚的宝贵历史遗产。

1989 年 5 月，邓小平和前来访华的原苏共总书记戈尔巴乔夫在当时十分复杂的国际国内背景下进行了历史性会谈。会谈前，邓小平同志表示："从 1987 年开始我就不对外接待外宾了，但为了今天的会谈，我考虑了整整两年，我一直在思考怎样谈。"会谈中，邓小平同志从总结历史经验、以史为鉴的高度，指出了在中苏（俄）两国近 200 年的关系发展中，中苏关系之所以走到今天，双方都有责任，但苏方的责任更大；邓小平在列举中方是中苏矛盾的受害者、苏方是获利者的证据后，高瞻远瞩地提出了发展中苏关系"结束过去、开辟未来"的原则，得到了双方的赞同，为此后中苏、中俄关系的健康和正常发展奠定了良好的基础。这次会谈对中苏（俄）双边关系和国际地缘政治的重要意义，仅从此后苏联撤走了部署在中苏、中蒙边境的百万大军这一点来看，就可谓是现代版"一舌战得百万军"的成功典范。

三、把握主线，实现意图

复杂的国际谈判犹如一场人物众多、情节曲折的戏，谈判往往旷日持久，各种因素变幻莫测。一个谈判领导者必须掌控与这场谈判有关的一切背景和谈判双方的立场、原则、目标，时刻保持清醒头脑，驾驭复杂多变的不测因素，应对各类对手，把握主线，实现本方意图。

1971 年 10 月，前美国国务卿基辛格赴华为时任总统尼克松访华铺路并就尼克松访华期间将签署的《中美联合公报》进行磋商。在和周恩来会谈后，基辛格提交了事先绞尽脑汁准备的一份按国际惯例老套路起草、经尼克松批准的草案。该草案在含糊其辞地强调共同点的同时，掩盖了双方的分歧，并在台湾问题上避而不谈美国撤军问题，反而要中方承诺只用和平方式解决台湾问题。周恩来很不满意美方的草案，指示按过去同蒋介石达成协议的办法、由中方另起草一份草案，明确写出双方的分歧，并吸取美方草案的可取之处，写出双方的共同点。“各说各的”原则得到毛泽东的赞同。中方根据周恩来的具体部署和意见拿出了独特的公报草案，以“求同立异”的精神在吸取美方草案的共同点、留给美方自己表述本方观点的空间后，表达了中方对国际形势和重大问题、建立中美关系的共同原则、对台湾问题的立场与主张，以及改善双边关系的具体主张。面对美方的质疑，周恩来明确表示：“公开地摆明分歧，就是解决问题的开始，也是通向未来的第一步”。经反复商谈，中美双方最终就公报草案达成了初步协议。1972 年 2 月 28 日，这份以中方版本为基础谈妥的《中美联合公报》在上海签署并发表，为 7 年后中美建交奠定了坚实的基础。中美建交成为中国外交史与大国关系史上的重大事件，它从此改变了世界的格局和地缘政治版图。

四、核心利益，重如泰山

一个好的谈判者，犹如千军万马的总指挥，驾驭谈判如掌握瞬息万变的战场形势，把握着本方沉甸甸的核心利益。

成功的谈判者对承担的使命、所挑担子的分量有着清晰的理解，深知所谈、所主张方案的利害关系与核心利益所在，深刻理解所坚持底线、所包含的实质内涵和一字千金的重量，深悟本方必须坚持的理由和深层次原因，深感所肩负的谈判标的的意义和对国家、本方、本机构的重要性，因此全身心地投入谈判、敏锐地捕捉及准确理解对方言谈举止中的言外之意和弦外之音，维护本方利益，千方百计地实现本方目标与意图，使出浑身解数令谈判驶向成功的彼岸。谈判主持人临危不乱、从容运作，化解危机或僵局，通过有理有节地阐述本方观点、及时有效地与对方沟通来准确传递本方核心利益和底线，争取对方的理解与准确判断，成为本方核心利益坚定的、有能力的代表者、清晰的阐述者和强有力的捍卫者，也成为利益攸关的各方共同利益的开拓、建设者。因为只有找到让对方折服自己的理由、维护双方共同利益、解决各自需求的合作，才可能使各相关方满意并得到事实上的遵守与执行。只有深知责任重大，拥有足够的谈判和决断能力，用心驾驭，才能按既定方案达成双方都能接受的协议。

中亚－中国天然气供应项目谈判就是一例。中亚－中国天然气供应管线项目是修建横跨土库曼斯坦、经乌兹别克斯坦和哈萨克斯坦，进入我国新疆向我内地输送（主要由）土库曼斯坦和（部分由）乌兹别克斯坦生产的天然气管线。该管线长达 3 000 多千米，是世界范围内建设的跨度最长、途径国别最多的能源管线，管线涉及供气 30 年的合同总金额超过 1 500 亿美元。2007 年，经过数十轮谈判，双方商定在土库曼总统库尔班古力·别尔德穆哈梅多夫当年年底访华前确定土库曼向中国供应天然气的合同价格并最终签署世界能源领域令人瞩目的跨国能源项目文件。最终谈判开始时，双方对每千立方米天然气价格报价和还盘的差距僵持在 10 美元，因事关项目有效期 30 年、年供气量 300 亿立方米（后又增加到 400 亿立方米）的天然气供应量，合同中每千立方米单价上下增减 1 美元，对双方则意味着 9 亿—12 亿美元的增减，该场谈判涉及双方 90—120 亿美元的实际利益差距。天然气供应价格差距成为谈判的焦点，成为涉及双方重大经济利益和该跨国界能源重大项目能否成立与正常运行的关键。

中方主谈者带领国家发改委、中石油集团和商务部等多个部门人员组成的谈判团队，长时间、多轮、深入地研究谈判方案中每个词的含义，深入分析双方要价的实质内容和其中的隐情，知己知彼，对每个技术细节和术语做到清清楚楚、明白无误。在通宵达旦长达近 20 小时的最后冲刺中，主谈者和他的团队审时度势、用心驾驭谈判进程，准确把握分寸与火候、果敢决断，最终在双方共同努力下，于两国元首正式会谈开始前半小时就价格等重大问题达成一致。胡锦涛同志首次破例和土库曼斯坦国家元首如约共同在正式会谈后的签字仪式上签署了此份跨世纪协议，开创了中亚—中国能源合作新格局。

可以说，只有深蕴世界和中国经济及能源内涵、掌握并有能力协调各方利益，熟悉对外谈判的谈判领导者才能胜任此重任，才能代表本方进入与对方真刀真枪、真金白银的谈判。谈判领导人和精干的谈判团队只有真正做到知己知彼，深入研究谈判的背景、深刻了解双方要价的实质内容和其中的隐情及方案中每个技术、商务细节，对每个词的准确含义以及对双方的得与失等关键因素门儿清、对价格明细项项明，来不得半点含糊、拖泥带水或似是而非。

五、心无旁骛，全身心投入

谈判场上一分钟，历练积累十年功。成功的谈判除了需要领导人的运筹帷幄、多年的积累、认真的准备，还需要全身心的投入和用心的运作。

每当我们看到吴仪同志神采奕奕，亲切、自然、直入主题地与对方会谈时，我们都情不自禁地佩服吴仪同志对捍卫、维护国家利益的坚毅和执着，感受她对外经贸工作饱含的热忱。每当我们赞叹她潇洒自如、字字珠玑、如数家珍般地讲出大量令人耳目一新的观点与具有说服力乃至震撼力的论据和数据时，吴仪同志总是平易近人地对我们“泄露天机”：“别看我谈一个小时，我提前 5 天就做家庭功课了。”吴仪同志任外经贸部领导和国务院主管外经贸事业的领导人长达 18 年。在这 18 年中，吴仪同志认真对待每场谈判、有针对性地开展对不同国别、不同人员的工作，重视谈判对手的细节、背景和特点，举重若轻地把控谈判局面的谈判能力和娴熟的谈判技巧，有关场景我们历历在目，令中方和外方谈判伙伴记忆犹新、有口皆碑。吴仪同志对祖国人民和祖国利益高度忠诚与负责的精神，一直激励着我们工作人员做好每项对外工作，认真对待每场对外谈判。

六、集国力与个人权威、智慧与体能于一身的博弈

在国与国交往中，谈判领导人面对错综复杂的国内外形势和谈判背景，肩负着历史和国家利益的重托，商谈解决事关国家重大政治、经济利益事项

的谈判，有关谈判活动对谈判领导人心理、体力上提出了非常高的要求。

参谈方心理上平等、不卑不亢，谈判各方利益基本一致时，同舟共济方为上策；关键点上当机立断，关键时刻顶住压力，强硬、顽强把握、捍卫本国核心利益；在马拉松式的艰难谈判中，通宵达旦、连轴转的谈判是家常便饭。此种情形下，谈判领导人体力上也不能输分，要能以精神、体力上的良好状态全身心地参加谈判并坚持到实现本方意图的胜利，也是艰难谈判中的生存、成功法则之一。适当保存体力、清醒的头脑，以逸待劳，争取不被拖入体力和感情消耗战，集中精力留几张杀手锏在关键时候打出至关重要，也是资深领导人就重大问题谈判中应该引起重视的技巧。

第二次世界大战结束前夕，美、苏、英三巨头于 1945 年 2 月齐聚雅尔塔举行划分世界政治、经济格局的高峰会。三方会谈结果形成了东西分而治之的势力划分范围，为此后长达 40 多年的冷战铁幕埋下了“伏笔”，拉开了第二次世界大战之后的历史帷幕。对美、苏、英三巨头雅尔塔高峰会谈期间的谈判博弈、理念碰撞和观点交锋以及对会谈结果是非功过的评判，留给世界人类历史和谈判史众多的重要启示，其中一点是：重大、艰难的谈判对领导人身体和精力提出了很高的要求。要想取得重大谈判的预期成果、毕其功于一役，必须具备充沛的精力和能打消耗战的心智和体能，并提前运筹多种预案、确定谈判队伍、选择谈判的正确时间和地点、牢牢把握谈判的博弈进程，必要时亲自出面敲定最终方案，做好包括各自预案在内的充分准备。

七、高超的协调、把握能力

谈判领导者需要有很强的权威和决断能力，善于协调各部门和跨部门的利益，充分授权、抓住机遇、当机立断。只有运筹帷幄、成竹在胸、把控大局、靠前直接指挥或坐镇指挥重大谈判、准确判断、敢于担当和拍板的谈判领导人，才能游刃有余地成功处理谈判过程中波澜起伏、风起云涌、瞬息万变的关键环节，牢牢把握时机和火候，取得各方满意的谈判成果。

中国加入世界贸易组织谈判中的中美双边准入谈判是我领导人在关键时刻审时度势、勇于担当，抓准时机、当机立断，一锤定音的经典案例。

根据世贸组织要求，中方决定申请加入世界贸易组织后，与包括美国在内的 37 个成员方进行了长达 5 年的马拉松双边谈判。其中最艰巨的莫过于与美国这一西方世界“领头羊”的双边谈判，涉及金融、电信、银行保险、分销等货物、服务贸易的各个领域。经过24轮拉锯式的谈判，到1999年4月朱镕基同志访问美国时，尽管此时双方已经接近达成一致，但时任美国总统克林顿担心得不到大多数国会议员的同意，决定暂时不签。随着朱镕基同志访美的成功，在他即将离美回国之际，美国突然转变态度，克林顿打电话给他，要求继续做一点修饰，以达成协议，朱镕基同志邀请美方派团来华商谈。由于美方坚持高要价，此轮谈判未果。1999年11月15日凌晨4点，在北京举行的新一轮中美两国关于中国加入世贸组织谈判最后一天、距美方代表团原定的上午10点只有不到六七个小时之际，一直以来态度强硬的美方突然表现出签署协议的意愿，希望逐一校对这些年达成协议的数百页协议文本。中方谈判人员意识到此举的重要意义，立即报告给朱镕基。朱镕基同志一边让中方人员稳住美国人，一边向中央政治局报告，江泽民同志当机立断，派朱镕基前往外经贸部谈判现场最后定夺。最终，朱镕基同志亲自以总理身份参加了中美部长级会谈，拍板定案，使中国自1986年申请恢复其在关税贸易总协定（GATT）创始缔约国地位并开始加入世界贸易组织长达15年（被朱镕基称为“从黑发到白发”之路）的谈判，在最后一刻达成共识，赶在美国2000年充满变数的大选年之前，抓住了稍纵即逝的历史性机遇。

相比之下，俄罗斯加入世界贸易组织的历程比中国更为漫长，期间多次出现了昙花一现的机遇。俄罗斯从1993年提出加入世界贸易组织后，纵然有世贸组织153个成员中53个成员进行了货物贸易的双边谈判、与30个成员进行服务贸易谈判，围绕农业补贴、金融和保险市场开放等敏感问题分歧难以消弭等因素，但在2001年美国“9·11”事件发生前，尤其是圣彼得堡会议期间，俄美之间曾经几次出现过达成双边协议、结束谈判的契机，终因多种主客观原因擦肩而过。“9·11”事件发生后，双方都未能抓住因美国反恐战略对俄合作有需求、俄美关系转晴、签署双边入世协议出现的难得机遇。此节点之后，俄加入世界贸易组织进程又饱受2008年俄罗斯与格鲁吉亚冲突等政治因素的作祟，加入世界贸组织进程雪上加霜，经历了18年的曲折和延伸，最后于2011年12月才结束了加入世界贸易组织的长跑。

可以说，大部分国际谈判中，我方谈判领导要将大部分精力放在国内各方面意见协调上，特别是谈判小组成员内部的责权分工、意见统筹、协调配合等涵盖了大量的工作。因此行内有谈判“二八法则”的说法，即80%为内部商谈与协调，20%与外部对手谈判。不少涉及国家整体利益的谈判本身也是当事人与当事人之间、部门与部门、部委与部委乃至国家与国家之间责权、利益、关系协调磋商的过程。谈判领导者应掌控全局、善当伯乐、知人善任，了解有关人员交往、谈判能力、特长特质，选择谈判代表、调兵遣将，组建能团结协作、优势互补的团队并及时授权谈判代表对谈判现场随时可能出现的各种情况作出及时的反应和处理。对于事关重大的事项和重要环节的谈判，谈判领导者应靠前指挥，及时跟踪，以丰富的阅历和准确的判断力指点前方拍板决断。

谈判领导者也许身居高位，但应始终清楚地意识自己的地位和作用，需要特别善于处理谈判一线队伍与决策层之间的关系，协助最终决策者做好内外准备、协调研究、铺垫清理、扫清外围、聚焦核心、制定底线和方案等必不可少的基础工作。在工作层认真研究、准备预案的基础上，负责某项或某领域谈判的领导人在第一时间，及时、准确、简洁、客观（避免部门和个人的感情色彩）地向决策层报告事情本质、问题的根源、内在原因和谈判现场对方的最新动态，并提出有针对性的解决方案建议，使决策层在有效的时间内客观、准确地了解谈判工作面临的前景和具体困难，作出及时、准确的决断。

在这方面，吴仪同志为我们作出了榜样。

中国重要的对外关系——中俄关系中重要的合作机制——中俄总理会晤委员会是中国与其他国家间运转高效、作用明显的双边合作机制。吴仪同志于 1999—2007 年担任中俄总理会晤委员会中方主席，为中俄总理会晤等机制的运转倾注了巨大的热情和精力，付出了极大的心血，为推动中俄两国关系的发展作出了重要贡献，使中俄双边经贸合作取得了双边关系发展史上里程碑式的、有目共睹的成就，得到国际社会和中俄两国各个阶层的高度认可。吴仪同志在中俄总理会晤机制内协调、部署、推动中俄关系发展所做的大量工作成为对外关系中包括高层领导辅佐、协助最高层决策，进行成功对外谈判的经典案例。

中俄两国副总理作为两国总理年度性会晤机制的会晤委员会主席，承担着协助中俄两国总理年度会晤机制开展商谈、解决涉及两国政治、外交、经济、科技等领域合作的重大核心问题、推动两国关系取得具体落实和进展的重要职责。吴仪同志与俄副总理的会谈承担着为两国总理会晤作准备的实质性工作，负责具体总结、梳理、汇总、聚焦、解决双方关注的多双边实质性问题，有关工作既涉及承前启后，继续跟踪处理上届总理会晤以来达成协议落实的情况与问题，也需要具体协调与部署推动解决两届会议之间合作中出现的问题和困难，并在内部协调的基础上与俄副总理先期进行预备性商谈、对表，为两国总理的会谈和决策做好准备。在1999—2007年间，每当每年一度的中俄总理会晤委员会会议召开前一周，吴仪同志形成工作惯例的做法是，首先听取设在外经贸部（现商务部）欧洲司的中俄总理会晤委员会秘书处的汇报，详细了解由秘书处汇总的总理会晤机制下设10个分委会已开展的工作、进展、存在问题和建议。在此基础上，吴仪同志主持召开由几十个相关部门参加的内部协调会，听取10个分委会主席（大多是相关部委的正职领导）的工作汇报。由于中俄合作涉及中俄政治、外交、经济贸易、军民品、实体经济、金融科研等多领域、跨部门的合作，需要具体讨论、协商、确定的敏感、复杂问题数量大、头绪多，每次会议都长达3—5个小时。吴仪同志总是以“快刀斩乱麻”的明快、务实风格主持会议，现场解决问题。在每次预备会上，吴仪同志逐项听取各分委会、相关部门主要负责同志的汇报，要求只讲会前已提交的书面汇报材料以外的新情况、新建议，并及时发问、了解有关问题的关键环节、利害关系，弄清问题的历史现实缘由、来龙去脉，并在集思广益、综合分析各部门意见之后，明确拍板，梳理、决定该办事项的办理原则和需要继续研究或另行专题请示的问题。吴仪同志对有关问题了解的深度和广度，超出不少主管部门领导本身，令所有参加类似会议汇报的各级人员心生佩服和感叹，也令参加过类似准备会的部门领导心生“不好好准备，会挨批评、过不了关”的敬畏而更加重视相关工作。吴仪同志对中俄双边关系中作出的有关决定清晰、精准，可操作性强；吴仪同志全身心服务祖国、善于捍卫祖国利益、卓越的领导能力、务实的工作作风给我们这些曾经在相关层面工作过的人员留下了丰厚的精神财富和终身受益的正能量。

吴仪同志深谙自己的责权和定位，无论在谈判准备阶段还是在谈判的关键节点进程中，每场重要会谈后，于第一时间及时以最简洁、明确的语言书面或口头报告会谈的情况、进展、焦点和悬而未决的问题，并提出供决策者拿主意的建议和倾向性方案。笔者就不止一次有过这类的经历。在参加类似中俄总理会晤委员会的小范围会谈后，吴仪同志把笔者叫到一边说：“总理会谈需要了解这些最新情况，同凯，你先不参加接下来的宴请了，把会谈情况和这几点建议写进去，用两三页纸的篇幅向总理报告……要快、要简明扼要。”吴仪同志在对外工作中对关键问题的决断力与担当、平易近人的人格魅力和举重若轻、举轻若重地把握核心重大事项的能力与案例始终是值得我们学习的，她是激励我们为祖国利益全身心努力、到位工作的楷模，与她一同工作也是我们人生、工作生涯中值得回味终身的温馨记忆。

第二节　谈判代表的特质、能力与素质要求

谈判是人与人、组织与组织、国家与国家之间的沟通、交流，谈判也是最直接的政治、军事、经济、文化角力。谈判的成功与否，取决于谈判方的政治、法律、经济发展、科学技术和社会文化实力等众多“软”“硬”因素，也与谈判者自身的品质、条件、应变能力、努力程度和采用策略等不无关系。在客观因素基本恒定的情况下，谈判人员的个体素质是影响谈判成功与否的决定性因素。我方人员的文化积累、对对方文化背景的熟悉和洞察，与不同文化背景人士打交道、交流、交锋、应对的能力与水平，关乎我方在每次谈判中能否运筹帷幄、驾驭进程、实现预期目标，关乎我国在国际交往中的形象乃至在国际交往和国际政治、经济秩序治理过程中的主动参与权和话语权。选择合适的人选主持谈判是进行成功谈判的重要因素。

素质，在心理学上是指人的神经系统和感觉器官上的先天特点，从广义上来讲，人的素质不仅有生理、心理两个方面的基本特点，也包含了一个人的知识修养和实际能力。对于谈判人员来说，素质是道德修养、能力结构和气质性格方面应具备的职业特点的总和。谈判者的素质对于谈判本身乃至国家的对外工作的成败起着举足轻重的作用。

对于谈判人员的素质标准，古今中外仁者见仁，智者见智。

菲雷斯·查尔斯·艾克尔在《国家如何进行谈判》一书中指出：“一个完美无缺的谈判家，应该智慧机敏，而且有无限的耐心，能巧言掩饰，但不欺诈行骗；能取信于人，而不轻信于人，能谦恭节制，但又刚毅果敢；能施展魅力，而不为他人所惑；能拥有巨富，藏娇妻，而不为钱财和女色所动。”

成功的谈判者都有着不同的气质和特点，但有一些要求、能力和天赋是共同的。公认的谈判者应具备的素质有：具有强烈的责任感、使命感、职业道德感、意志力和原则性的底蕴；视野宽、知识面广、阅历和涉外经历丰富、思维敏捷、逻辑性强，心理素质稳定、个人修养深厚，具有经得起诱惑的内心定力，善于学习和积累，有较强的综合概括能力；情绪积极、稳定，内心承受力、感情控制力强、经验丰富、成竹在胸、不卑不亢、谦虚好学，注意观察、喜欢和享受交流过程，具备善于沟通、倾听的天赋、敏锐的洞察力，擅长语言表达与交流，具备说服他人、驾驭局面和协调、管理谈判团队成员的能力与技巧，处理问题机动灵活；热爱具有挑战性质的工作，具有实现自我价值的自尊、自信的内心定力和获得他人尊重的自我形象，具备主动追求挑战、担当的心理素质与追求成功的激情，敢于担当、善于抓住时机、果断决策；志向远大、眼界开阔，依靠并借助自身良好的品质和素养、而非追逐名利去获得成功，意在进取并能知人善任、发挥团队成员的长处和积极性；怀着合作精神、全身心投入每场谈判，具有献身精神，聚精会神、心无旁骛，体力、精力充沛，既可打攻坚战、速战速决，也打得了消耗战、疲劳战。

根据我国的国情和经济外交工作的需要，应选择具备以下能力或特点的人担当涉及国家利益谈判的首席代表或团队的核心：

——有高度的政治敏感性，具备全球视野，能站在世界政治、经济、文化、历史的高度去审时度势。

——原则性强，国家意识强烈，责任感、使命感强，事业心强，忠诚、敬业、有捍卫本国（本方）利益的坚定意愿，具备坚定贯彻领导意图的意识与能力。

——知识面宽、有丰富的历史、地缘、文化乃至专门领域的知识和所谈领域的专门知识，有丰富的涉外阅历和经验，精明用心，谦虚好学，业绩丰富。

——具备较强的沟通、观察、倾听、理解、洞察能力和语言表达能力，具有人际交往亲和力，敏捷的反应能力、洞察力，善于与本方成员和对方沟通，听取不同意见，具备内部协调、解决问题的意识和能力，能够善于敏锐捕捉对方表述、表情、表达、表相背后的内涵和潜台词，懂得弦外之音。

——心理素质稳定，心平如镜，不卑不亢、不图虚荣，有较强的情绪控制、管理能力、局面控制能力、综合谈判能力，思维敏捷、表达干练、思维逻辑严谨，处理问题机动灵活、软硬兼备，抗压力强、经得起“捧杀”和“棒杀”。

——具备驾驭谈判的技能与修养，具备运用谈判技巧、说服对方、识破谈判伎俩的能力和才干，能细致准确、创造性地提出多种技术和备选方案、多种解决建议和倾向性意见，供高层决策和取舍。

——具备良好的个人道德涵养，成就感强、具有强烈内涵激励、希望通过自身的努力、完成任务来证明自己的价值，具备独立解决问题、勇于担当和果敢决断的能力和魄力。

——身体健康、精力充沛，能聚精会神、心无旁骛地投入艰难谈判。

——主谈人最好与对方主谈者身份相当并与会谈对手有一定的渊源和交往。

如果说人的能力来自于不断学习、开放的思维、严谨的作风、值得信任的口碑和其他专门知识的不断积累才能创造的特质。那么，公认的谈判能力是指使本方和对方都认同的诠释本方意图、尊重、听取、理解对方立场、具备理性换位思考能力、准确判断力、决断力、选择（优、佳方案）能力，实现谈判初衷的能力。它既包括掌控本方谈判资源、求同存异、消除分歧、克服危机、说服对方、掌握谈判进程和局面，也包括通过倾听与交流，理解和判断对方名义要求、表面要求及实际需求、真正需求之间的分寸和内涵。

谈判能力可以简要概括为：运用本方资源、通过谈判、沟通与妥协，解决分歧、实现本方目标、各方共同利益和需求的能力。说到底，谈判能力是一种采取正确策略、奠定互信基础、说服他人、满足双方需求、确保谈判走向成功的能力。

具体说来，谈判代表应具备以下特质和能力。

一、高度责任感，事业心强

谈判代表应具有高度责任感和事业心、原则性强、意志坚定；忠于并热爱自己从事的事业，对本方执行的政策、理念充满自信，喜爱谈判这种令人兴奋、充满挑战与变化、可以通过释放谈判者热情、才能和创造性来获得满足感与成就感性质的工作；清楚并衷心认同本方的目标和目标的正当性；敢于、善于有理、有利、有节地坚定捍卫本国（方）利益。对于共同利益的追求是坚信基于对本方目标道义上的正确性和寻求共同利益合理性、可行性之上的。很难想象对本国政治、经济制度、文化传统等价值观不完全认同或不自信、对本方谈判目标的正当性和可行性存在疑惑的人员能竭尽全力、千方百计去实现本方的（谈判）目标。

二、视野、视角宽，知识面广

谈判代表应具备全球视野、视角广，熟悉世界历史和多双边政治、经济的古往今来与相关背景；具有中国的视角，了解中国国情、特色和特定利益，了解国内的决策机制和程序；注重不断学习和积累，具备谈判所需的能力与知识结构，知识面宽、掌握谈判所需的基础理论知识，包括与谈判活动联系密切的国际法、政治学、历史学、法学、经济学、国际商法、金融学、管理学、心理学等主要学科、主要实务、相关基础学科和行业基础的知识；擅长所谈问题专业领域的工作、阅历广、有一定的涉外工作历练、实战经验和职业素养；具备良好的心理素质，并养成良好的谈判风格。

知识是人类为满足进步的需要，在改造世界的实践中通过智力劳动所获得的；能力是指在人的生理素质基础上经过后天的教育和实践培养，并在社会实践中形成发展起来的能胜任某项任务的主客观条件的综合；谈判风格是谈判人员在谈判活动中，通过言谈举止表现出来的与其传统文化密切相关的谈判思想，是谈判人员自身文化积淀的折射和反映，也从一定程度上反映出谈判者个人的人品、人格、行为和道德教养。

在和平发展年代，信息社会里进行的谈判领域和内容，涉及人类发展、生存的方方面面，从天文地理到空气、水源污染，从军备竞赛到和平发展，从世贸规则到投票否决权，从投资合作到商品反倾销……不仅令普通百姓目不暇接，也给谈判者本身知识的学习、积累及提高提出了刚性要求和软实力的具体要求。生活和谈判的复杂性使通晓相关的业务知识成为谈判人员的基本条件。每场谈判涉及的知识是海量的，知识的储备是必需的，知识和见识到谈判时方恨少。谈判相关人员必须在工作中谦虚好学、注意积累，在内部研究问题时勤学好问、弄懂问题及实质所在。孟子曰："贤者以其昭昭使人昭昭"，很难想象谈判者照本宣科地去开展捍卫本方利益的谈判。以其昏昏使人昭昭，是不可能把自己都没搞明白的问题向对方说清楚，并说服对方认同自己都感到疑惑的目标的。相关知识的多寡、知识面的宽窄，对有关核心问题的理解与把握能力，不仅影响着谈判方的思想交流，还会直接影响对整场谈判进程的把控与对核心问题的判断。全面的知识结构不仅能构建谈判者的自信，也是谈判者驾驭谈判走向成功的重要能力所在。谈判人员需要终身学习和学习的革命。

在谈判场上，只有具备相应知识结构和表达能力的谈判者，才能被对方视为话说到点子上，理解、把握问题实质，判断准确、处理得当、棋逢对手的谈判伙伴，才能共同找到解决难题的钥匙。

三、坚决、全面贯彻决策者的意图

一方有了好的谈判策略，必须辅以好的执行力，才会有好的结果。主谈人员应在谈判过程中坚决、全面贯彻决策者的决定，贯彻决策层的意图，在底线和授权范围内使决策层的决定具体化、使其具备可操作性。主谈人员必须创造性地开展工作，关键时刻有担当、敢负责，能拍板，取得当事各方希望的成果。

谈判代表应自始至终意识到自己是辅助决策者，自身的职责是协助决策者做好决策，应注意抓住事物本质和谈判进程中出现的苗头，及时向主要决策者报告谈判的前景和困难；提前酝酿并及时提出多种可供选择的解决方案及建议，并指出各种方案的利弊、可能引发的敏感问题以及应对措施供决策者抉择；提高执行力，全力贯彻决策者的意图和决定，大胆负责、具体操作、当机立断，把成功落在实处。

综合性谈判一般都涉及多部门、多领域、多重利益交叉，多部门的权限、管辖范围，而各部门职责界限往往划分不甚清晰、互有交叉，责权不明，你中有我、我中有你，隔行如隔山、“埋伏”着许多雾里看花看不透的问题；对于需要对外商谈、解决的具体问题，各方的诠释、理解和关注点差异非常之大，需要做大量的跨部门、跨行业、跨辖区的协调工作。在国内现有体制下，对外谈判的组织工作不仅需要协调所需的职权和权威，也需要相当的责任感和协调能力。对外谈判中占整体工作量和难度相当比重的协调工作，往往更多反映在内部方案确定时协调和统一各相关部门意见、观点、立场的过程中。很多工作是内部扯皮比对外谈判还难，也没什么道理和可遵循的规则可言，只能采取一颗以国家形象为要、国家利益至上、对外工作为重的执着心，不厌其烦地做协调工作。这就要求接受任务的谈判团队提前综合运筹帷幄，练好内功、认真准备；深入研究收集、掌握相关信息，弄清问题实质，确定本方的底线、目标和原则；准确预估谈判中可能出现的难点和焦点分歧，提前制定上、中、下方案和危机（僵局）解决的预备方案；明确请示报告、争取得到信息的知情权、内部统筹、协调、把控本方利益底线、解决相关问题所需要的必要授权；也需要谈判代表在谈判领导的指导下，根据各主管部门的意见，对内充分做好跨部门的协调工作，根据各部门的职能、管理权限和关注重点，找出各部门都认同和接受的方案，将谈判领导的意图落到实处。要避免出现一盘散沙、只对本部门领导和利益负责的状况。只有在此基础上，才能在对外谈判中胸有成竹地驾驭、控制对外谈判进程，把控好谈判策略、节奏和技巧，创造性对外谈判，最大限度地争取高方案，实现本方各部门对谈判的综合预期目标。

对外综合性谈判遇到内部跨部门利益、管辖交叉、责权不清的谈判难题，如遇到相关人员推诿、扯皮、工作落实不下去的境况，不妨按照“谁的孩子谁抱走”的做法来划分、确定负责各相关领域、对外签署文本章节中问题的牵头单位和牵头人，采取由各主管单位按照“责任、权利一致”的原则各自负责协调本部门意见、立场，并对各自部门的领导和会谈牵头部门负责的办法加以落实。这样按部门划分具体任务使落实工作更加简单、明快。因为任务交给哪个部门，就由该部门负责、费心去熟悉谈判背景，了解和掌握本方方案与底线，进入对外谈判状态，并按照他们的理解和能力处理与解决相关问题。

四、善于沟通，有较强的合作理念和人际交往能力

要取得谈判的成功，首先要将合作理念深植心中、贯穿整个谈判过程，满怀着合作精神与热情、合作解决分歧的心态、开放型思维和建设性态度进入每一场谈判。谈判是人与人之间的沟通与交流活动，必须要懂得人，懂得人的心理。了解并敏锐观察人的行为、角色、心理，能更好地控制谈判局面朝着各方希望的方向发展。善于沟通、心态平和、管控情绪、耐心倾听、奠

定坦诚交流、互信基础，充满诚意地寻求满足双方需求的各种方案，勇于拍板、敢于担当是优秀谈判者应具备的基本素质与职业品质。与此有关的谈判技巧则是这些基本素质的外在表现和运用。

谈判本身就是各有关方面人员面对面交流、过招的过程，谈判者逻辑思维的缜密性、语言表达能力和交往、应变能力的高低直接影响交流双方的思维碰撞、交流的通畅和沟通的结果。谈判主要凭借语言交流来实现。在谈判的整个过程中，谈判者简洁、明快、有思想、有哲理的表达能力和敏捷的反应、敏锐的判断力、灵活使用谈判技巧、关键时刻牢牢把握谈判进程和目标等能力，往往对确保底线、力争上线、驾驭谈判的走向起着决定性的作用。

谈判代表应善于将包括本方关注的内容列入议题、注意按商定的会谈程序和原则引导并驾驭会谈进程，使会谈向既定目标靠近；好的谈判者从来不打辩论牌，而深谙妥协与和解之道，应善于倾听，能捕捉到对方的言外之意，透过分歧找到共同点和共识；具备把握分寸和火候，审时度势、敢于担当、善于决断，以及掌握和驾驭谈判进程、克服危机等使谈判取得成功的适当能力与技巧。

五、诚信、尊重、耐心，善于营造建设性氛围

优秀的谈判人员应具备谦虚谨慎、实事求是的精神，拥有情绪控制力，自制、自控、冷静分析、善于营造坦诚协商的建设性氛围、准确判断、创新解决问题的能力。

真正核心、重大利益的谈判不可能是一帆风顺的，没有任何潜藏暗流而一帆风顺的谈判是非常少见的。与此同时，谈判时经常产生的各种争执，往往是由于各种主客观原因造成的误解引起的，消除误解是沟通和解决问题的重要环节，但消除误解并不能靠辩论来加以解决。谈判不是逞强的竞赛或必定你胜我负的零和游戏，更不是要将对方置于死地的“决斗”。谈判代表必须始终清醒地理解和把握合作才能共赢的理念，清楚地意识到，谈判是因满足当事方的需求、因分歧产生沟通需求、寻求一致、互相妥协、接近的过程，也是追求各方利益一致点、达到各方满意的过程。谈判的目标是合作解决各自的需求与共同的利益。只有找到共同点、做大共同利益点、满足各方利益诉求才能使合作共赢成为可能，合作成果才能经得住时间的考验。

知己知彼是百战百胜的利器，影响他人的关键在于了解和理解他人。坦诚、诚信是成功谈判的必经之路。在谈判中至关重要的是在彼此间产生互相尊重、互相信赖的关系，其次是在谈判中培养健康的谈判态度和方式。尊重是成功谈判者必不可少的特质之一，守时、衣着得体、举止得当、倾听、不打断对方讲话、始终使用尊称、耐心、冷静，很好地控制自己和本方情绪等都属于从内心流露到外的尊重范畴。谈判者要从内心尊重谈判对手，包括以宽容、理解的心态诠释谈判对手出于职业、地位、“各为其主”的言行，保持诚实的态度，创造和谐的会谈气氛，驾驭谈判进程。永远不能为了自己的利益而无视对方的利益。谈判者言而有信、一诺千金的形象及表现能给对方留下好感和信任，并使谈判在似伙伴而非对手甚至敌手的气氛下进行，哪怕具体事项谈不成，但合作的情谊在。言必信、行必果，意在不轻易许诺，不答应做不到的事；一诺千金，说出来的话，必须可以追溯，成为可以兑现的保证，如果此前双方有过某种约定，就必须遵守承诺；对于诚实的伙伴不用诡计谋取不正当利益，也应成为本方的信条，只有这样，双方交换的意见才能明确地被对方理解、接纳。否则，不诚实的一方必将自食其果，或者出现谈判表面上“成功”了，却最终尝到合作终止的“苦果”。这如同一方赢得了一场战役，但输掉了整个战争。因为现实谈判往往没有终局，离开谈判桌往往才是谈判结果是否得到各方认可、加以执行征程的开始。

在任何场景下冷静控制自己的情绪，处理好对方情绪的宣泄或爆发，不带敌意地尊重对方的观点，读懂、理解谈判对方“各为其主”话语中的真实含意与“弦外之音”是成功谈判者必须具备的素养与“功夫”；在谈判过程中注意倾听、心平气和、始终如一地表现出对对方的尊重和理解，养成守时、守信、尊重对手、彬彬有礼、交往有度等成功谈判者应有的素质与能力；在整体安排上讲究规格对等、礼仪得体、周到得当等也是成功谈判必不可少的因素。

当然，一个明智的谈判者绝不会把自己的底牌全部泄露给对方，也不会把自己渴望的事情和盘托出。你只要在必要的时候表明自己的需要就可以了，也不能让对方知道你所受到的压力。守住底线、保守本方秘密与是否诚信是风马牛不相及的事。你需要的是以坦诚的态度、过硬的心理素质，在马拉松式的谈判中始终如一地保持冷静、机敏、耐心和信心，来面对谈判场上出现的各种状况、僵局乃至危机。

六、灵活运用谈判策略

一个专业的谈判者，必须目光远大、心智成熟、见多识广、口齿清楚、反应灵敏，举止得当。而一个成功的谈判者必定是一名出色的管理者，能审时度势、随机应变、当机立断，应能从容掌握时间、人物、进程、节奏、走向、目标实现途径。成功的谈判者也是成功的心理专家，他能够从谈天说地的闲聊中捕捉到蛛丝马迹、会从晦涩的表述中听懂弦外之音。成功的谈判代表十分注意本方表达的严谨性、方案的说服力、数据的准确性和引用论据的出处及适宜度，注意赢得他人的好感，拥有打破冷场，突破僵局的能力。在实现合作共赢总体目标的大前提下，灵活掌握谈判的分寸与火候，采取能伸能缩、攻守兼备、进退有序的策略，达到通过沟通、求同存异、化解矛盾、满足需求、达成共识的目标。

谈判代表的担当在于，不管你听取多少不同意见，你仍然要独自下决心拿主意、作出决定，并准备承担可能的后果。这除了要求谈判当事人有对某个特定的问题，从若干种有关事件的设想或解决方案中作出正确选择的决策能力之外，还要提倡出于公心、有正确的政绩观、荣辱观和绩效观的担当精神。此外，环境的宽容与社会评价标准、制度标准、长效的企业绩效标准等也是重要的因素。

正因为博弈和竞争的存在以及谈判“输赢”的不确定性，才使谈判充满魅力和挑战性。成功、高效的谈判者应时刻保持潜在的竞争状态，具备良好的心理素质、反败为胜、绝地逢生的心态和灵活使用谈判策略与技巧的能力。谈判代表应在用心权衡各种条件、调节各种需要、分析各种因素的基础上，从自己的动机出发，针对对方的动机，提前设计出稳妥的、可行的、有利于谈判进展的行动计划或策略技巧，并在谈判现场灵活加以使用。

这些策略主要包括：

——当本方处于被动时：忍耐克制，等待时机；尽量让对方多说、露出破绽；在适当时机，变被动为主动。

——当本方处于主动时：抓住关键、先入为主；坚持标准，规定期限；提出要求、先苦后甜。

——双方谈判地位平等时：尽量避免无谓争论；摆出问题，坦诚协商；讨价还价，留有余地；避免过早暴露目标。

——为打破僵局，提出多种选择方案；有进有退、多头并进；适时休会、变换谈判人员、改变谈判环境等。

掌握及使用谈判技能、技巧的出发点和精髓在于：好的谈判策略只有在正确的时机加以运用才能事半功倍；及时识破和沉着应对不诚实谈判伙伴使用的不正当伎俩。谋大事者应着眼长远，不用阴谋诡计、不采用伎俩对待诚实的谈判伙伴，不故弄玄虚、不用“奇招怪术”，慎用“花拳绣腿”和“雕虫小技”来赢得“仨瓜俩枣”的蝇头小利。

七、及时总结、积累，提高谈判技巧和能力

每场谈判都是不一样的，谈判案例本身不会重演，但成功谈判的精髓是相同的。需要在谈判过程中和谈判结束时由原班人马“趁热”总结，以梳理要点、总结经验、教训、增加积累，提高本方整体的谈判能力与水平。

谈判本方的目标是将本方利益、目的和真正的需求最大化并得到对方的认同，谈判的共同目标是合作共赢。谈判的过程实际上就是“倾听表述的要求—判断真正的需求—沟通—接近共同目标”的过程，要取得谈判的成功，非常重要的一点是缩短对方坚持的表面要求与真正核心要求之间距离的判断。每场谈判都有一个临界点，恰当把握火候、准确判断临界点是谈判的智慧和艺术，也是谈判大师“临门一脚”的功夫所在。谈判技巧是谈判者在长期的谈判实践中形成的、以实践经验为基础的本能的行为或能力。谈判挑战性技巧，只能来源于时间、实践、积累与自我提升。

在谈判中采取的所有谈判技巧或技能都应该是为合作共赢这一谈判目标服务的，其关键是始终如一地贯彻本方主张，在谈判重点决不让步、重大核心利益必须坚持的前提下，发挥谈判者才能，通过得体的沟通和必要的妥协，转变或改变对方的预期和态度，满足对方的合理要求，实现本方正当、合理的预期目标。

经验要不断梳理，感觉要及时总结，理念和能力才能得到升华。神枪手是子弹喂出来的，好的谈判结果是谈判者亲力亲为用心谈出来的。谈判者在平常必须注意学习和积累谈判常识，了解谈判技巧，提高自己的理解能力与智力水平；在谈判开始前，像认真打好每场战役一样认真准备、对待每场谈判；每场重大谈判开始、中场、关键点和结束时，要随时根据本方与会同仁

的细心观察、分析对方反应、研究会谈效果、分享参与感悟和解决问题的建议，及时补充我方论据，调整谈判方案，实现本方目标；谈判结束后，要及时进行自我总结、梳理、评估谈判结果和得失，总结经验教训，增长见识，提高改进的能力。总之，用心实战，勤能补拙，及时梳理才能感悟真知。应采取开放性思维和建设性态度来实事求是地回顾、总结谈判工作，以利再谈。长期用心积累、提高洞察力和判断力，注重总结经验教训，有利于提高进行成功谈判的能力。

综上，一个优秀的谈判者应具备的素质是多方面的：要忠于职守，坚持原则，敢于担当，不屈服于内心和外界压力；谈判者应具备谦虚谨慎、实事求是的精神，内心对自己从事的事业充满自信，表现不卑不亢，具备以理服己服人的“静气”和能力，拥有自制、自控、冷静分析、善于营造坦诚的协商氛围、准确判断、创新解决问题的能力；谈判者要有正确的谈判理念、清晰的谈判思路，选择适当的谈判计划，善于设计和慎用各种策略；谈判者要高瞻远瞩、心胸开阔、具备良好的说服和阐述技巧、善于沟通和妥协；谈判者要积累丰富的人际关系和信息网络；谈判者要热爱谈判事业，发自内心地喜欢具有挑战、变化无穷、学无止境的谈判工作。谈判者的素质可以在实践中得到逐步的发展和提高。在谈判领域工作的人员应终身学习、实践，修身养性、积累经验，提高素质，通过自身的谈判工作和努力，为自己的国家和机构争取更多的利益与发展机会，并从中丰富自己的职业生涯、实现人生的价值。

第三节　翻译的素质和作用

沟通交流的重要工具是语言。一个国家文化的魅力、一个民族的凝聚力主要通过语言与文字来表达和传递。对外谈判中，合格和高水准的翻译是沟通及交流至关重要的因素。

关于翻译的重要性，德国文学家和思想家歌德曾经这样说过“应该这样看待每一位翻译家，即他在努力充当具有普遍意义的精神交易的中介人，并以促进这一交流为己任。在广泛的国际交往中，不管能讲出多少文学翻译的不足，他却仍旧是，并将永远是人类最重要和最高尚的事业之一。”歌德甚至认为“每位翻译家也就是他本民族里的一位先知”。回顾人类东西方文明发展的历程，从文明的发展历程和翻译活动之间的关系来看，翻译活动都经历了宗教典籍翻译、人文著作翻译与实用文献翻译三个阶段。对于中国社会来说，宗教典籍的翻译集中体现在佛经的传译中。我国最早的汉文佛经为汉明帝永平十年（公元67年）所译的《四十二章经》开始，历经千年之久，所译经典据《至元录》记载共计1 440部、5 580卷。这些佛教典籍极大地丰富了中华文明的智慧宝藏，为中华文化输入了新鲜血液，与儒家文化、道家文化一道重塑着中华民族的品格。自19世纪末以来，随着西方列强打开中国的大门，西方人文著作也随即成了这一时期翻译活动的中心主题，中西文明的深度碰撞从另一个侧面激发了中华民族新的创造活力。新中国成立以来，尤其是改革开放以来，科技、经济、政治、军事和外交等各个方面实用文献的翻译又占据了主要位置。

翻译通常分为笔译和口译两种。本文涉及在国际交往、交流活动和谈判中的“翻译”主要指谈判活动中的“口语翻译”，即口译人员。口译是翻译的一种类型，它是在源语一次性表达的基础上向其他语言所作的一次性翻译。口译可分为交替传译和同声传译。口译是一种交际行为和跨文化活动，是以语言口头表达为主要形式，以信息传递为目的，为语言文化互不相通的交际双方或多方提供基于语言交际、辅以非语言交际的信息沟通交流服务，它具有源语言与目标语发布的单次性、口译过程的即时性与同步性、口译与发言人和听众处于同一环境现场的特点。相对于笔译，口译有着自身的特殊性。口译材料是转瞬即逝的话语，口译活动受时间限制，没有足够时间逐个反复推敲，也不太可能在现场求助他人或其他工具，难以像笔译一样毫无遗漏地传达原文。所以，口译更重要的是信息的传译，不是简单、孤立的词语翻译，口译应善于抓住谈话的实质内容，完整自如地运用自己的母语来表达需要传达的意义。

翻译是一项专业性强、对本国语言和外国语言功底要求高、知识面广博的高级脑力和体力活动。翻译人员在对外谈判中起着非常重要的桥梁作用和语言感情交流、沟通功能。准确的语言翻译是良好的交流沟通、成功谈判不可或缺的重要因素。配备具有深厚语言功底、了解谈判的背景和内涵、“信、达、雅”的翻译、将双方主谈人要表达的意图和信息以及传达的意义忠实、准确、得体地传递给对方，是进行畅通的交流、沟通乃至谈判成功的关键因素之一。谈判场上的口语翻译工作具有“养兵千日，用兵一时”“台上一分钟，台下十年功”的特点、需要长期的学习、积累、历练和提高。

由于汉语的特殊性，中文与其他国际通用语言等外国语言存在较大差异，相关语言的学习及掌握需要长期的努力和积累。翻译是一门需要经过专门学习、训练才能从事的专业工作，不是一般学习外语的人或在国外生活过几年的人就能胜任的。能张开口、进行沟通，只是交流的起码、最低要求，但对于商谈各种问题的谈判、交涉的翻译来说，是远远不够的。一名好的翻译人员必须具备思维敏捷，逻辑思维缜密，记忆、复述能力强，反应快，语言感觉灵敏，语言组织、综合表述、灵活反应能力强，综合心理素质好的特质。对于能胜任对外交往、交流、交涉、交锋和沟通的翻译工作来说，一个懂外语的人和翻译人才之间的关系，犹如学音乐、懂乐谱的人和交响乐团指挥一样，从 100 个懂外语的人中也未必能有一个高质量口译人才脱颖而出，其中的道理，就和 100 个学音乐、懂乐谱的人中也难出现一个交响乐队指挥一样。

好的翻译能力绝非一日之功，良好的翻译职业习惯也需要长期培养。合格的翻译首先必须有较高的语言能力，熟练掌握对象国的语言、具有良好的语言基础，这是翻译的基本功。业精于勤，数年寒窗的扎实学习才能打下交流所需的语言基本功，持之以恒地进行拳不离手、曲不离口的日常语言训练、对谈判涉及领域、相关背景涉历广泛、长期不断地跟踪以及对谈判专业领域知识与术语的长期积累和谈判现场的千锤百炼才是达到信、达、雅翻译水准的秘诀。

对于重要的谈判来说，本方一定要配备爱岗敬业、有扎实语言基础、善于沟通、交流、有良好职业道德和习惯的翻译人员。谈判过程中，称职的翻译应认真记录，原汁原味把主谈人的意图准确地表达出来，忠实地把握分寸、语气和语言的感情色彩，关键及重要的词语和单词必须听得清清楚楚、翻译得明明白白，力戒不懂装懂、造成误解误判。

对外谈判工作对翻译人员提出了很高的职业素养和个人素质要求，这主要体现在以下几方面：

一、政治敏感，忠于职守

要做好政治外交、经济外交、文化外交的翻译，绝非一日之功，摆在第一位的要素是政治敏感意识。该意识是能否当好外交、政治翻译的重要标准，没有足够的政治敏感性是根本无法胜任的。这条准线把握不好，即使语言基础再好、翻译技巧再高，恐怕也难以胜任。上述“意识”要求翻译在平常的工作生活中密切跟踪国家的大政方针、法律法规、规章制度、热点问题、国内外媒体随时随地报道的国际新闻、热点地区、事件动向、新词、新语、新思潮，又必须“拳不离手，曲不离口”，从翻译专业的角度随时反复推敲、字斟句酌、准确理解并译成相对固定的“标准译文”。在翻译现场，必须面对交流中随时出现的各种预料之中和预料之外的表达乃至箴言俚语，诸如“请神容易送神难”中的“神”如何翻译等难题时，必须在瞬间决定是采用直译，还是意译或者虚译。直译的话“神”若是译成“God”（上帝）对穆斯林受众就很难接受，此时，采用虚化的办法，选用“divinity”（神性）的中性词汇或意译的办法（It might be easier to invite someone to live in rather than ask him to leave.）予以代替是非常妥当的。考验在于翻译脑海里必须同时处理很多相关信息，瞬间采取正确的选择，没有时间和空间来过多地纠结于某个句子。对于会谈、谈判中太多类似的话语、场景，正确的可行办法是翻译在临场瞬间，从政治、宗教、国情、形势、时事、双边关系、上下文背景、听众成分等多重考量来进行“头脑风暴”处理和判断。职业要求具备的政治敏感性和脑海里瞬间处理相关信息的能力，对于当好称职的翻译起着关键作用。

二、恪守“信、达、雅”标准

由于口译活动特定的瞬间时效性，口译活动涉及听力、记忆和表达，口译人员不但要有高度的责任感、扎实的语言基本功和宽广的知识面，还要有应变能力。学会在口译时灵活运用释意，即在口译时，译员应从全局出发，抓住源语的交际意义，快速、灵活而又正确、完整地再现源语，应以意译为主。作为口译研究历史上主流理论之一的“释意理论”认为，意义是口译理解的核心。以法国著名翻译理论家达尼卡·塞莱斯科维奇（Danica Seleskovitch）为代表的释意理论认为，翻译对象不能停留在语言层面上，而是要理解语言符号所传递的意义。

称职的翻译应热情敬业，忠于职守，有相应语言交流、沟通、翻译、充当双方桥梁的能力，学习、了解双方国情和文化，懂对外礼仪，遵守谈判规矩，把握好沟通的角色；合格的好翻译应熟练掌握交流语言、熟悉有关语言的文化和相关谈判的背景，掌握谈判所需要的相关领域术语，在翻译过程中，恪守“信，达，雅”的要求，忠实原文原意，原汁原味地沟通是对翻译的基本职业要求。翻译应充分理解会谈主谈人的意图和谈话重心，以符合谈判环境要求的语音、语调和语速方式，准确、到位地进行翻译、表达主谈人的中心思想，既不喧宾夺主，又不吞食打折。

翻译要认真协助谈判代表起草外文契约、协议、合同，认真斟酌、核对相关的中外文文稿、文本中落实到文字的相关条款，确保中外文一致，避免采用模棱两可、容易引起歧义、诠释不清的概念和术语，防止“陷阱”和“地雷”，为各方切实执行达成的协议铺平道路。

三、扎实功底，广博知识

翻译需要及时关注有关国家的历史、政治、文化、法律、宗教、金融、财税、保险、社会习俗、工程技术、名人伟业、风土人情等国情、国别知识，注意日常的积累和研究，力争成为相关国家问题的“国别通”。

一个能胜任临场口语翻译工作的人，除了要有坚实的语言功底、适应性强的良好心理素质和历练积累起来的临场经验以外，提前认真熟悉会谈内容，多了解与会谈相关的背景和专有信息知识，也是一个重要的环节。翻译在接到具体谈判任务后，应及时参与相关谈判的准备工作，向有关国别问题专家请教、了解国别基本情况、补充国别知识，了解谈判标的中的主要问题及来龙去脉、背景，并了解对方代表的简历、性格、行事风格乃至语言特征。对会谈、关键词语要提前熟悉、有所准备，事先查阅、学习谈判所需的专门术语和缩写，减少“卡壳”。可以想象，如果翻译在谈判现场听到连本国语言都没听说过或不理解的（专业）术语或行话，就很难将它们翻译成外方语言。只有做好充分的准备，了解国别、熟悉谈判对象国时下的国情、语境，熟知所谈专业和涉及领域的术语、知己知彼，才能在谈判场上遇事不慌，准确又自如地当好主谈人良好沟通的得力助手。

对于中国人经常使用的成语（如韬光养晦、胸有成竹等）、时下热点话题（如和平崛起、欧债危机等）、约定俗成的短语（如“一国两制”“命运共同体”“一带一路”等）、各种略缩语（如TPP、PPP、BOT、EPC）等，要在随时跟进学习固定、标准译法的基础上，不断积累、跟踪练习中加以熟练掌握。

四、领会意图，把握角色与分寸

准确理解讲话人的意思、忠实原文是对翻译的第一要求。

一个好翻译的责任首先是忠实地担当沟通的媒介和桥梁，这是一个称职翻译必须具备的能力和品质。在正常的交往沟通过程中，翻译应以高度负责的精神、原汁原味、准确地将双方对立场观点的表述、感情的表达以本方语言还原出来，使本方主谈人和与会者准确、无障碍地理解及沟通。翻译有义务挽救本方人员的发言失误，对于包括主谈人在内的我方人员发言内容中明显有误或不符合我方政策和既定方案的差错，应及时提醒主谈人加以斟酌，在确有必要时加以适当的润色，并在事后及时向有关人员报告或解释。

谈判内容涉及面广，涉及古今中外、历史地理、政治经济，哲学心理、各行各业的各种类型的话题，涉及不少可能连翻译本身都未曾涉足、用本国语言理解起来也颇费劲的内容和术语。这对翻译的基本功和心理素质提出很高的要求，翻译应该清楚地意识到，在语言的海洋里遨游，隔行如隔山、信息不足、信息不对称的情况是经常的，主谈人谈话中出现本人不懂、不了解或难以准确翻译的事情和词语是难免的，应根据具体的情况予以妥善处理：对于主要观点、立场涉及对有关问题的理解、影响立场判断的关键性词语、对于不能明确理解或不知确切意思等可能影响理解、解读主谈人立场和观点的句子、单词及重要段落等，唯一正确和可行的办法就是实事求是，认真、得体地主动询问或请对方重复、解释。可用平稳态度、谦恭口吻问询“抱歉，我没有听懂(听清楚)。”“您能否重复刚才的讲话?”“我这样理解您的意思……对吗?”恭请讲话人解释或重复，以准确地理解无误后，再将一方的意见翻译传递给另一方，避免因翻译理解的错误、模棱两可的词语、似是而非的表达引起双方主谈人的误解和误判。对于谈判场上出现听不懂的生词、难以准确理解的词义或术语，临场可掌握的分寸应该是，既不要好面子、不懂装懂、想当然地理解、猜想似地翻译，造成误解、误判，出现“风马牛不相及”的场景，要敢于承认自己不懂、没听清楚并得体地发问；也不要频繁就无关紧要的词语重复、唐突地提问，影响主谈人的情绪和表达、沟通的信心和对翻译及翻译内容的信任，影响主要问题的沟通、交流。是否发问与如何发问的关键是要掌握好是否提问的度和如何提问的分寸。

翻译应能与主谈人达成心领神会的默契。

根据主谈人的意图，体会主谈人话语强调的重点、进入交流的角色感觉，把握好语言的分寸和传递的功能，既不喧宾夺主，又恰到好处地掌握好翻译的语速、语音、语调和节奏则是好翻译各有千秋、体现功夫和炉火纯青功底的不可言传、只可意会神韵的感觉及积累，则更需要在身经百战的历练中用心感悟。在长期磨炼和积累中，及时总结经验，提高能力，注重感悟升华，是翻译好手必不可少的内修之功。

遇到谈判中的激烈交锋时，翻译应不受竞争、环境、气氛、情绪的影响，采取中性和职业的态度，平和心态、不带情绪、不卑不亢地起到缓冲情绪、有利于回旋的桥梁作用。

五、不懂装懂是大忌

忠实原文原意是翻译的基本责任要求，也是主谈人准确理解对方意图、进行有效沟通的关键。合格的翻译不仅能准确理解主谈人的意图、表达、强调的重点、字斟句酌地把握好语言翻译关和商谈、沟通的实质与分寸，成为双方交流的通畅桥梁和友好信使，也是观察、体悟对方（语言表达、肢体行为等）反应的第一感应器，从而成为本方主谈人的得力助手。反之，因自身语言功底、职业道德和翻译习惯等方面的品质欠缺和表现，翻译也可能成为谈判场上卡壳、冷场、交流障碍，甚至使谈判功亏一篑的败笔因素。

谈判场上时常出现的情况是，为时不短、很不顺畅的谈判变成“鸡同鸭讲”，出现双方谁也不知对方所云，谈了半天却感觉在对牛弹琴，都不知道对方究竟想什么、要什么的状况，甚至出现因一知半解、望文生义、连猜带蒙的翻译引起莫名其妙的争执和互相较劲的情况。究其起因，其中低质量的翻译引起误解、造成误判是很重要的因素。牛头不对马嘴的翻译、不懂装懂的胡乱翻译、喧宾夺主的越位、想当然的跑题漏嘴，都会造成沟通困难、误解误判，南辕北辙，使谈判进程受到严重影响，甚至受挫的结果。翻译不懂装懂、想当然的胡乱翻译，七折八扣，糊弄自己和双方，使讲话者的原意面目全非，听话者听不懂、猜不着。这不仅违反了翻译工作的本意和职业道德要求，也使谈判双方雾里看花，误解误判，谈判费时费力，效果大打折扣，产生包括有损主谈人形象和水平在内的影响，甚至使谈判进程产生逆转、无疾而终。

由于一些地方、部门外语人才资源缺乏和有关人员自身语言水平、听说能力的限制，只能是临时请一些“懂”外语或“曾经学过”外语的人员上阵翻译。有关人员平时没有经过专业翻译的历练、掌握的词汇量不足，听力、理解、表达能力有限，无充分准备，又受日常工作涉历所限，隔行如隔山，对谈判标的似懂非懂，只能做临时抱佛脚式的翻译，钝刀割肉——两边难受；临时上阵的翻译小马拉大车，显得力不从心。但此时的翻译又往往很在乎在同行、领导心目中的“面子”，没听清又不好意思要求主谈人重复，没听懂又急于表现“明白”，只能硬着头皮连蒙带猜，时常出现主谈者声情并茂的讲话经低水平的翻译人员一翻译，听话者“丈二和尚摸不着头脑”、抓不住谈判的脉搏，翻译成为严重影响双方沟通与谈判正常进行的因素。笔者就曾经不止一次遭遇过类似的尴尬场景：在级别很高的论坛上，由于翻译的原因，主讲人在台上振振有词、声情并茂的演讲效果大打折扣，听众没听懂本该引起共鸣的精彩话语或段落，产生了令人尴尬的安静和迷惑，令主讲人和主办方大跌眼镜。因翻译水平不佳而影响理解主讲人讲话和谈判、演讲活动效果的情况，应引起有关谈判和活动主办方的重视。

六、以良好的心态、职业道德应对各种状况

翻译人员的水平高低、心态、表现乃至体能都直接影响谈判气氛、双方主谈人的情绪和会谈效果。翻译必须以良好的心理状态和职业道德随时准备应对谈判场上可能出现的各种情况。

对外谈判过程中时不时出现的以下各种情况，需要我方翻译妥善应对：

——由于对方国家没有中文人才、未配备翻译，我方翻译需要同时承担双方主谈人翻译的任务，即中译外、外译中的双重翻译，这样的情况除了要

求我方翻译熟悉本方所谈内容外，也必须了解对方所谈内容的背景、知晓所用术语、掌握时下语境，而这在通常情况下，对方是不可能向我方翻译提前透露对方的会谈内容的，我方翻译无法预知从哪块草地里会跳出兔子来，必须“严阵以待”，提前预判与准备。这对我方翻译而言是很大的压力和考验。

——由于中文学习、掌握的难度比较大，会谈场上时常出现的尴尬场面：对方的翻译很难将对方主谈人的本意和原话组织成很好的中文，我方主谈人听不懂对方的核心意图，难以回应，或出现由于我方主谈人对会谈内容的把握及表达方式不同（比如过分含蓄），对方对我方翻译的内容似是而非，回不过神来，对不上路，答非所问。对于外方（聘请）的翻译出现翻译不准确、不到位、似是而非或中方参加会谈人员听不懂、不明白的情况，以及明显的错误、漏洞，必须本着对本方负责的态度，及时以不伤对方翻译自尊心和职业聘请要求可以接受的方式进行必要的把关、更正和提醒，而不必过分在意对方翻译可能出现的各种乃至过激的反应。有时，对方翻译自我感觉良好，很在乎自己的名声和面子，对于中方翻译的提示、纠正、补充会出现心态失衡和失态的表现，对我方翻译形成双重压力：本方主谈人听不懂或不知对方原意而要求本方翻译代替对方翻译，而对方翻译看重自己的名誉和面子，认为对方的“补台”是“拆台”，甚至是砸饭碗，进而不惜影响会谈的正常进行，奋起反击、反过来挑中方翻译的错处，甚至把双方会谈变成了双方翻译较劲的场所，影响谈判活动的正常进行。

对于出现上述类似的局面和场景时，笔者对现场翻译的建议是：①首先对中方主谈人负责，按本方主谈人意见处理，保证会谈和翻译任务的顺利进行。翻译是沟通和交流的桥梁，保证双方主谈人听明白、准确理解对方要表达的意见是双方对会谈的基本要求，不应任由某方翻译的个人水平、心胸和面子来影响会谈的目标。此时，可以轻声向本方主谈人“咬耳朵”加以提示或按我方主谈人的意见决定是否出面补充、更正、纠错；②只介入涉及立场原则、重要问题，以及影响我方理解和判断的内容，对其他枝节、色彩和分寸等问题的表述，不予介入，但做好记录，会谈结束后或必要时向本方主谈人进行报告；③如本方主谈人要求介入或替代对方翻译，或出现重要、原则性翻译差异，本方翻译在不得已的情况下确需介入，要注意给对方主谈人和翻译回旋的余地及面子，不让对方有下不来台的尴尬，尽可能采取与我方主谈人“咬耳朵”、小声提示等恰到好处的做法，在征得对方主谈人同意后采取体面的方式换翻译，以确保交流的畅通和谈判的和谐进行。

作为谈判主持人遇到类似的情况时，笔者的做法和建议是：①在确保我方核心谈判人员能听懂对方的意图、立场的情况下，对于关键表述和重要观点中的核心词语，可请我方翻译只“咬耳朵”，尽可能避免公开、频繁地让我方翻译介入，使对方（主谈人和翻译）下不来台；②如果对方翻译翻不成句、词不达意、得靠“猜”来判断双方的意图和表达的本意，容易造成双方的误解误判，出现翻译确实难以完成沟通、洽商任务的情况，则由我方主谈人（而非翻译本人）适时要求休会，通过我方人员适当婉转、礼貌地征得对方主谈人员同意，撤换对方翻译或由我方翻译替代加以接替继续会谈，避免我方翻译承受来自多方的压力，分神分心，影响大脑神经高度集中的正常翻译工作。

一般说来，自身懂外语、有过翻译历练的主谈人往往更理解翻译工作的艰辛，主动提示翻译提前了解会谈内容，给予翻译反应、表达的时间和空间，关心并爱护翻译的劳动，用准确、简短、明了的语句表述明确的思路，便于翻译传译，有助于翻译记录、翻译、复述、沟通。诚然，即使在各方谈判的代表都具备用对方语言进行交流、主谈人本身外语能力很强的情况下，在重大问题谈判、正式交涉场合，主谈人最好用本国母语表达，由翻译承担正式的翻译工作。这样，一是体现对本国语言的尊重和重视，同时也是让参加谈判的（不一定懂对方语言的）本方其他成员了解、参与、见证、记录会谈内容；因为即使主谈人自身外语再好，也难以有时间和精力关注语言的发展及常用语的更新，也会受自己掌握的外语、词汇量的限制，难以随心所欲的、像用自己母语一样字斟句酌地把真正想表达的意图准确表达出来；二是专职翻译临场进行翻译的过程，也是主谈人面对棘手、吃不准的难题进行思考、反应、缓冲和判断的过程，可以正常利用听取翻译的程序性“间隔”，争取更多的思考时间和从容的回旋空间；三是确有必要时，可用“翻译有误、不准确，导致理解有误”等技术性理由作为谈判技巧使用，为本方先前可能不确切、不确定、不清晰或不恰当的表述、表态进行必要的修正、争取峰回路转的变化，以赢得缓冲的可能空间和余地。

好翻译需要自己毕生的努力。首先，好的翻译不仅要具备对外交流的能力和自身对国家、单位可用的“用处”：扎实的中外文语言基本功、注重对中、外文和相关业务知识“拳不离手、曲不离口”的积累、翻译实践的历练和提高；其次，翻译这个职业是需要语言天赋、功底、“信、达、雅”职业要求的高级脑力活动、需要日积月累的艰辛，还要有做一行爱一行，吃得了身心交瘁之苦、耐得住寂寞、经得住诱惑、受得了“翻译之卑”，塌下心来钻研业务，沉下心来甘当桥梁的精神和坚守，这样才能形成专业翻译的心态、功底、良好的职业道德与口碑。甘做一个称职的好翻译是热爱交流和有志于沟通事业人员的毕生努力与追求。

好的翻译人才确实是我国对外交往中需要的重要人才和资源。我们必须清楚翻译只是交流的“工具”和外事工作中的“拐杖”的才能。有关部门应更加重视选拔、悉心培养翻译人才，创造条件使外语人才得到充分发挥，综合使用，全面发展。虽然我国学过外语的人有数以千万，但真正能做到“信、达、雅”的高水平翻译、能得心应手用外语交流的人才屈指可数，除英语以外的小语种翻译更是一人难求。众多外语专业的毕业生工作后，如果不及时进行有意识的学习、培养和强化训练，很容易变成“夹生饭”，学校里学的外语很快会还给老师，还没有成形的口语能力很快会衰退成“哑巴外语”或“生活外语”；偶尔上场翻译，会因缺少历练而紧张、生疏、发挥不佳而被冷处理，越不好用的越不用，越不用就越不好用，进入负面循环。不少地方、部门、单位能用外语进行畅通无阻、准确得体沟通的翻译数量有限，遇到外事活动或谈判只能“临时抱佛脚”，简单学过几年应试外语的人员的翻译水平和效果差强人意。缺少高质量翻译是我国各层面提高对外开放工作水平和对外谈判中比较薄弱的环节。这与我国改革开放、经济外交的宏大局面和对外工作要求很不相称，已成为我们实施改革开放、经济外交、“走出去”战略和大量对外谈判工作中应引起重视的一个较为普遍的问题。在我们条块分割的现有人事管理格局条件下，人才是单位所有制，翻译只是所在部门的员工，除本单位派遣外，往往只能作为借调去其他单位参加谈判，单位所有制使原本稀缺的人才更显稀缺。这一方面限制了稀缺人才的利用和作用的发挥，另一方面也给借调单位对翻译的管理、使用、发展，向更高的层面输送翻译人才提出了新的课题。有关单位领导只有重视外语人才的成长、培养，并创造发展条件、拓宽发展平台、综合培养、使用，使外语人才发挥作用，人尽其才，方能留住人才。将优秀的、高质量翻译用到对外谈判需要的刀刃上来，大量、系统地培养合格、称职的专门翻译人才已成为我们经济外交、对外交往中亟待重视并着手加以解决的问题。

第四节　团队谈判与管理

根据具体谈判任务的需要，选择合适的人选作牵头人、赋以其必要的授权，构成由专业知识和对外经历优势互补的各类专业人才、所在领域专家组成少而精的对外阵容，组建行动一致、密切合作的谈判团队，才能成功进行有效的对外谈判与磋商，实现本方的意图和利益。

组建谈判团队的原则

个人谈判和团队谈判的机理、原则、要素基本相同，但团队更为复杂，不同之处在于代表方(国家、部门、单位、组织或公司等）各为不同的“主”，为了谈判标的的共同目标组成一个团队开展工作。如何分兵把口，密切合作、形成本方合力与优势互补是团队谈判中的重要问题。

由于我国的体制和纪律要求，除个人事务的交涉与谈判外，我们开展的对内、对外谈判绝大多数是以团队形式出现的。对外事务的谈判团队除了谈判代表外，大多由主管和相关部门、单位的负责人、专家和翻译人员等组成。在多数情况下，谈判团队是由对外谈判小组和咨询顾问小组两套班子组成。

如果说个人事务的谈判更多的是依靠谈判个人的能力和判断来进行，团队的谈判则更多的是依靠谈判代表自身的素质、团队的综合能力和互补的机制。那么，在团队谈判中对谈判者、团队成员的素质和团队的管理有哪些要求呢?

1. 选定谈判牵头人，明确交办并授权

为实现本方的利益和意图，谈判领导者根据谈判所需的任务及有关人选的能力和特点，选择合适人选担任有关谈判的首席代表、确定谈判团队的组成、规模，以及团队成员各自的责任、具体的分工合作与运作方式。

谈判是人与人、面对面沟通、商谈、解决共同关注和需求的过程。对外谈判，大多是一个人率领一个团队主谈，一个口径对外。主谈人在谈判中的沟通、倾听、理解、说服能力，判断、处理能力，以及把握进程和局面的能力起着相当重要的作用。挑选高品质、高素质、合适的人员担当本方的谈判主持人，对于谈判进程和结果具有非常关键的作用。此时，高品质主要指以事业为重、自控力强、不图虚荣、敢于担当等；心理学上的素质主要指人的神经系统和感觉器官的先天特点，在谈判语境下，主要指生理、心理、知识修养和在实践中逐步提高的实际能力。

在选定谈判代表后，领导人应对谈判主谈人提出明确的谈判具体要求，向担当谈判的主谈人“面授机宜”、交办核心事项、确定本方底线和部署安排等，赋予相关的责任和授权，确定及时请示、报告谈判进程中重要进展与结果的节点和方式，以随时跟踪谈判进程、掌控最终结果。

应给予谈判班子明确、充分、具体的授权，明确负责的层次与报告的路径，包括给予“将在外（君命有所不受）”的临时处置权和出现我方核心利益与底线达不到、宁可谈不成、不签约的“弹性授权”，尽量避免下达缺乏可进可退的简单、僵硬的“死命令”。主谈人如果得到必要的授权，可充分、主动、灵活处置谈判进程中出现的问题，在授权范围内创造性谈判，则谈判更容易成功，反之亦然。应提出明确要求，主谈人必须自始至终直接参与谈判的相关工作，明确授权到人、到位，减少汇报层级，减少因职级、资历等因素让外行领导内行的概率，减少临阵派将、临阵换将等影响谈判团队士气和实现谈判目标的决策。对本方主谈者给予充分的信任和支持，用人不疑、疑人不用，给予现场谈判代表灵活处理的余地和空间，不轻易听信对方的抱怨或告状，从而给本方施加不必要的压力。

应引起注意的是，有关谈判实践表明，领导层过于具体的要求和硬性规定结束谈判、签署成果性文件的时间压力等因素，容易给对方递上令本方让步的“抓手”，从而限制工作层灵活掌握谈判进程和创造性突破成果的谈判空间；上级领导下达硬性命令非要谈成的项目，为领导访问、会晤添彩、献礼项目，成果性项目或志在必得的项目进行对外谈判时，主谈人在内部压力之下，为对上有所交代、对外完成任务，往往容易舍弃争取内定“上策”的努力、采取较为保险的“下策”、以较多的对外妥协、较多退让为代价来寻求对外达成协议，甚至容易出现让了步、还不能实现预期目标的尴尬局面，于我方反而不利。而来自内部的压力往往由于某些部门领导只原则性提出硬性要求，不甚了解现场的具体进展情况、号不到脉、急于求成所致。这在商谈涉及我方核心、重大利益的问题时，尤其应予以避免。此种情况下，应以目标为导向谈判，即对谈判目标负责（而非对某项形式、时间等具体要求负责），这样，相关的谈判进程不会因此产生扭曲或突然逆转的局面，更容易水到渠成。

对于重要问题的谈判，一旦开始，宜保持谈判势头，要千方百计将问题解决、消化在谈判工作层，不要轻易将具体问题、难题“上呈”。高层只决定大政方针、原则和本方的核心利益与底线，对具体环节的过问宜粗不易细，不规定硬性的时间表，不直接参与具体技术、法律条款的谈判，更不参与具体问题的纠缠，会给予工作层灵活掌握谈判策略、驾驭谈判进程和创造性突破的谈判空间。

应明确要求谈判代表、团队有关人员自始至终地直接参与谈判的相关工作，重视前期的准备工作、熟悉谈判背景，深研相关问题，提前制定上、中、下方案和危机（僵局）解决方案并报经批准后对外实施，减少现场临时请示概率等影响实现谈判目标的因素，协调好团队的分工合作。主谈人应从会谈准备阶段就及时介入相关工作，其首要任务是认真研究会谈的核心问题，收集相关信息、分析数据和对方信息、对方要价，细化方案与论据、制定实现上佳方案和保住底线的路径及策略，针对可能出现的难点和可能作出的妥协，预判需要采取的具体措施，及时提前请示主管领导并完成内部报批手续，争取得到必要的事项解决授权。与此同时，主谈人对重要谈判的工作团队人员组成具有一定的建议权和协调权，也是知己知彼、密切合作、充分发挥本方团队所有成员的聪明才智与合作精神，得心应手地开展对外谈判工作、掌握谈判底线、驾驭谈判进程、取得谈判预期结果的重要因素。

团队组织的最高决策者应随时关注谈判者的工作进展，如发现差错，应及时给予暗示与指正，必要时甚至亲自出马，拍板定夺。

2. 组建精干团队，明确分工合作

要对外进行卓有成效的谈判和磋商，实现本方的意图和利益，应组成紧密配合、协调一致、合作互补的谈判团队。对于团队谈判来说，谈判团队的领导者必须让参与团员发挥最大的效用，成员之间明确分工、密切合作、取长补短是成功谈判的保证。

应根据谈判所需的任务和性质，构建行动一致的专业人员团队并确定相关人选和相关智囊班子。组建团队的原则是少而精，保障高效运作，适合直

接指挥（一竿子插到底、保留必要时调换班子的空间）和每个成员实际掌管所谈事务、具备谈判所需的各类不同专业知识、形成互补型结构。谈判团队应由本方各种类型、各有专长、角色荟萃的人才组成，团队每个成员都具备独立完成计划或目标的能力，并能在团队统一协调、分工下，与其他成员良好合作，共同决胜谈判场。

团队的大小取决于谈判涉及的专业领域、内部沟通的有效性、团队整体的精干高效配合以及核心团队或首席代表的权威性。一般来说，对外谈判阵容一般应根据少而精的原则，由熟悉谈判背景、国别国情问题的专家和精通语言的翻译人员组成。团队小，行动容易统一，有效管理的团队为3—5人。大的团队要保持一致，内部协调不可少。对于重大谈判，可根据谈判任务的需要将谈判团队分成对外谈判班子和对内智囊班子。即使对于需要组成由高层决策、对外谈判小组和咨询顾问小组三位一体的人数众多的团队来说，为保持高效运作，核心团队也无须庞大。对内智囊（咨询顾问）小组主要以内部协商、准备资料为主，人数可适当增加。本方人数的多少，应根据实际需要、精干有效的原则予以确定并考虑与对方人数大体相当等因素。

谈判团队合作的定义是：挑选合适人选作为牵头人，给予必要的授权，帮助他树立在特定的团队中牵头、协调工作的权威，通过主谈人控制谈判进程，及时施加影响；一群人在特定的谈判团队中协同工作，每个人完成一部分任务、集中精力完成既定的团队目标（而把个人的得失放在次要位置）。有效的谈判团队合作中，必须有一个或多个核心人物，帮助团队成员集中注意力，避免偏离目标。团队领导在谈判中要做的最重要的事情就是和整个团队的共识保持一致。

对外谈判团队的定位是工作层、技术层、解决问题的层面，重要的是坚持实质、坚持底线。谈判过程中，技术层既要直截了当，开门见山、直奔主题，摸清对方的真实意图和底线，摸清问题的实质、分歧或超出本方底线的核心节点，为决策层摸清情况，扫清外围，清除障碍；又必须从技术、商务和利益角度精打细算，算清各种方案的利弊得失，与对方探讨多种方案、弄清对方的关注点和底线，明确提出多种解决建议和倾向性意见，供高层决策和取舍；也需要直接、具体地直面分歧和焦点，不回避矛盾，不避重就轻，不似是而非、模棱两可，不把难题和我方底牌留给上层或下轮谈判，同时工作层不能将本方所有底牌全部出手，应为最终（或更高层的出面）解决问题、达成协议，留下必要的空间。

对于重要的谈判，需要组成足智多谋的诸葛亮式的、精通专门问题的专家智囊班子和善于唱红白脸的干将、深谙对方国情的国别问题专家及高质量翻译等各种人才荟萃的谈判班子。整个谈判团队对内对外阵容协调配合、分工合作、上下一致、一个口径对外。

团队的领导者或者单独的谈判者必须获得组织百分之百的信任、支持和必要的授权。团队中的一切对外行动和发言必须由该领导者来进行。团队领导应成为掌控一切沟通渠道、唯一可以要求对方让步、可以向对方说“不”或“行”的人；谈判团队的领导者必须具备分工合作、协调掌控谈判的能力，懂得利用专家的方法并进行合理的分工。在临场前的准备阶段，团内可及时规定、熟记谈判时使用的暗号，比如，某一种动作表示“此话题不宜提出”“你的谈话已超出预案”等，以便在必要时可及时、适当传递暗号，提醒主谈人、改变话题或扭转局势，让参与的团员发挥最大的效用。

每个团队成员都得有完成计划或目标的能力，互相之间要换位思考、良好配合。要防止出现不尽责或不称职的成员将内部分歧和底线透露给对方，以免对方乘隙利用漏洞，引起本方内部纷争甚至互相抱怨、指责；要防止个别成员感情用事、意气用事，不顾谈判程序、过度表明自身立场、贸然介入谈判。强加于人是人际关系和对外交往中的大忌，本方成员在心态和行为上要防止两个极端：既不自卑、盲目崇洋媚外，也不应过分优越、傲慢与粗鲁。应从准备阶段就赋予每个成员相应的任务、分工合作，决胜谈判场。如果你是谈判团队中的一员，就必须拿捏好你在团队中所处的角色位置，以及团队中其他成员的性格和互相配合应掌握的分寸。你充当的角色可能是首席谈判员或发言人，也可能是候补成员，或作为特定原因参与某一阶段谈判的人员（如市场调研、工程监理、政策分析等）。无论何种角色，你都要采取同舟共济的合作心态，明确自己的定位和职责，把握好自己的角色和分寸，进行必要的角色互补，与其他成员密切合作，共同完成谈判目标。

为实现相关对外谈判的意图和目标，团队组成后，所有成员应提前进入状态，共同参加相关准备工作，了解谈判主题、了解每个人在谈判中的作用和扮演的角色、相关主要目标，谈判技巧，了解谈判对手的实力、需求、诚意和对方团队的情况（包括对方团队组织特征、团队中真正有权决定和可以说“不”、而非“是”的核心人物的权限与立场），找出谈判难点；分析信息、问题和时效，预测谈判场景、僵局、破解力度，制定谈判实质内涵目标及文字表述草案等主要目标，拟定强硬、柔和、各个击破还是联手第三方综合突破等谈判战略和战术，在高层确定的底线范围内提出多种解决预案和实施的路径，具体协调、消化谈判内外难点，了解每个人在谈判中的作用和扮演的角色，并细化团队成员代表部门之间的分工、配合，确定谈判技巧乃至团队成员之间的暗号等；进行必要的沙盘推演等相关准备工作。

在谈判进程中，团队成员发现有些事情并没有按照预定计划进行或感觉到事情不对劲时，应该及时以全体成员事先商量好的暗语或记号，提出暂停谈判或召集团队成员进行讨论，以利用休息或暂停的间隙，平静纷扰的思绪，排除破坏性负面情绪的干扰，互相提示、提醒，冷静、平和地商量、确定是否需要作出相应的改变或调整。

应确定谈判团队的专门记录人员，有关人员的职责是如实地全面记载双方主谈人的谈话内容。客观记载谈判双方的谈话内容有助于事后研究和判断对方的意图，也有助于留档备查。专门记录人员应掌握速记技能，能完整、全程记载谈判过程。其他团员也应养成记笔记的习惯，记笔记时可以把纸分成两栏，一栏为内容，另一栏是自己的评估意见，事后重读，可以比较客观地看自己的评判是否准确；而讲话人看到有人记录，不敢信口开河，提供的信息也会比较准确。不同意对方观点时也不应打断，重要的是标注出你不同意的地方，等待合适的时机给予回应。

大多数谈判往往是一个变化起伏较大的利益博弈和协调过程，谈判的目标由于彼此的深入了解和相互切磋的进展而需不断调整，团队成员之间的分工、职责和权限界定也是一个动态平衡的过程。谈判团队的领导者必须懂得根据现场态势变化及时调整方案，配置现场资源，让所有参与团员在整个谈判过程中发挥最大的效能和作用。

3. 制定明确的谈判解决方案

谈判方案是指保证谈判目标得以实现的各项措施、办法、途径、策略和技巧的汇集。谈判计划是指在实施谈判方案中关于谈判目标、实施条件等谈判活动的安排部署。

谈判场是没有硝烟的战场，实力是制胜的关键。谈判主动权往往掌握在有实力的一方。实力的内涵包括政治、军事、经济等“硬实力”，也包括文化、舆论、制度、规则、人才和信息资源等“软实力”，还包括谈判事项、领域，局部的天时、地利、人和以及相关力量对比、投入、准备等相对软、硬实力。如何运用好自身的资源和实力，制定正确的谈判方案，以己之长击人之短或就实避虚，准确预测、解决问题的进程是谈判准备阶段首先需要考虑的问题。

谈判团队应在深入分析信息资料、详细了解谈判背景、谈判标的、本方核心利益、对方立场、要价和关键问题的基础上，及时、明确地提出一种以上的解决方案，确定上、中、下方案、底线和不能逾越的红线。应提前考虑、研究分析每种可行方案的利弊、敏感所在和实现的可能性，对外争取的要价、让步的条件和提出的时机，以及因此而需要进行内部协调、请示授权的具体事项，才能胸有成竹、有条不紊、卓有成效地开展对外谈判。

鉴于每次谈判实际上就是试图通过合作解决问题，是决策、博弈的双方互动团队配合的实战案例，因此谈判结束后，原班人马应进行即时总结，分析过程与方案的得失，评估谈判成果与不足，积累团队谈判的经验与教训，重在提升本方成员个人谈判能力和提高团队配合的水平，为本方积累宝贵的实际经验。

4. 协调内部意见，确定谈判底线

在对外谈判中，只有切实注重事先协调，确定可让步的步骤和幅度，统一思想和口径，制定完整的谈判方案才能顺利开展对外谈判。

谈判实际上是各有关方的各自国力、军事实力、文化历史积淀、政治、经济、社会、双边关系现实和利益的对比与博弈。谈判各方对本国及对方国情、议程中的问题掌握、拿捏、判断与决断，直接影响谈判的走向和结果，注重对内协调工作可在对外谈判工作中起到事半功倍的效果，只有内部意见、立场协调一致了，对外谈判才能顺利进行。

在谈判开始前，团队自身立场的协调尤为重要。由于谈判团队成员来自不同部门，各自经历背景不同、专业资历各异，各自代表的（部门或领域）利益不同，观察、判断问题的角度也必然不尽相同。相互协调是谈判团队内部寻求共同利益、一致对外、实现团队共同预期目标的前提，需要在集思广益、坦诚发表意见、充分沟通的基础上，共同确定底线，通过具体授权谈判主谈人根据谈判现场变化莫测的进程予以灵活掌握。我国在重返世

界贸易组织谈判中所遭遇的“马拉松式”进程等重大谈判和我们工作层面取得的各类经验表明，对外谈判的很多问题往往涉及多个部门的权限与利益，需要在对外谈判的各个阶段、就有关重大热点问题进行反复的协调。要在对外工作、活动和谈判中取得预期的效果，首先要内部充分协调、统一思想、明确思路、步调一致。只有事先进行有效的内部协调，赋予谈判者应有的谈判授权，包括灵活处理的上、中、下策底线方案，主谈者才具备强有力的谈判地位，才能有效开展对外谈判，成功捍卫国家的总体利益。切记不能将本方分歧暴露在谈判对手面前。内部各相关部门人员的意见、建议和要求的协调、有关程序、授权的报批往往要耗费较长的时间和大量精力，但这是绕不过去的，“不怕慢，只怕站”。提前协调内部意见，确定方案是避免谈判陷入推诿扯皮、议而不决，内部自乱阵脚、谈判无果而终的有效方法。

对外谈判实际上是对内工作的对外有机延伸和发展，只是平常对内协调的基础积累与配合解决相关问题“内功”的外在体现。对内协调工作的难度和比重往往甚于对外交流和谈判本身，更需要谈判牵头部门和谈判领导付出更多的心血、作出更大的努力与投入，必要时可将有关主管部门的工作切块负责，在各自责任范围内参与谈判，寻找处理、解决存在问题的具体方案。推动谈判取得整体效果。只有思虑周全、内部工作做好充分准备，才能确保对外谈判万无一失。

5. 选择、确定适宜的谈判时机和地点

谈判时机和地点的选择也有学问，恰当的选择与得体、到位的礼宾乃至礼品赠送有利于取得谈判中的主动和促进谈判活动的顺利开展。

在选择谈判的时间和地点时，要充分考虑谈判标的本身的背景、含义，应该：

——尽量避免在毫无退路、别无选择的情况下进行对本方至关重要的谈判，在墙角下的回旋余地总是有限的；

——避免把谈判主动权交到对方手上的错误选择；

——避免进行本方只能赢、不能输、没有任何其他选择和退路的谈判；

——避免被对方抓住本方内因（如主谈人或团队必须通过谈判实现并证明自己的能力、实现所在组织内的竞争、晋升等）、弱点（如执行必须成功的指令、完成献礼、政绩工程，提上议事日程的计划等）甚至得知本方底牌的谈判；

——避免进行需求不对等、诉求不平等、机会不均等的谈判；

——避免被对方抓住小辫子、无奈应战的局面；

——避免出现兵临城下、仓促应战的被动局面。

谈判地点选择在高层会晤主办国、大型活动主办方、选择在急于谈成的一方对本方比较有利。选择在主办国（主办方希望有具体成果，以体面地向活动献礼时尤甚）、主办高层活动日程已确定之前商对方开展谈判是争取本方利益或方案较为有利的时机。此时，面对同样的问题，主办国或承办方受本国上层的时间表、礼宾和成果目标压力较大，本方相对于有上述诸多压力的主办方，处于更为有利的谈判环境。本方更能够综合运筹、提前运作、以逸待劳，以不变应万变，以被动的表象（你急我不急）、主动把控有利因素，积极争取化解我方屡攻不下的难点，乘势推动解决我方长期关切或难题，或扫清“外围”、为最终解决我方核心关注创造阶段性条件。在类似场景下，主办方往往在急于应对完成交办任务的压力，相对更容易妥协、交换利益、作出让步，从而给我方创造“踏破铁鞋无觅处、得来全不费工夫”的机会和窗口，取得意想不到的突破和效果。类似机会，应牢牢把握、充分加以利用。反之，当我方成为东道主时，需综合运筹、拿捏好活动“成果清单”的火候和可能的谈判之间的关系，在确保核心利益和基本成果的基础上，主动谋划，设置底线，实现意图，减少“送”给对方“做嫁衣”、减损本方利益的机会。

作为对外工作的辅助和铺垫，礼宾工作对创造和谐、友好、平等会谈气氛十分重要。礼仪要适宜，体现相互尊重、对等平衡、不卑不亢、内外有别、求同存异（遵守惯例、以我为主、兼顾他方）、客随主便（入乡随俗）、信守约定、尊重隐私、女士优先、以右为尊的礼仪原则。礼宾工作难在得体，到位、有情有义、师出有名、有助于解决问题。礼到位要体现在日程的方方面面、礼多人不怪，但一定要合情合理，既不要欠，也不要过，过之犹不及，过之亦是不敬。

礼品有表达（尊敬、祝贺、慰问、感谢、友好）心意，联络感情、结交友谊、礼尚往来、促进谈判的辅助功能。礼轻情谊重，礼品要选有一定纪念意义、民族特色，或具有某些艺术价值，或为受礼人喜爱的物品。送礼要讲文化品位、讲寓意，少点商业气息和社会平庸之气，并要师出有名，与国情与背景寓意切合，尊重对方的文化、风俗习惯，减少无厘头、莫名其妙和无的放矢的重礼以及充斥商业气息和社会平庸之气的“大礼”。一般来说，现金、有价证券，天然珠宝、贵重金属饰物，与宗教信仰、风俗习惯、出入境管理抵触的物品，异性易于误会的物品、假冒伪劣物品，涉及国家或行业秘密的物品，稀有动物或宠物为材料制作的物品等，都是送礼的禁忌。此外，还要分清颜色和花卉的寓意，把赠送的礼品和色调、寓意统一起来。

如确定赴国外进行商务谈判，应事先了解对方国家的政治经济等国情、投资环境和风俗习惯等。可通过中国商务部地区司、中国驻该国使馆经济商务参赞处和商务部经济贸易研究院共同编制、每年更新的《国别投资指南》和中国出口信用保险公司一年一度发布的《国家风险分析报告》，详细了解有关国家的政治、经济情况、法律环境、投资风险、民风民俗和禁忌习惯等。上述两份专业、权威的报告，从“政治风险”“经济风险”“营商风险”“法律风险”等国家风险维度和行业、企业等多维度、多层次分析中国企业对外投资所面临的企业、市场风险，认真研读有助于谈判团队提前做好相关的准备。

6. 团队的管理和保密

谈判任务和队伍一旦确定之后，本方谈判队伍对自身能力的综合运用和临场发挥则非常重要。谈判主谈者对团队分工合作的部署、掌握能力，对关键问题与关键点的把握能力和判断力，以及个人行为风格、人格魅力、底蕴往往对谈判方案的实施、底线的把握和谈判进程的驾驭能力，乃至谈判结果起着关键和决定性的作用。可谓“台上拍板一分钟，台下至少十年功”；而双方谈判队伍平常的积累和事先练就的内功将临场发挥重要的作用。用“养兵千日、用兵一时”来形容一点也不为过。

团队成员的分工要明确、清晰，分别负责主谈、汇总、分析、记录、翻译、简报、资料、文本起草、修订、中外文审校等工作，分兵把口，各负其责；团队负责人要强调合作与互相提醒、互相补充、互相补台，分工不分家；内部分歧、不同意见必须在内部消化、协调；必须一个口径、一致声音对外。

谈判方要达到自己的目的，要做的第一件事就是让团队所有成员确切地了解本方的最终目标，即本方的核心要求是什么，才有可能制定出符合实际情况的多种方案，进而把握谈判成功的机会。一般而言，谈判者不可能有机会获得比自己最初要求更高的结果。因为如果无法达到最初内设的要求，谈判者只好将自己的要求降低，而无法获得更满意的结果。所以，谈判者要想谈判获得成功，谈判的初步出价非常重要，而且要有策略和方法、步骤来保证自己最核心（底案）的实现。

在一个团队中知道底线和核心机密的人员越少越好，这一方面有利于保守我方秘密、防止向对方和第三方泄密，另一方面也有利于谈判主持人根据现场谈判的具体进程，灵活、机动地从预先准备的方案中选择最有利的方案甚至创造性地提出超出预案的更为适宜的其他解决办法。

在正式谈判开始之前，可以采取模拟方式，将自己团队成员分成正反两组，反复练习几次，细化谈判方案，找出不足之处与破绽，研究予以弥补和挽救。

参考文献

沈觉人主编:《当代中国对外贸易》，当代中国出版社 1992 年版。

韩念龙主编:《当代中国外交》，中国社会科学出版社 1988 年版。

中央财经领导小组办公室编:《中国经济发展五十年　大事记》，人民出版社、中共中央党校出版社 1999 年版。

谢承仁著:《中华传统思想文化渊源》，人民出版社 2004 年版。

张祥著:《国际商务谈判——原则、方法、艺术》，上海三联书店 1994 年版。

张祥著:《国际谈判与文化软实力》，社会科学文献出版社 2013 年版。

蒋春堂主编:《现代谈判学（新版）》，辽宁大学出版社 2004 年版。

［德国］ Astrid Heeper/Michael Schmidt :《谈判技巧（Tehnici de negociere）》，罗马尼亚 ALL 出版社 2011 年版。

［美］杰勒德 · 尼伦伯格、亨利 · 卡莱罗著:《谈判的艺术》，新世界出版社 2012 年版。

辛守良等主编:《中国梦　理论与实践研究》，中共中央党校出版社 2015 年版。

刘华芹等著:《丝绸之路经济带　欧亚大陆新棋局》，中国商务出版社 2015 年版。

须同凯:《上海合作组织区域经济合作》，人民出版社 2010 年版。

竺彩华:《中国经济外交新范式》，《和平与发展》2015 年第二期。

高程:《从中国经济外交转型的视角看“一带一路”的战略性》，《国际观察》2015 年第四期。

傅莹、王辑思主编:《超越分歧、走向双赢——中美智库研究报告》（中方）2017 年 5 月。

后 记

从 2012 年萌发写作的想法到文稿杀青经历了五年多的光阴，书稿终于付梓，由衷地感到耕耘后的轻松和完成多年夙愿的快慰，也算是了却了为之努力奋斗 40 年外经贸、经济外交事业发展的不舍情和想法不吐不快的一点心结。

撰写《为国家利益谈判——从合作共赢理念到经济外交实践》一书是本人在自身潜意识中逐渐形成的夙愿，经历了边学习、边感悟、边沉淀、边磨合和边提高的过程。书到用时方恨少，从找资料、学理论、搭架构、手写形成初稿到定稿，誊写、电脑打字、删改、编排、推倒重来、推敲、校改、反反复复的补充、修改，压力山大，冷暖自知、辛苦备尝，苦中有乐。

2010 年回国参加全国援外工作会议期间，主管老领导、原外经贸部副部长张祥同志力邀我参与他撰写书籍和讲课材料的相关工作，几经推却，老领导的信任和认可盛情难却。我利用在国外工作之余，写了"在吴仪同志领导下的谈判"案例，部分案例被张祥同志所著的《文化软实力与国际谈判》一书采用；2011 年，我应张祥同志讲课所需之邀，撰写并提供了"吴仪副总理的人格魅力与外交风采"相关的材料；2012 年我在罗马尼亚出差，习惯性逛书店时，寻找到德国 Astrid Heeper/Michael Schmidt 合著、罗马尼亚 ALL 出版社出版的《谈判技巧》一书，认为对谈判参与者学习谈判理论和实践或有帮助，萌发了以上述三份材料和书籍为基础、结合自己 40 年上百本对外谈判笔记中的积累，将有关体会和感悟写出来的想法，动笔起草了本书的第三、四、五、六章的框架内容。

2014 年年底，我结束常驻回国退休后，在一些学界、企业界同事、同学和朋友的鼓励、指点下，我学习了经济外交的有关理论，结合自己的工作经历和感悟，深感在我国的发展利益已大大延伸的今天，我们的经济外交需要世界级的战略思维，需要制定卓有远见的长期战略，也需要一大批热爱祖国，忠于祖国，充满对国家制度、体制自信，有战略思维、世界眼光，敢于并善于捍卫祖国利益的经济外交人才参与到民族复兴和祖国和平崛起的伟大事业中来。不断学习是一种信仰，学习和掌握谈判这一捍卫祖国利益的利器，应成为每个有志为祖国利益工作和致力于个人良好发展的人的努力方向和信仰。笔者发现，中国作为发展中的大国和快速崛起的新兴国家，尚未形成适合中国国情发展中新兴大国自己的谈判学。笔者认为，作为我国历史和改革开放以来谈判理论及实践的研究，作为对世界政治经济秩序治理和世界谈判理论构建的参与贡献，我国应根据国家的发展进程和需要，以正确的世界历史观与人类价值观为基础，以合作共赢、和谐发展的理念为主线，加快研究，编制体现中国优秀文化传统、人文智慧、民族特色、“和为贵”和“取之有道”的儒商义利观等特点、符合现代国际共同发展、合作共赢主流理念的“中国谈判学”。就这样，我边学边写。2015 年 11 月，我完成了本书第一章的初稿，形成了本书的基本框架。

进入定稿阶段，在经济外交战略和“中国谈判学”如此庞大、深邃、厚重理念的学海里，如此深感才疏学浅，力不从心，既有不自量力之惭愧，也有担心文人、同行相轻的恐惧；昔日退休同事和在职同仁不以为然的流露、家人“自找苦吃、吃力不讨好”的埋怨、对流弊的抨击和感悟直白的吐露恐不适时宜、甚至招惹是非的担忧，加上无底洞似的句斟字酌的推敲，我一度（2015 年 11 月—2016 年 5 月）产生了放弃的念头。如果放弃，长期的感触、多年的积累、夙愿付之东流，心有不甘；如果继续写，深感黔驴技穷，恐自作自受，吃不了兜着走。

就在自己陷入进退两难之时，昔日的同窗徐长和在不同岗位结识的挚友纷纷鼓励我，“把赶上改革开放这一拨人的感悟写下来恰逢其时”和“出一份读者和自己都满意的作品是人生可望不可求的夙愿”等鼓励给了我信心和动力。我重新投入到书稿的撰写中来。

感谢我国前驻立陶宛、摩尔多瓦大使、曾长期担任外交部监察局局长的佟明涛同志，他是我在最后一次常驻国外时共事并结识的同仁，佟明涛同志应邀对本书的内容进行了认真、细致的核改。昔日同事们给予的热情鼓励和帮助对本书的最终付印起了重要作用，有关同仁给予的慷慨相助与心灵相通的默契配合带来的愉悦以及成书时的欣慰与满足使写作过程中的辛苦和纠结云消雾散。

感谢人民出版社的姜玮编审，她不仅对2010年《上海合作组织区域经济合作》的出版（获得2012年全国商务著作三等奖）付出了大量心血，还帮助我对本书的立项、目录、章节安排、定稿和出版等提出了到位的建议和及时的帮助。

最后我想提及的是，我的家人对我退休后占用大量休闲和家务时间、耗心费眼“专注执着”写作所给予的理解和支持；儿子与我交流在对外工作中的经历与感触，促使并坚定了我下功夫把自己从年轻时开始梳理、所思所想如实写下来，让有志为祖国经济外交服务的年轻人参照、借鉴的信心；家人对我屡次遇到使用电脑过程中文稿的“丢失、错删、重头来”等状况的“救火”解困使我在得到切实帮助的同时，也深感亲情浓浓的温馨。

本书虽然是本人的心血之作，但论述中必有不当、不足之处，此系本人认知能力和学术理论水平有限所致，文责自负，敬乞不吝指教，以匡不逮，甚幸。

须同凯

责任编辑：姜　玮
封面设计：徐　晖

图书在版编目（CIP）数据

为国家利益谈判：从合作共赢理念到经济外交实践 / 须同凯 著 . —北京：人民出版社，2019.6
ISBN 978 – 7 – 01 – 020769 – 8

I. ①为…　II. ①须…　III. ①国际贸易 – 贸易谈判　IV. ① F740.41

中国版本图书馆 CIP 数据核字（2019）第 081846 号

为国家利益谈判
WEI GUOJIA LIYI TANPAN
——从合作共赢理念到经济外交实践

须同凯　著

人民出版社 出版发行
（100706　北京市东城区隆福寺街 99 号）

中煤（北京）印务有限公司印刷　新华书店经销

2019 年 6 月第 1 版　2019 年 6 月北京第 1 次印刷
开本：710 毫米 × 1000 毫米 1/16　印张：16.75
字数：278 千字

ISBN 978 – 7 – 01 – 020769 – 8　定价：58.00 元

邮购地址 100706　北京市东城区隆福寺街 99 号
人民东方图书销售中心　电话（010）65250042　65289539

版权所有 · 侵权必究
凡购买本社图书，如有印制质量问题，我社负责调换。
服务电话：（010）65250042